U0590886

新世纪初期
国企技能传递组织模式变迁研究
——以K厂技能大师工作室为例

刘凤文竹 著

重点马克思主义学院建设学术文库

The Academic Library of Key Marxism School of Higher Education in China

吉林大学出版社
·长春·

图书在版编目（CIP）数据

新世纪初期国企技能传递组织模式变迁研究：以K厂技能大师工作室为例 / 刘凤文竹著. -- 长春：吉林大学出版社, 2023.10
（重点马克思主义学院建设学术文库）
ISBN 978-7-5768-2443-8

Ⅰ.①新… Ⅱ.①刘… Ⅲ.①国有企业 - 职业技能 - 研究 - 中国 Ⅳ.①F279.241

中国国家版本馆CIP数据核字(2023)第215926号

书　　名：新世纪初期国企技能传递组织模式变迁研究
　　　　　——以K厂技能大师工作室为例
XINSHIJI CHUQI GUOQI JINENG CHUANDI ZUZHI MOSHI BIANQIAN YANJIU
YI K CHANG JINENG DASHI GONGZUOSHI WEI LI

作　　者：刘凤文竹
策划编辑：代景丽
责任编辑：代景丽
责任校对：刘　丹
装帧设计：林　雪
出版发行：吉林大学出版社
社　　址：长春市人民大街4059号
邮政编码：130021
发行电话：0431-89580036/58
网　　址：http://www.jlup.com.cn
电子邮箱：jldxcbs@sina.com
印　　刷：吉广控股有限公司
开　　本：787mm×1092mm　1/16
印　　张：19.5
字　　数：350千字
版　　次：2023年10月　第1版
印　　次：2023年10月　第1次
书　　号：ISBN 978-7-5768-2443-8
定　　价：98.00元

序

在学界传统的国企研究中，经济学往往占据着主导地位。相比之下，当我们从社会学的研究视角审视国企时，则更多地选择了组织的和关系的研究路径。尤其是我们将技能传递置于组织和关系的场景之下，更能发现一系列关涉国企发展运行的重要问题。而刘凤文竹博士撰写的《新世纪初期国企技能传递组织模式变迁研究——以K厂技能大师工作室为例》一书，便是从工业社会学的视角出发，以K厂技能大师工作室为例，在系统回顾与研究建国以来国企产业工人技能传递的生成、演进过程及阶段性特征的基础上，聚焦国企产业工人技能传递的最新组织变化，重点探讨新世纪初期以来，以"国家技能大师工作室"为主要表征的工人技能传递平台化的建构、运行及其边界扩展问题。作为破解当下技能短缺最为重要的探索，国家技能大师工作室是在政府主导下，将高技能工人等多元主体高度组织化而生成的集技术攻关创新与传艺带徒于一体的新型平台组织。

与以往经济学和管理学视域下的研究不同，该书着眼于对工人之间技能传递过程的组织和关系面相展开分析。工人技能传递不仅涉及宏观制度变迁，同样涉及微观组织结构与人际关系，不仅关乎个体性的"形成"，更与群体性的"传递"密不可分，因此不聚焦于微观组织，就难以真正理解技能传递问题。而既往研究多倾向于将企业内部组织及其结构形态简单地视为技能传递的"常量"，丢失了技能分析的组织维度。故我们需要以组织变迁为背景，以企业组织结构与工人技能传递之间的内在关联为考察重点，厘清其历史脉络与最新现实变化，这是破解技能短缺系列研究工作的重要前提。基于此，该书将研究视角置于微观层面，通过对大师工作室的长期实地考察并发现，大师工作室通过多元主体吸纳与资源整合，突破了原有技能传递的组织结构与固有边界、扩展了师徒关系网络，为技能间复杂的传递构建了稳定的制度保障，同时生成了技能传递的共同体，使工人技能传递逐步走向平台化。

作为一项实证研究，该书具有重要的理论价值和现实意义。首先，通过以国家级技能大师工作室为典型表征的国企内部最新组织形态实践为切入点，有助于弥补以往研究缺乏对当下国企最新组织形态与政府最新政策动向之关注的缺憾，强化对此前沿问题的应有观照与及时回应。其次，通过将"组织分析"带回技能形成理论的分析框架之中，突破以往研究将组织及其形态变迁视为技能形成与传递过程中"常量"的局限，并深入阐释建国以来中国国企工厂独特的组织结构和复杂的组织转型对工人技能传递的影响。再次，回应以西方发达国家经验生成的理论，弥补其在面对中国独特问题时理论解释力与适用性不足的问题，努力构建起有中国特色的工业社会学学科体系和话语体系。技能短缺已成为制约中国制造业转型发展的重要因素，关注国企内最新组织运行及其对工人技能的影响机制，有助于破解当下技能短缺问题，创新构建高技术人才技能形成体系的现实路径，同时有助于弘扬劳模精神、劳动精神和工匠精神，此番努力实质是针对新时代推动人才强国战略与深化产业工人队伍建设的时代命题的积极回应。

文竹是长春市人，本硕博均毕业于吉林大学，是我的研究生中最勤勉刻苦的弟子之一。或许是源于对家乡老工业基地历史的偏爱，从硕士学习阶段开始，在参与我的国家社科"单位制研究"重大项目时，便选择了国有企业劳动技能传递问题进行研究，先后采访了中车高铁大国工匠李万军、谢元立，鞍钢大国工匠高德库等代表性人物，其硕士论文研究题目为《新时期国企技术传递模式的变迁》。到博士攻读阶段，又选择"大师工作室"作为研究领域。众所周知，研究国企，如何"进入"是最难克服的困难。在研究中，文竹克服了重重困难，其励志探究精神，深深地打动了诸位大国工匠，最终搜集到珍贵的研究资料。正因为文竹在此领域研究的专注，使得她在吉林大学留校任教后的当年便获得国家社会科学基金青年项目的支持，业已成长为国企大师工作室技能传递研究领域崭露头角的青年学者，希望文竹以此为契机，持续耕耘，取得更大的研究成绩。

田毅鹏
2023年冬于吉林大学东荣大厦

前　言

　　技能与组织的关系一直是社会学研究的核心话题之一，技能传递自工业革命以来便成为现代工厂发展的重要现象。新中国成立以来，技能传递成为影响中国国企培养技术工人与提高劳动生产率的重要环节。21世纪初期，面对中国制造业技能型劳动者供需矛盾逐步扩大的现实困境，在总结地方性经验的基础上，依托国家人才战略规划与政府制度性力量的推动，我国诸多行业内成立了"技能大师工作室"，并且在国企工厂中尤为典型，它是集传艺带徒、技能攻关等功能于一体的平台性组织，其出现不仅意味着企业的组织形态发生了重要变化，同时也对工人技能形成与传递产生了巨大的影响，成为值得我们深入研究的重要问题。

　　本书拟运用社会学研究的质性方法，通过对C市某轨道客车制造企业K厂若干"国家级技能大师工作室"的田野调查，从工业社会学的研究视角，重点关注技能大师工作室生成及有效运转所依托的社会性，循着"环境—组织—关系"的研究框架，努力从总体上多角度地对这一独具特色的组织形态展开研究，并对技能短缺背景下中国国企组织内部形态变迁及其对技能形成与传递的影响做出一个基本的理论提炼与概括。

　　首先，本书从宏观视角对技能大师工作室形成和发展的社会及企业环境展开研究。技能大师工作室是在我国经济和社会发展到新阶段的情况下，面对技能型劳动者供需矛盾逐步扩大的现实困境，依托于一定地方性组织经验，由政府主导而形成的一种新型的组织形式。此外，大师工作室的有效运行离不开企业为其提供的制度环境作为支撑。技能大师工作室制度是嵌入于企业既有制度体系之中并与之互补与融合共生的：一方面，技能大师工作室作为集技能培训、技术攻关等多种功能于一身的技能提升平台，其嵌入有助于厂内既有劳动力市场功能的发挥，因为内部市场是基于技能等级分层与提升而进行差异化激励的；另一方面，技能大师工作室作为一种非行政建制性组织，本身缺乏足够的激励与奖励机制，需要嵌入既有制度并与组织内部分配、升迁及职业流动等问题关联后才得以发挥最大效用，由此内部劳动力市场也在一定程度上弥补了技能大师工作室内部缺乏有效劳动激励的局限，激发了工人群体的积极性与参与热情，促进了大师工作室的制度活力与影响力，在适应既有制度的过程中使得双方均得到了整合与升级。

其次，在理解技能大师工作室及其作用的过程中，我们不仅需要追问和回答宏观制度环境对形塑其生成产生了怎样的影响，同时还应从微观层面上注意到，技能大师工作室并非工厂内部传统意义上的工人工作团队，而是一种具有极强整合能力与平台性质的组织，并与厂内既有"车间—工段—班组"的纵向垂直结构发生着复杂的关联。自新中国成立以来，国企工厂普遍以"车间—工段—班组"的纵向垂直结构对工人进行组织与管理，同时也成为工人技能培训与形成的基本组织结构，导致技能传递主要是在一定的行政生产单元内进行的，技能资源相对单一，传递边界较为封闭。伴随着技能大师工作室的建立，企业内既有的技能传递的组织模式发生了重要转变，形成了"班组+工作室"的重层结构模式。这种技能传递的复合组织结构，并不是班组元素与工作室元素的简单相加，而是充满了复杂性，主要表现在：第一，大师工作室是将原有一线高技能工人按照技师及以上级别进行筛选与重新组合，其选择范围跨越了班组、工段甚至是车间，打破了既有的纵向垂直范围，有的工作室还吸纳专业技术人员、科研院校等相关主体加入其中，其着眼点在于在不同主体之间建立起密切的生产联结关系，该模式更具多元主体性；第二，从技能传递方式上看，扩展了技能传递的渠道，大师工作室作为一个高水平工人的团体，不仅能够对一线工人进行"拔高式"的培养，并能够以工作室的名义集中工人技能资本承接工厂重要的技能攻关项目、帮助行政部门举办技能大赛，还能通过资源引入的方式突破以往班组培训模式的相对单一性，其中既包括物质资源也包括人力资源；第三，从组织属性上看，该重层结构模式是将带有行政性质的纵向结构与带有非行政性质的工作室有机结合，使传统的纵向体系逐步转化为纵横联合的、具有交叉性的复杂格局，这种模式对于以往的组织形式的最大突破在于，通过多方资源引入与重组生成了一种具有平台性质与整合能力的组织，同时作为一种"技能共同体"也使得工人的自主性与主体性在技能传递中明显凸显，具有典型示范的意义。

最后，作为企业内一种特殊类型的组织，技能大师工作室的出现使得劳动者之间、劳动者与管理层之间在既有关系的基础上呈现出了多种新的互动形态，使工厂内原有的技能传递关系更为复杂化，其中师徒制改革下师傅与徒弟之间的互动关系最具代表性。从表面上看，师徒二人的关系似乎是通过技能的"传"与"承"建立起来的，但事实上二者之间的关系并不仅仅局限于这样简单的范畴，而是具有较为复杂的互动内涵，主要表现在以下几个方面：其间有建立在利益互酬关系上的"吸引与亲和"；有由于师徒合同短期化带来的"浅关系"；有由于徒弟数量膨胀导致传递关系上的"差序格局"化；也有从工作室工作角度而产生的师徒间领导与被领导关系。此外，工作室与企业管理层之间双向互惠与博弈并存，而工作室外普通一线生产工人对于工作室的"不参与"与"积极联系"也成为企业内部互动关系的重要方面。上述多面向的关系互动和态度取向构成了工厂内真实的关系形态，不仅使得技能形成与传递被编织在一张复杂的关系网络之中，同时也对企业技能传递关系的治理产生了复杂的影响。

笔者认为，技能大师工作室作为国企内新出现的一种特殊的组织形态，是受到宏观社会环境、企业内部劳动力市场以及劳动者群体的行为选择等多元因素影响的产物，因此，只有同时将环境、组织与关系纳入技能大师工作室的分析框架，才有可能为其提供全面的分析。在这一意义上，本书通过"环境—组织—关系"的理论分析框架，试图全面认识以技能大师工作室出现为代表的国企内部组织形态变迁，并在此理解与认识的基础之上，进一步探讨这种组织模式变迁对技能形成与传递有效性的影响。

刘凤文竹

2023年8月

目　录

第一章

导　论

本章主要从研究背景、问题提出及核心概念界定、研究设计与研究意义等方面对所研究的问题进行概述，旨在对本书的行文逻辑与论述框架进行整体介绍。本章不仅介绍了国企技能大师工作室的诞生背景，同时在厘清既有学术研究成果的基础上，提出与阐释"技能传递"的核心概念用以分析技能大师工作室这一独特的组织现象，同时还探讨了这一研究的重要理论与现实意义，为后面章节的展开奠定了基础和框架。

第一节　研究背景

　　技能与组织的关系一直是社会学研究的核心话题之一。从一般意义上讲，工业企业中工人的技能形成与技能传递实质上是与企业组织结构形态具有密切相关性的实践过程。在此过程中，以欧美为代表的西方发达资本主义国家与后发现代化的非西方国家之间在经验模式与发展轨迹等方面既存在着共性又各具特色，值得我们深入研究与认真反思。与西方对于技能问题的研究主要围绕资本与劳动对生产控制权展开斗争和博弈的路径不同，我国自新中国成立以来，关于以国企工人为典型代表的工人群体如何进行技能传递以及对国企工厂如何进行技能治理以提升生产效率等问题，一直有着依据中国国情而制定的独特的组织策略与行动逻辑。计划经济时期，随着社会主义改造的完成，国营厂矿内部普遍实行以师徒制、班组培训制等形式为主要手段的技能传递模式，对促进工业化进程发挥了巨大作用。改革开放以来，用工制度改革及国企市场化改制，逐步消解了以传统师徒制为主体的厂内既有培训模式的制度基础。近十年来，随着国家人才战略的进一步推进以及对技能短缺现象的大力治理，在总结地方相关经验的基础之上，政府开启了针对劳动者群体技能形成与传递的一种崭新的探索，建立了技能大师工作室的组织模式。该模式是在政府主导下，融合了企业师徒制度、班组制度、工人创新团队等多种元素而生成的国企技能传递的新的组织形式。技能大师工作室在21世纪初期的中国出现绝非偶然，而是有着深刻的现实背景，是在我国经济和社会发展到新阶段的情况下，国家、企业和工人对技能有着强烈需求的背景下产生的。技能大师工作室的出现，对工人技能发展及企业组织模式治理都产生了巨大的影响，值得我们深入探索与研究。

一、高技能工人短缺制约产业升级发展

改革开放以来，中国无论是经济还是技术都进入着全新的发展阶段，尤其是加入世界贸易组织以后，国际化元素的融入不断促使中国迈入世界制造大国的行列。在此背景下，国家高度重视工业化的发展，为加快推进新型工业化，党和政府先后出台了包括"中国制造2025"在内的一系列发展战略，并将智能制造作为主攻方向。党的十八大召开以来，创新型国家的建设不断促使企业技能型劳动力成为助推中国经济发展与产业转型升级的一支重要力量。

然而，在工业化飞速发展的进程中，随着经济结构调整、产业升级和生产技术手段的不断快速革新，各行各业都面临着技能人才总量短缺以及工人技能结构不合理等问题。作为我国人才队伍的重要组成部分，技能人才特别是高技能人才的短缺，成为制约制造业进一步发展的瓶颈。2016年11月，由摩根大通支持发起，清华大学和复旦大学联合发布的《中国劳动力市场技能缺口研究》调查报告显示，我国技能劳动者数量占全国就业人员总量的19%左右，而高技能人才仅占其中的5%。[①]2018年3月，国新办发布会公布全国共有就业人员7.7亿，其中技术工人有1.65亿，而高技能人才仅有4700多万。通过对这三个数字的分析与比较，我们可以看出，虽然技术工人占就业人员总体比重约21%，但其中高技能人才只占就业人员总体比重的6%左右，可以说这两个比例都是比较低的。应当承认，中国目前不仅技能工人总量严重不足，且高技能人才所占劳动者比例也存在严重失衡，技能人才短缺现象的背后，反映的是对技能劳动者，尤其是高技术水平劳动者技能形成与培养方式的缺位等问题，这也成为制约我国当今社会与经济快速发展的关键因素之一。

[①] 邱晨辉，王月.高技能劳动力缺口警钟再次敲响[N].中国青年报，2016-11-28（11）.

其中的原因较为复杂，例如改革开放以来市场化原则逐渐打破以单位制和身份制为基础的原有的工人社会地位维系机制，导致许多工人面临下岗失业及社会地位下降的窘境，技能工人的经济待遇、政治待遇的缺少导致其生存境地并不理想，成为一直困扰青年人就业选择的重要因素。此外，由于受传统社会"万般皆下品，唯有读书高"思想观念的影响，重学历、轻技能的"唯学历论"观点一度在社会中盛行，导致技能人才没有得到应有的重视。这些问题已经成为制约我国扩大高技能工人群体与产业进一步升级的重要因素，值得我们深入研究与认真反思。

二、技能供需矛盾背景下技能大师工作室的诞生

目前，中国对技能劳动者的培养模式主要包括学校培养、企业自主培养、校企合作培养及职工自我岗位提升等形式。[1]尽管培训形式丰富，为国家培养了大批技能型人才，但是就劳动市场中求人倍率来看，技术工人往往在1.5∶2左右，这表明目前的技能供给方式并不能够满足经济发展的需要，而相较于其他产业而言，第二产业尤其是装备制造业的发展对于技工储备的需要显得更为迫切。与其他技能形成方式相比，企业内部技能形成制度的薄弱被视为技能短缺的重要原因。按照国际劳工组织的分类标准来看，我国企业培训力量较为薄弱的原因，主要体现在以下两个方面：一方面是由于我国法律并没有给企业在劳动者培训方面提出明确的要求，而仅仅是规定企业需将员工工资总额的1.5%~2.5%用于员工培训，因此，企业对于是否组织培训及其效果没有太大的外部压力；另一方面是对于高技能人才的培养，特别是那些针对高技能领军劳动者身上绝技绝活的培养和传承，必须进行"精雕细刻"，仅靠一般性、常规性的培养很难取得良好的效果，然而"挖人外部性"极易造成高技能劳动者跳槽，使得企业在付出高额培训成本后往往又面

---

① 中国职工教育和职业培训协会. 技能大师工作室建设指南[M]. 北京: 中国劳动社会保障出版社，2013: 2.

临高技能人才流失的局面，极易出现无论是进行学徒制还是举办各项具体的岗位培训，就企业层面而言都缺乏创制技能供给制度的足够动力，进一步导致企业内部技能形成、传递及治理面临巨大的挑战。

为改变高技能人才供需之间的巨大矛盾，2003年我国召开了新中国成立以来第一次全国人才工作会议，党和国家开始高度重视技能人才队伍建设，会议首次提出"高技能人才"这一概念，并将其纳入国家人才队伍建设总体规划当中。2010年，国家又召开第二次全国人才工作会议，在这次会议上中共中央、国务院颁布《国家中长期人才发展规划纲要（2010—2020）》，进一步强调技能人才队伍，特别是高技能人才队伍建设的重要性，并将高技能人才队伍建设正式列入国家六支人才队伍建设之中。2011年，中组部、人社部颁布《高技能人才队伍建设中长期规划（2010—2020年）》，这一文件作为新中国成立以来第一个有关高技能人才队伍的发展规划，强调健全高技能人才激励表彰机制，不断提升其经济待遇与社会地位。在此基础上，国家又制定与颁布了一系列有关高技术水平工人培养的宏观规划，其中包括《新时期产业工人队伍建设改革方案》《关于提高技术工人待遇的意见》《关于推行终身职业技能培训制度的意见》《技能人才队伍建设工作实施方案（2018—2020年）》《关于全面推行企业新型学徒制的意见》《人力资源保障部关于在工程技术领域实现高技能人才与工程技术人才职业发展贯通的意见（试行）》等，从宏观层面上为企业技能人才队伍建设的发展提供了政策与制度支撑。

在国家高度重视技能人才队伍建设的背景下，近些年来，许多地方政府和行业企业根据自身发展的特点，开展了针对劳动者技能保护和推广的、具有地方性特色的治理实践，从组织层面上探索出了一些颇为有效的新的技能形成与培养模式。在此过程中，苏州市劳动和社会保障局首创并推广以"工作室"为主要组织形式的技能培训方式，并取得了较好的效果。除政府相关部门以外，一大批企业如中国石化集团、中国一汽集团等也相继探索以"劳模工作室""技能专家工作室"为基本思路的技能培训与养成制度。在总结地方性经验的基础上，2010年国家人力资源和社会保障部将"技能大师工作室"作为国家制度建设的一部分，从国家层面提出了总体性的治理思路和制度框架。由此，企业内一种新型的技能人才培养的组织模式——技能大师工作室——正式诞生。技能大师工作室的建设，是新型学徒制或现代学徒制的高级形式，是导师制在技能人才培养中的示范。[①]近些年来，技能大师工作室制度在许多国有制造业企业中开始流行，各企业围绕着此种组织模式，根据自身经营特点，制定出相关治理政策和规章制度，有效缓解了由于技能人才短缺所带来的压力，技能大师工作室也成为中国国有企业内一种持续扩大的组织形式。

第二节　问题的提出

长期以来，技能问题一直是社会学、政治学以及政治经济学等不同学科都密切关注的重要研究议题。[②]在以往的研究中，学术界针对不同时代、不同国家工人群体技能问题业已积累了大量的文献资料和经验研究，尤其是以马克思、布雷弗曼等为代表的西方经典社会学家就此进行的系统研究和理论概括，形成了诸如劳动过程理论（labor process theory）在内的诸多论著。从这一视角出发的大部分研究关注的主要是劳动与管理围绕生产劳动控制权的斗争。马克思认为，机械化解决了工人尤其是技能熟练工人难以驯服的问题，在此基础上，布雷弗曼指出管理革命打破了工人对工业技能的占有和控

---

① 中国职工教育和职业培训协会. 技能大师工作室建设指南［M］. 北京: 中国劳动社会保障出版社，2013: 序言3.

② 参见［德］马克思. 资本论: 政治经济学批判（第一卷）［M］. 郭大力，王亚南，译. 北京: 人民出版社，1964；［美］哈里·布雷弗曼. 劳动与垄断资本: 二十世纪中劳动的退化［M］. 方生，等译. 北京: 商务印书馆，1979；［美］威廉·拉佐尼克. 车间的竞争优势［M］. 徐华，黄虹，译. 北京: 中国人民大学出版社，2007；［美］凯瑟琳·西伦. 制度是如何演化的［M］. 王星，译. 上海: 上海人民出版社，2010.

制。但是，我们应该注意到，以劳动过程理论为核心的技能研究在一定程度上忽视了国家的重要作用，现代国家的重要功能之一便是提供知识生产的制度，同时国家有助于驱动工人与企业之间保持长期动态的稳定与平衡。[1]不仅如此，这些研究多数是以西方发达国家经验而生成的理论，一定程度上忽视了发展中国家或新兴工业化经济体的具体情况，同时包括这些经济体与传统工业化经济体之间的差异[2]，在面对以国有企业为典型代表的社会主义国家的生产过程时仍存在较大局限，尤其在面对中国情境下技能形成与传递问题的特殊性与复杂性时，这些理论往往显得苍白且解释力与适用性均不足，导致既有理论和分析框架面临着巨大的挑战。事实上，在知识、信息、技术不断发展的今天，驱动技能模式发展与变迁的机制远超出劳动与管理之间的政治诉求，工人技能的形成除了基于其在生产过程中对劳动控制权的争夺以外，还与其所在国家的企业组织的结构形态、内部教育培训模式的发展等组织创新模式密切相关。因此，这要求我们在理论探索上应当重视考虑企业组织结构形态创新对技能形成与传递的影响。

此外，技能传递自工业革命以来便成为现代工厂发展的重要现象。新中国成立以来，技能传递成为影响中国国企培养技术工人与提高劳动生产率的重要环节。当21世纪的中国已然成为"世界工厂"同时是全球最大的制造业经济体之时，也意味着既有的技能形成与传递方式正面临着巨大的创新与变革，尤其是近十年来在国企中开始流行的技能大师工作室现象，正在成为企业内部一种技能传递的主流趋势，根据《人力资源社会保障部对十三届全国人大二次会议第3322号建议的答复》，我们看到，截至2019年9月，全国已经建成862家国家级技能大师工作室[3]，应当承认，国家力量的推动对促进技能大师工作室作为一种制度性建设起到了关键性的作用。作为技术工人培

---

① 封凯栋，李君然. 技能的政治经济学：三组关键命题［J］. 北大政治学评论，2018（2）：159–200.

② Powell, M. Skill Formation and Globalization［M］. England：Ashgate Publishing，2005：1–2.

③ 人力资源社会保障部对十三届全国人大二次会议第3322号建议的答复［EB/OL］.（2019–09–06）. http://www.mohrss.gov.cn/gkml/zhgl/jytabl/jydf/201912/t20191203_344926.html.

养的一种崭新的组织形式，目前技术学、教育学、管理学等学科均对此进行了一定研究，但既有学科对技能大师工作室的探讨多集中于仅将其视为一种知识传递与存在的载体，进而重点对"技能知识"本身的性质及结构等方面进行研究，而忽视了这种组织模式的独特性及其发挥作用所依托的社会性。事实上，技能大师工作室作为国企中出现的一种特殊类型的组织模式，无疑是社会学尤其是工业社会学、组织社会学所应该做出研究的重要议题。这是因为，技能大师工作室的出现及运行过程包含着丰富的社会学元素，具体表现在以下三个方面：第一，从制度层面上看，技能大师工作室作为改善企业技能短缺的一种制度安排，尤其是对以工业主义为重要组织特征的国有企业来说无疑是至关重要的，作为一种重要的技能传递制度，它的有效运行涉及与国有企业内部既有制度的关联性与适配性问题，技能大师工作室是嵌入既有制度体系之中的，其发挥作用的前提应当是一个制度体系建构的过程；第二，从组织层面上看，技能大师工作室是将厂内优秀工人进行选拔与重新组合而生成的一种特殊组织结构，它对既有以班组制为基本形态的技能传递组织模式产生了重要影响，并在此基础上形成了"班组+工作室"的重层结构模式；第三，从关系层面上看，技能大师工作室作为新型学徒制的高级形式，它的出现改变了厂内既有的师徒间技能传递关系，同时也催生出工作室成员与企业管理层及普通一线工人之间不曾存在的新的关系形态。

作为一种技能传递的重要平台，近十年来技能大师工作室在中国国有企业中越来越广泛地出现，其生成与发展的组织过程和社会过程不仅牵涉到"国家—企业—个人"之间的互动关系，同时也涉及企业内部的微观治理结构，由宏观与微观两方面交织在一起，构成了一幅复杂的图景。但是目前学界对此现象的考察无论是对其制度属性、组织形态抑或是工作室场域下职工间关系互动的改变，其关注度和研究提炼度均不足，缺乏系统而丰富的理论分析，难以形成面对这一新出现的组织形态的有利解释，或者说中国经验正在给社会学理论以新的挑战。笔者认为，只有将制度环境、组织、关系同时纳入分析框架，才有可能为这种独特的组织现象及其背后的理论问题提供全面而准确的分析。鉴于这一研究现状，笔者认为有必要结合国内外相关研究成果，从"环境—组织—关系"的框架下来理解并对其进行全方位的解释性理解与探索性诠释。

第三节 核心概念界定

一、"技能传递"的含义及理论依据

一直以来，以高技能水平劳动力短缺为背景，如何促进工人技能的形成与传递成为各学科普遍、密切关注的问题，而对于这一议题的研究，首先是基于对"技能"这一概念的认识开始的。尽管技能具有多义性，但关注技能研究的学者普遍承认将技能视为一种"操作性知识"[①]的观点，同时指出尽管大师的技能、技艺独特且很难复制，但这不代表技能是不可传递的，通过生产实践中新手对技艺的自然观察与师傅的技能展示，这种个人经验化的、非标准化的知识也是可以复制、传播与习得的。也就是说，技能一经产生就会被他人模仿和效仿，具有一定的可复制性。[②]也正是在这一意义上，学术界对技能及其传播形成了诸多不同的解释路径，类似的概念包括"知识转移""知识共享"与"技能形成"等。从人力资源的研究视角出发，作为一种"本领"的技能及其生成往往具有明显的个人标签性，是个人通过长期实践的经验积累起来的绝活，其形成与个人的经验、专业等密切相关，具有劳动者高度个体化的特征。[③]在管理学的研究谱系中，多将技能及其传播作

---

① ［英］迈克尔·波兰尼.个人知识——迈向后批判哲学［M］.许泽民，译.贵阳：贵州人民出版社，2000：18-27.

② 参见［英］迈克尔·波兰尼.个人知识——迈向后批判哲学［M］.许泽民，译.贵阳：贵州人民出版社，2000：19-20；［美］加里·贝克尔.人力资本［M］.陈耿宣，等译.北京：机械工业出版社，2016：28-37；李华伟，董小英，左美云.知识管理的理论与实践［M］.北京：华艺出版社，2002：87-94等.

③ 金福.企业高级技工师徒制培训模式新探［J］.中国人力资源开发，2005（3）：58-62，68.

为一种知识管理的类型而展开研究，认为"知识转移"是指将一种情境下获取的知识应用于另一种情境，知识转移可以在企业内部，也可以在企业之间发生，知识转移的渠道可以是正式的，也可以是非正式的，可以是个人的，也可以是非个人的。[①]而教育学多将"技能形成"视为政府、教育与培训部门、劳动力市场与行业企业之间在技能开发中建立的有效的协作关系，其基本特征是强调一种整合性的技能人才开发模式，实质是实现不同类型及层次的，包括部门、政府和机构间的协调互动，让所有部门都成为技能开发的主体。[②]

　　上述研究多将技能视为一种可转移的知识，并从不同层面探讨了其在不同主体之间的转移。本书在承认既有研究关于技能及其生成与传播的基础上，提出"技能传递"的概念，所谓技能传递主要是指技能传授者通过一定的平台与渠道向技能承接者进行技能输送与培养的过程，它的复杂性在于，这种传递不仅包含了作为操作性知识的转移，同时还包括对它所依托的社会性，其中包括制度环境、组织结构以及关系互动等面向。笔者认为，这一概念重点强调技能传递的平台性，重点探讨技能传递者如何通过制度环境及新的平台形式将自己的技能进行传播，在示范与沟通中共享经验。此外，这种技能传递不仅包括传统的以师徒制为主要模式的传艺带徒，同时还包括集体性技能攻关与成果交流等方面，是一个多维融合的技能习得过程，而技能的传递也不是简单的复制过程，而是进行个人的消化、创新与改造的过程，人们通常把工人看成是大机器上的部件，是机械的、被动的执行者，只是按照工艺规程和操作标准去做，但操作本身就蕴含着智慧，这种智慧是做中的

---

① 参见谭大鹏.知识转移及其相关概念辨析［J］.图书情报工作，2005，（2）：7-10，143；李南，王晓蓉.企业师徒制隐性知识转移的影响因素研究［J］.软科学，2013（2）：113-117；王晓蓉，李南.企业师徒制中隐性知识转移路径及其微观过程研究［J］.情报理论与实践，2012（6）：26-30；周晓东，项保华.企业知识内部转移：模式、影响因素与机制分析［J］.南开管理评论，2003（5）：7-10，15等.
② 参见李玉珠.技能形成制度的国际比较研究［M］.北京：社会科学文献出版社，2018：7-10.

"寻视"，而非单单的"视"①，从而完成技能的解码和重组。本书正是在上述界定的基础上进行研究的，应该承认，技能传递的最大特点是围绕行业生产技术经验寓传递于实践之中，强调通过实践而掌握技艺，并依托一定的制度环境、组织结构及关系互动完成技能的解码和重组。

二、"技能大师"的界定

（一）对于一般意义上"大师"的理解

"大师"是一个极富中国语境意义的词语，既具有传统性又富有现代性。一种观点认为，成为大师者必须具备以下四个条件。第一，技艺高超。一般是指"在技术上到达信手捏来、驾轻就熟、炉火纯青的地步，也可以理解为别人不会的他会，别人会的他做的精度更高，或者在同等精度条件下，他用时更短等"②。第二，行业经验丰富。初出茅庐者，即使技术动作娴熟，有一两项较大的贡献，但若资历尚浅，经验欠丰富，也不能称其为大师。第三，在本专业范围内具有较强的创新创造能力和社会影响力，对行业发展有突出贡献或重大发明者是成为大师的硬指标。第四，品德高尚。对自己的知识技能不故步自封，不因循守旧，并且乐于用自己的专长助人、育人，与弟子分享自己的技艺。概言之，"德艺双馨"是对大师能力素养的简约概括。③

（二）人力资源和社会保障部对于"技能大师"的概念界定

关于"技能大师"的界定，根据人力资源和社会保障部、财政部2012

① ［德］马丁·海德格尔. 存在与时间［M］. 陈嘉映，王庆节，译. 上海：生活·读书·新知三联书店，1999：82.

② 中国职工教育和职业培训协会. 技能大师工作室建设指南［M］. 北京：中国劳动社会保障出版社，2013：7.

③ 中国职工教育和职业培训协会. 技能大师工作室建设指南［M］. 北京：中国劳动社会保障出版社，2013：8.

年3月颁布的《关于实施2012年国家级技能大师工作室建设项目的通知》显示，所谓技能大师主要是指，"某一行业（领域）技能拔尖、技艺精湛并具有较强创新创造能力和社会影响力的高技能人才，在带徒传技方面经验丰富，身体健康，能够承担技能大师工作室日常工作"。与此同时，该文件还规定了成为技能大师者所需具备的各项条件，要求参评的技能人才应具备下列条件之一：（1）获得中华技能大奖称号[①]；（2）获得全国技术能手称号或具有技师以上职业资格，积极开展技术技能革新，取得有一定影响的发明创造，并产生较大的经济效益；（3）具有一定的绝技绝活，并在积极挖掘和传承传统工艺上作出较大贡献。[②]对于技能大师概念，在人力资源和社会保障部办公厅于2013年5月印发的《国家级技能大师工作室建设项目实施管理办法（试行）》文件中也沿用了上述界定。[③]

对技能大师的内涵进行细致解读，我们会发现，成为技能大师一般具备以下几个特征：一是在技能层面上，需是某一行业（领域）中拔尖的，达到精湛的水平；二是在创新创造能力上，体现为能解决生产中的难题杂症或重大工艺难题等；三是在发挥技能传递作用上，其作用与影响力已经超出本单位，能够在行业内有广泛的知名度与影响力。[④]

（三）对"技能大师"的社会学解读

"工匠"在我国古已有之，有着极为深厚的历史。早在《诗经》中曾写

---

① 中华技能大奖创办于1995年，由全国技能人才评选表彰办公室主办，这种表彰和奖励是我国政府对技术工人技术技能水平的最高奖励，获奖人员是经过国家和省（行业）两级评审出来的本行业、本工种最高技术水平的突出代表。

② 人力资源和社会保障部. 关于实施2012年国家级技能大师工作室建设项目的通知[EB/OL]. （2012-03）. http://www.mohrss.gov.cn/SYrlzyhshbzb/ldbk/rencaiduiwujianshe/jinengrencai/201203/t20120315_86976.htm.

③ 人力资源和社会保障部. 国家级技能大师工作室建设项目实施管理办法（试行）[EB/OL]. （2013-05）. http://www.mohrss.gov.cn/gkml/zcfg/gfxwj/201305/t20130517_103217.html.

④ 中国职工教育和职业培训协会. 技能大师工作室建设指南[M]. 北京: 中国劳动社会保障出版社，2013: 8.

道，"有匪君子，如切如磋，如琢如磨"。庄子也曾用"庖丁解牛""运斤成风"等故事来表现古代以精益求精为核心的工匠及其拥有的极致技艺。从社会学层面上来进一步解读，我们会发现，技能大师所展现出来的身份是有着超高技艺的工匠。在经典精英理论研究中，曾将精英视为"选择"和"被挑选"者[1]，后来特指非常顶尖、非常有能力的群体。[2]帕累托曾将精英界定为"最强有力、最生气勃勃和最精明能干的人"[3]。从精英理论审视技能大师的身份内涵，我们会发现，其身上不仅具备超高的技能与技艺，在生产中占据重要位置，是生产层面的技术能手，与此同时，他们还具有一定的管理能力，在工作室的日常管理中具有一定话语权，并具有良好的社会形象，是生产型技术人才，而从韦伯提出的"权威类型"意义上看，则可看作是技术性"权威"的一种典型表现。

三、"技能大师工作室"的概念与分类

我国现行的技能大师工作室模式是在借鉴"工作室（studio）"这一典型的社会活动形式的基础上，在企业、职业院校等不同领域特定岗位上建立起来的一种将传艺带徒与攻关创新功能复合起来的新型组织形式。国家技能大师工作室是2010年由国家人力资源和社会保障部首次明确提出并将其作为一种制度建设而诞生的。在人社部课题"技能大师工作室制度建设研究"主报告中，对我国技能大师工作室的界定和性质做出了如下表述："技能大师工作室（某些地方称作金蓝领工作室、首席技师工作室）是经相关部门批准成立的，是某行业（或产业）技能领军人物开展技术攻关创新和高技能人才培养，并将两者相互融合的活动场所，是高技能人才培养的一种创新模

---

① [美]哈罗德·D.拉斯韦尔.政治学：谁得到什么？何时和如何得到？[M].杨昌裕,译.北京：商务印书馆,1992：4.

② [英]巴特摩尔.平等还是精英[M].尤卫军,译.沈阳：辽宁教育出版社,1998：1.

③ [意]维尔弗雷多·帕累托.精英的兴衰[M].刘北成,译.上海：上海人民出版社,2003：13.

式。"①一种观点指出，技能大师工作室作为国家培养高技术水平劳动者的一种创新性制度安排，是新型学徒制或现代学徒制的高级形式，是导师制在技能人才培养中的示范。②在现行工作室制人才培养模式中，由于各行业、岗位的差异性与复杂性，存在不同类型、不同称谓的"工作室"，如"劳模创新工作室""金蓝领工作室"等，虽然名称各异，但其设计思路、组织结构和运作机制等却有着很强的共性。

对技能大师工作室展开进一步分析，则可发现它具有以下几个主要特点：第一，技能大师工作室的设立和举办是主要依靠政府行政力量及企业、院系等不同主体协同配合的组织行为；第二，技能大师工作室不仅仅是作为一种宏观性制度而存在，同时也是具有实体活动空间的场域，是技能领军人物开展高技能人才培养和技术攻关相融合的活动场所，具有特定的活动地点；第三，在工作室内参与活动的人员具有特定性，包括不同类型和级别的技能人才，同时相关成员在工作室场域内具有各自不同的角色属性及功能定位，具体地说，从技术攻关的角度而言，技能大师工作室主要包括与活动相关的不同类型的高技能人才，并由此产生了不同行为主体之间复杂的互动关系，从人才培养的角度而言，主要是师傅和徒弟两类人员；第四，活动内容和形式具有确定性，即以高技能人才培养为主导，以项目（或课题）技术攻关为载体结合进行。在以工作室为平台进行技能传递与技术攻关的过程中，通过融入师徒制、"干中学"等隐性知识传播机制，体现了师徒效应、团队效应，是工作、学习和交流三者的结合；第五，条件的规定性，举办者要为工作室开展活动配备相适应的人、财、物及制度章程等。从上述特点我们可以看出，作为制度层面、组织层面甚至是关系层面的技能大师工作室无疑是社会学应该重点分析的对象。值得注意的是，从普遍意义上讲，我国国有企

---

① 中国职工教育和职业培训协会. 技能大师工作室建设指南[M]. 北京：中国劳动社会保障出版社，2013：10.

② 中国职工教育和职业培训协会. 技能大师工作室建设指南[M]. 北京：中国劳动社会保障出版社，2013：序言3.

业现行技能大师工作室的基础是以国家规定的技能大师工作室制度为根本前提的，但由于技能人才培养及工人技能形成涉及的领域与行业十分繁杂，且各岗位（工种）所要求的技能种类不甚相同，大师工作室也有着不同的分类与设立原则，主要体现在以下三个方面。

（一）根据技能领军者职业和产业类别分类

根据技能领军者职业技术特点和产业类别的不同，可以将技能大师工作室分为现代技术类、传统工艺类及文化创意类三大不同类别，每一类别具体特征如表1-1所示。

表1-1　按技能领军者职业和产业类别对技能大师工作室进行分类[①]

序号	产业类别	特征
1	现代技术类	现代技术类技能大师工作室相对于传统手工艺技术而言，主要是围绕现代制造业、现代服务业而成立的，这类工作室是技能大师工作室的主体，数量最多，行业分布较为广泛
2	传统工艺类	传统工艺类技能大师工作室主要分布在烹饪、传统工艺美术、古典园林建筑等行业，主要目的是探索薪火相传的有效途径，避免传统工艺的失传
3	文化创意类	文化创意类技能大师工作室即围绕动漫产业、影视制作业等建立的工作室

（二）根据举办者（建设途径）分类

此外，按举办者（也就是建设途径）的不同，技能大师工作室还可以分为企业办、校企合作办以及大师独立办三种不同类型，每一类别的具体特征如表1-2所示。

---

① 中国职工教育和职业培训协会. 技能大师工作室建设指南［M］. 北京: 中国劳动社会保障出版社，2013: 16（表格经笔者整理而成）.

表1-2 按举办者（建设途径）对技能大师工作室进行分类①

序号	建设途径	特征
1	企业办	此类工作室设立在本企业当中，由企业或上级主管部门批准设立，主要为本企业服务，同时兼顾行业和社会服务。企业在人财物、技术攻关任务、考核奖励等方面给予相应支持和指导
2	校企合作办	此类工作室主要是在政府的引导下，将大师工作室建立在技工院校或者政府办的公共实训基地。由学校、基地提供办公场地和其他必要的条件，学员即学校的学生，大师承担教学和指导任务
3	大师独立办	此类技能大师工作室一般是技能大师本人独立开业经营的，涉及领域如木雕、玉石雕刻、钟表维修、字画装裱、花卉及盆景等

（三）根据批准单位性质分类

除上述两种分类方式以外，根据批准单位性质的不同，技能大师工作室又可以分为政府设立与行业企业设立两种类型，其中政府主导设立的工作室按行政级别可细分为国家级、省（直辖市、自治区）级、省辖市级三个不同级别，每一类别具体特征如表1-3所示。

表1-3 按批准单位性质对技能大师工作室进行分类②

序号	批准单位	分级
1	政府设立	①国家级技能大师工作室
		②省（直辖市、自治区）级技能大师工作室
		③省辖市级技能大师工作室
2	行业企业设立	①全国性行业级
		②独立设置的企业级

---

① 中国职工教育和职业培训协会.技能大师工作室建设指南[M].北京:中国劳动社会保障出版社，2013:17(表格经笔者整理而成).

② 中国职工教育和职业培训协会.技能大师工作室建设指南[M].北京:中国劳动社会保障出版社，2013:16(表格经笔者整理而成).

　　从不同的划分标准我们可以看出，技能大师工作室的分布范围十分广泛，且类型与等级众多。依据上述分类标准，本书主要研究的是存在于现代技术行业（主要是装备制造业）领域中，由政府设立并在国有企业中进行建设的国家级技能大师工作室，这一类别的工作室无论在组织规模与运行经验方面都具有极强的典型性。一般而言，此类国家级技能大师工作室的生成，通常是在企业以往类似探索的基础上，在符合政府审批资格的条件下，由人力资源和社会保障部等相关部门批准并挂牌成立的。这类工作室主要是为本企业服务，同时兼顾行业和社会服务，并且企业在人财物、技术攻关任务、考核奖励等方面给予支持与指导。这一类别的工作室在国有企业中日益增多，是技能大师工作室存在的最典型形态之一，逐步成为国企特定工种或岗位上普遍流行的新趋势。因此，对这一类型工作室进行研究能够更清晰地展现技能大师工作室的特征与作用，更好地理解与诠释这一现象。

　　然而，我们必须认识到，在目前工作室建设的过程中，受授牌单位、工作室建设水平等不同因素的限制，一般同一个工作室通常具有"一套人马，几块牌子"的组织属性。也就是说，同一个工作室实际上往往存在着不同的称谓，人员构成、活动形式及规章制度等也存在一定重叠性，因此，通常在用词时视具体的场合而有所分别，不同的场景中存在不同的叫法，例如，"首席技师工作室"与"金蓝领工作室"类似。虽然名称存在差别，但究其本质而言，不同的工作室之间却具有很强的共性，本质上都属于工人技能创新团队。因此，在本书中，笔者将会把"工作室"作为一个中性的术语来处理，试图从整合它们之间的基本共同点的视角出发，描述一个具有一般性和包容性的概念，并在此基础上提出一个具有涵盖性的分析角度，以增进对工作室这种组织现象的理解与阐释。但笔者也同时强调，会在需要厘清和阐明它们各自的独特之处和彼此间差异时进行特殊的说明。

第四节　研究意义

将国企技能大师工作室的研究置于新时期中国经济快速发展、产业不断转型升级与高技能劳动力短缺的复杂矛盾关系背景下，通过实证方法对这一新生的组织形态展开研究，分析其运作的有效机制，并与既有的"技能与组织"关系研究等学术理论展开对话，对于丰富工业社会学、组织社会及技能形成理论，总结探索中国本土化实践的模式与经验具有重要的理论意义与现实价值。

一、理论意义

在以往的研究中，学界就技能问题业已积累了大量丰富的文献研究与经验资料，尤其是以马克思、布雷弗曼等为代表的西方经典社会学家就此进行的系统性研究和概括，形成了诸如劳动过程理论在内的诸多论著，而国家介入劳资斗争则将人们的思路引向了国家、企业与工人之间复杂的关系互动中。然而，值得我们注意的是，这些研究多数是基于西方发达国家的经验而生成的理论，因此在面对中国情境下劳动者技能形成与传递路径的特殊性与独特性时，这些理论往往显得解释力与适用性不足，导致既有理论和分析框架面临巨大挑战。此外，近些年来国企中新出现的组织现象和组织形态的关注度与理论提炼度均不足，导致在面对新出现的重要现象时难以提出有力的理论解释。

在既有工业社会学、组织社会学的理论研究谱系中，技能大师工作室其实是一个崭新的词汇，它是近十年来出现在中国社会，尤其是制造业企业中的一种特殊的组织形态与技能传递模式，虽然存在的时间较短，但它背后却所蕴含着深层意义上的社会学理论内涵。作为一种平台化的组织，它的有效运行不仅在宏观上涉及国家、企业和劳动者个人三者之间复杂的互动关系，同时，其功能的有效发挥还在微观上涉及工作室内部的组织结构与基本特征，具体而言，它的理论价值主要有以下三个方面：第一，从制度层面上来看，技能大师工作室作为企业内部一种重要的技能传递制度，是后加入并嵌入到既有制度体系之中的，因此它涉及与国有企业内部既有制度的关联性与适配性问题；第二，从组织层面上来看，技能大师工作室作为一种将厂内优秀工人进行选拔与重新组合后而生成的特殊组织结构，它的出现对既有以班组制为基本形态的技能传递组织模式产生了重要影响，由此形成了"班组+工作室"的重层结构模式；第三，从关系互动的层面上来看，技能大师工作室作为新型学徒制的高级形式，它的出现改变了厂内既有的师徒之间的技能传递关系，同时也催生出工作室成员与企业管理层和普通一线工人间不曾存在的新的关系形态。通过对国企技能大师工作室制度框架及组织样态的实证研究和理论探讨，将有助于对中国工人劳动者群体技能形成与传递的规律进行理论提炼与概括，同时对理解企业组织结构变迁与技能传递间的复杂关系具有一定深化和拓展作用。此外，技能大师工作室作为国企中新出现的组织形式，了解其有效运转的机制无疑会极大程度地帮助我们解释当下国企内部技能形成与传递、企业技能治理、劳动关系等重要命题。

　　米尔斯在《社会学的想象力》一书中认为，研究的作用就是在社会结构中的传记和历史的交叉处寻求意义和解释。[①]本书从中国的实际出发，在努力把具有中国经验的故事讲好的基础上，在认识实际的过程中反思已有理论，在前人的基础上做出进一步努力，以促进由技能大师工作室引发的对国企组织结构变迁与技能形成问题的新的讨论，在与既有理论不断对话的过程中提出自己的观点，以丰富工业社会学、组织理论和技能形成等理论体系，进而建构起具有中国特色的工业社会学学科体系和话语体系，推动理论不断

---

① ［美］C. 赖特·米尔斯. 社会学的想象力［M］. 陈强，张永强，译. 北京：生活·读书·新知三联书店，2001：154.

向前发展。国企技能大师工作室作为一种企业内部新出现的组织现象，尚未得到理论界足够的关注，且既有理论有着较为明显的局限，而社会学理论需要面对和处理新的组织现象，这需要我们对这些理论进行认真反思。而对技能和企业发展模式的思考必须超越对既有理论模式尤其是以西方为主体的理论体系的依赖，提出更符合中国现实国情的理论解释框架。本书旨在依据社会的实践逻辑进行探索和发现本土问题的基础上，尝试与西方前沿理论进行对话，从而为学界有关技能与组织关系问题的研究增添新的知识，丰富和推动学科发展，并以此提高对当今社会现象的正确认识与准确把握。

二、现实意义

技能短缺问题作为制约中国企业发展与产业转型升级的痼疾，一直是政府和企业面临的巨大难题，工人技能问题一直是学术研究、政策制定和媒体评论的热门话题，因此，改变这一现象对于转型中的中国现实而言具有实践的紧迫性，同时也恰恰证明了有关技能及其发展研究的必要性。事实上，技能大师工作室是作为对工人技能形成与发展起到重要作用的一种新模式而推出的，对促进国企高技能劳动者的培养与生产效率的增长具有重要的现实意义。在以往的厂内培训体系中，以师徒制为例，技能往往仅在相对封闭的、小规模的师徒两人之间进行传递，而这种封闭性的技能形成与传递方式效率较为低下，即使是班组培训等工人集体受训的方式也难以充分打开技能传递的边界并突破其局限，且对"一专多能"型劳动力的培养更是缺乏足够的制度支撑。在技能大师工作室组织模式下，通过师徒制度、班组制度以及工人团队工作制度等元素的不断融合，形成了规模化、立体式的技能传递关系网络，产生了积极的效益。近些年来，技能大师工作室的数量不断增多，所涉及的领域不断扩大，功能的运转越来越强大，它的广泛性使其对于工人技能形成的影响越来越大，已经成为一种不可忽视的重要的组织现象。改革开放四十多年来，作为"世界工厂"的中国，尤其是装备制造业领域，越来越成为中国自主创新能力和工人技能水平体现的一张重要名片，在我国不断提倡自主创新的社会背景与历史定位下，笔者认为，关于组织与技能问题的经验研究是一个迫切需要得到深化和发展的领域，反思这些现象，对于思考新时期中国的经济发展以及国企产业工人的技能形成具有重大的现实价值。

不仅如此，技能短缺还是一个全球性的难题，事实上，所有国家都普遍面临技能短缺的问题，全球各国都对高技能人才进行着激烈的争夺。技能大师工作室作为一种极具中国本土特色的经验探索，在对其进行考察与总结的基础上，有助于形成治理技能短缺问题的中国经验。而对于这一经验的总结与分析，也有助于为世界范围内具有与中国类似情况的国家和地区提供宝贵的经验借鉴。从这一层面上看，对技能大师工作室的研究也具有重要的国际意义。

在总结既有经验的基础上，面对不断发生变化的客观社会事实，我们应该以怎样的制度框架和治理方式来促进其进一步发展，而不是止步与满足于当下的状态，对于当下技能大师工作室的研究和未来的发展具有重要的指导意义。中国高技能劳动力的培养及经济发展方式的转型迫切需要有效经验的总结来妥善地处理企业组织形态与技能生产之间的复杂互动关系。对于技能大师工作室的研究有助于我们总结其中的经验与规律，更好地指导有关国企技能短缺问题的治理与实践。

第五节　研究设计

对于社会科学研究而言，无论是基于抽样调查基础上的统计分析，还是基于个案调研基础上的定性研究都能取得相应成果，两种科学范式各有优点，并无高下之分。笔者根据本项研究的主要目的、研究对象的自身特点，以及在田野调查中资料获得的主要过程、方式等因素，选取质性研究的方法作为本项研究的主要方法。学界普遍认为，"质的研究"作为一种科学范式，强调研究者应该深入到社会现象之中，通过亲身体验了解研究对象的思维方式，并在收集原始资料的基础之上建立"情景化的"、具有"主体间性"（intersubjective）的意义解释，[1]这种研究方法在方法论上有别于"量的研究"，本书正是在这一意义上展开的。

一、研究对象

从质性研究的研究方法来看，质性研究的主要目的就是就一个问题进行比较深入的解释性理解与探讨，因此研究者通常采取的是"目的性抽样"的原则，即按照研究目的选取那些能够为本研究提供最大信息量的人或事，[2]以使得该样本能够更为完整而准确地回答研究者的研究问题。循着这样的研究思路，笔者选取东北地区C市一家大型国有企业K厂，并主要针对该厂中的六个国家级技能大师工作室展开实证研究。之所以选择这样的案例作为质性研究的对象，笔者重点考虑了以下几点。

第一，从企业性质上看，K厂作为一家历史悠久的大型国有企业，成立于"一五"计划时期，目前是高铁制造领域的龙头企业，相较于其他国企而言具有极强的典型性，这对于研究国企大师工作室这一类别的工作室具有重要的标签意义；第二，从工作室级别上看，国家级大师工作室是目前工作室体系下最为高级的阶段，有助于笔者更深刻地认识工作室这一组织形式；第三，从建设时间上看，K厂最早一批国家级技能大师工作室成立于2012年，并在此之前已经具有多年工作室建设的相关经验，至今已经有十余年的发展历程，从全国范围来看，是全国国企当中对工作室涉猎较早的、经验较强的，从而能够为笔者提供较为全面且丰富的田野资料。

① 陈向明. 质的研究方法与社会科学研究 [M]. 北京: 教育科学出版社, 2000: 序言1.
② PATTON M Q. Qualitative Evaluation and Research Methods [M]. Newbury Park: Sage, 1990: 169–180.

（一）K厂概况

K厂坐落于J省C市，是一家以制造铁路客车和城市轨道车辆为主的大型国有企业，主要生产范围包括铁路机车车辆、动车组、城市轨道交通车辆等，目前在我国轨道交通装备，尤其是铁路客车和城市轨道车辆研制领域具有领先地位。K厂始建于1954年7月，是国家"一五"计划时期156个重点建设项目之一，原主要生产铁路客车等。2002年3月，K厂通过改制与重组成为新型股份制公司。2015年经国务院同意，国务院国资委批准，K厂与另外一家轨道交通装备企业合并为Z股份有限公司。同年6月，Z股份有限公司上市。目前，K厂员工拥有19 000多人，分新、老两个整车制造厂区，总占地面积400余万平方米。K厂生产系统主要设有高速动车组制造中心、客车制造中心、转向架制造中心、检修运维事业部等部门（相当于分厂）。截至2015年年底，K厂已有高技能人才6 000余人，其中高级技师240余人、技师700余人、高级工5 200余人。

（二）六个国家技能大师工作室简介

自2012年至今，K厂先后共有多个工作室被评为国家级技能大师工作室，按工作室领办人（技能大师）的工种划分，具体涉及手动电焊、机械手电焊、车辆装调等不同工种，本书选取其中比较有代表性的六个技能大师工作室作为研究个案，具体情况分别如下。

1. WJ技能大师工作室

技能大师：WJ，男，1968年出生，焊接手动操作工，曾荣获中华技能大奖、全国劳动模范、国务院特殊津贴、全国五一劳动奖章、J省首席技师等荣誉和称号。

WJ技能大师工作室：2012年，由WJ主持的K厂手动焊工首席操作师工作站被国家人力资源和社会保障部批准为"WJ国家技能大师工作室"，该工作室主要承担各类手动焊接任务，工作室成员主要由31名拥有技师及以上水平的工人构成。

2. YL技能大师工作室

技能大师：YL，男，1970年出生，焊接机械手操作工，曾荣获中华技能大奖、全国技术能手、国务院特殊津贴、全国五一劳动奖章、全国劳动模范、J省首席技师等荣誉和称号。

YL技能大师工作室：2012年，由YL主持的焊接机械手操作工首席操作师工作站被国家人力资源和社会保障部批准为"YL国家技能大师工作室"，该工作室主要承担各类机械手焊接任务，工作室成员主要由28名拥有技师及以上水平的工人构成。

3. ZQ技能大师工作室

技能大师：ZQ，男，1972年出生，维修电工，曾荣获中华技能大奖、全国技术能手、国务院特殊津贴、"火车头奖章"、J省首席技师等荣誉和称号。

ZQ技能大师工作室：2012年，由ZQ主持的维修电工首席操作师工作站被国家人力资源和社会保障部批准为"ZQ国家技能大师工作室"，该工作室主要承担电气维修任务，工作室成员主要由拥有技师及以上水平的工人、工程专业技术人员，以及科研院校、铁路部门等人员构成，共计76名成员。

4. JH技能大师工作室（原为XZ技能大师工作室）

技能大师：JH，男，1969年出生，机车车辆铆工，曾荣获"火车头奖章"、全国优秀班组长、J省五一劳动奖章、J省首席技师、C市特等劳动模范等荣誉和称号。

JH技能大师工作室：2013年被国家人力资源和社会保障部批准为"JH国家技能大师工作室"。由于原工作室领办人退休，2018年4月，由人社部职建司批复，同意将原来的"XZ技能大师工作室"调整为"JH技能大师工作室"（将工作室的管理者与领衔人的角色交付给其成员JH），这也是全国第一家具有传承性质的工作室，主要负责车体铆、焊过程中的难题与任务，工作室成员主要由25名拥有技师及以上水平的工人构成。

5.GS技能大师工作室

技能大师：GS，男，1978年出生，铆工，曾荣获中华技能大奖、全国劳动模范、国务院特殊津贴、全国五一劳动奖章、J省技能大奖、J省首席技师、C市五一劳动奖章、C市工匠等荣誉和称号。

GS技能大师工作室：2017年，由GS主持的铆工首席操作师工作站被国家人力资源和社会保障部批准为"GS国家技能大师工作室"，该工作室主要承担车体钢结构生产制造中的难点任务，尤其在不锈钢、碳钢、铝合金三种车型钢结构的生产与攻关中起到关键作用，工作室成员主要由30名拥有技师及以上水平的工人构成。

6.SY技能大师工作室

技能大师：SY，男，1987年出生，铁路车辆制修工，曾荣获全国技术能手、J省职工优秀技术创新成果奖、C市五一劳动奖章、C市劳动模范、K厂特等劳动模范等荣誉和称号，也是K厂目前最年轻的国家级技能大师。

SY技能大师工作室：2019年，由SY主持的电气操作师工作站被国家人力资源和社会保障部批准为"SY国家技能大师工作室"，该工作室主要承担与车辆调试相关的任务，工作室成员主要由35名拥有技师及以上水平的工人构成。

二、研究方法

（一）关于方法论的思考

一般来说，所谓研究方法的方法论主要是关于指导研究的思想体系，其中包括基本的理论假定、原则、研究逻辑和思路等。[1]对于社会科学的研究方法，学术界认为这不仅仅涉及具体的技术和程序的运用，同时还包括其自身本体论、认识论和方法论方面的基础。[2]笔者认为，把对方法论的讨论置

---

① 陈向明.质的研究方法与社会科学研究［M］.北京:教育科学出版社,2000:5.

② 陈向明.质的研究方法与社会科学研究［M］.北京:教育科学出版社,2000:序言1.

于具体的研究方法和实践过程之前是十分重要的，因为它涉及的是我们应该如何认识世界及构建研究的方式。

有学者将质性研究的理论渊源概括为三个主要方面，包括后实证主义、批判理论以及建构主义。尽管这些研究范式在本体论、认识论和方法论等不同层面上存在较大差异，但三者需要解决的共同议题是："研究者是通过什么方法发现那些他们认为是可以被发现的事物的？"①在对这一问题的回答与处理方式上，笔者比较认同建构主义的研究路径。持这一派观点的学者主张通过研究者与被研究者之间的辩证对话，通过互为主体的互动达至一种生成性的理解。建构主义普遍认为，所谓"事实"是多元的，会因历史、地域、情境、个人经验等因素的不同而有所不同。②所以，所谓"研究与领会"并非仅仅是主体对客体的单线式的理解，而应该是研究者与被研究者作为不同主体通过互动而达成的"视域融合"。换句话说，研究者需要通过反思，"客观"地审视和领会互为主体的"主观"，而研究也就成为交往各方不断进行辩证对话、共同建构研究结果的过程，而非"控制"或"预测"的客观现实，更非改造现实。③笔者认为，这与知识社会学所讲的关注对"现实"的社会建构过程具有一定共性。知识社会学普遍认为，人类所有的知识都是在社会情境中得到发展、传递和维持的，也就是由社会所建构的，而作为研究者不仅必须处理人类社会中多种多样的经验知识，同时也必须处理所有知识被社会建构为一种"现实"的各种过程。④由此，我们可以发现两者之间的主要共同点在于，强调应在自然情境而不是在人为的实验环境下进行研究，从而对当事人的意义建构获得一种解释性理解，而不只是对他们可观察到的外显行为进行测量，也不只是对研究者自己的理论假设进行证实。

---

① 陈向明. 质的研究方法与社会科学研究 [M]. 北京：教育科学出版社，2000：13—15.

② Von Glasersfeld, E. Questions and Answers about Radical Constructiveism [A] //The Practice of Constructiveism in Science Education. Hillsdale, NJ: Lawrence Erlbaum Associates, 1993: 29.

③ 陈向明. 质的研究方法与社会科学研究 [M]. 北京：教育科学出版社，2000：16—17.

④ ［美］彼得·伯格，托马斯·卢克曼. 现实的社会建构 [M]. 汪勇，译. 北京：北京大学出版社，2009：1—3.

循着这样的研究范式，本书着眼于围绕技能大师工作室有效运转所依托的社会性进行构成性理解，通过理解和建构"人我之间、个体与世界之间、过去和现在之间"①的桥梁，来扩大描述和解释对技能大师工作室的认知结构与叙事话语。笔者将从田野资料和文献资料两方面建构自己的观点和结论。此外，有学者指出，无论是自然科学还是社会科学中的"规律"都是有条件的，都受到一定时空的限制，适用于宏观层面的规律不一定适用于微观层面。因此，在使用理解的方法对规律进行探究时，应把握限定其时空条件和抽象层次，并在特定范围内展开讨论，这也指导笔者接下来的研究将在一定的选择范围内进行。

（二）资料收集的具体方法

研究方法主要是指从事研究的计划、策略、手段、工具、步骤以及过程的总和，是贯穿于研究全过程的程序与操作方式。②本研究主要使用社会学领域中的质性研究方法，对C市K厂六个国家级技能大师工作室展开田野调查，并在对相关文献和理论观点进行考察与梳理的基础上，对国企内新出现的这种特殊的组织形态及模式展开研究，具体的资料收集与研究方法主要包括文献考察法、半结构式访谈法以及参与式观察法，通过与研究对象互动并对其行为和意义进行建构，从而获得一种解释性理解，具体研究方法介绍如下。

1. 文献考察法

本研究主要对国内外工业社会学、组织社会学及技能形成理论等相关研究进行收集与梳理，其中包括相关著作、期刊、学位论文等，并同时注意收集各级政府出台的与技能大师工作室相关的政策与制度文件，以及主流媒体对技能大师及其工作室运行发展的相关报道等。除以上文献外，在调研过程中，本研究还注意收集了与K厂相关的文字资料，其中包括K厂厂志、K厂官

---

① 陈向明. 质的研究方法与社会科学研究[M]. 北京：教育科学出版社，2000：16-17.
② 陈向明. 质的研究方法与社会科学研究[M]. 北京：教育科学出版社，2000：5.

方内部相关制度规定（包括技能大师工作室管理制度、首席操作师工作站管理制度、"人才通道"制度、操作师评聘制度、劳动用工制度、工资福利制度等）、工会宣传及总结资料，以及各大师工作室的现场图片、工作室花名册、工作室岗位职责谱系图等，用以作为开展本研究的重要文件材料，试图发现和梳理其生成与运转的机制。通过对这些重要的文件材料进行分析，一方面，可以从学理上建立起清晰的研究线索，明晰研究的背景；另一方面，各种档案及文件材料对于把握当下技能大师工作室运行的具体方式，进而了解国企内部组织形态变迁具有十分重要的作用，有助于形成具有建构性的文本。

2. 半结构式访谈法

半结构式访谈法是本书在开展研究过程中所使用的另一种重要的资料收集方法。之所以选择这样的方式，主要是因为本书需要了解当事人的想法和意义建构，并与从观察中得到的资料进行相关印证，以期全面地揭示技能大师工作室这一特殊的组织形式。在与K厂工人和领导保持着长期良好关系的基础上，笔者在事先征求被研究者的同意以后，多次进入K厂与相关人员进行访谈，访谈对象主要包括：K厂技能大师工作室各领办人、工作室成员、普通工人（这里主要指一线生产工人中的非工作室成员）、车间和班组领导、工会及人力资源部相关领导等。此外，为了研究的完整性，本书还对负责技能大师工作室管理的C市人社局相关领导进行了访谈。与此同时，为了试图通过对比来抓取企业办技能大师工作室的独特之处，笔者还对C市一家职业院校工作室领办人进行了访谈。

就具体操作层面而言，笔者事先就所需研究的重点问题列出了提纲以作为提示，在对访谈结构进行控制的同时，根据当时当地的实际情况对访谈的程序和内容进行灵活的调整，并鼓励受访者积极参与以获得更为全面的资料。此外，在访谈的同时笔者也留意被访者的一些非语言行为，包括动作、面部表情等。通过多次深度访谈，笔者获得了重要的一手资料，并承诺遵循保密原则对被访者个人相关信息进行保密，因此本书中所涉及的地名、厂名以及人名等均做了匿名化处理。

需要说明的是，虽然半结构式访谈是本研究采取的主要研究方法，但是为了确保研究的丰富性、真实性与完整性，在最初的几次访谈过程中，由于对大师工作室的了解刚刚起步，尚处于较为表面化的研究阶段，因此笔者也根据当时的实际情况，采用了开放式及焦点团体式的访谈形式，以了解被访者关心的问题和思考问题的方式。在利用这样的研究方法作为辅助的情况下，随着研究的不断深入，笔者回归并主要采取以半结构式访谈为主要形式的资料收集方法，并重点就前面访谈中出现的重要问题及尚存的疑问进行追问。此外，在本研究进行的过程中受到新冠病毒感染疫情的影响，一段时期内无法与被访者进行面对面的交谈，因此，笔者对部分被访者采用"间接访谈"[①]的形式使研究得以继续，笔者在与被访谈者提前约定好时间的情况下，主要通过语音电话等形式对其进行访谈。

3. 参与式观察法

除了上述研究方法以外，本书在研究过程中所使用的另一主要资料收集方法则是参与式观察法。一种观点认为，作为科学研究手段的观察是一种有目的、有计划的活动，观察者运用自己的感觉器官对自然或社会现象进行感知和描述，从而获得有关事实的材料。[②]在质性研究的范式下，观察不只是对事物的感知，而且取决于观察者的视角和透镜。质的研究的自然主义探究传统认为，由于个人的思想和行为以及社会组织的运作是与他们所处的社会情境分不开的，因此如果想要了解和理解个人和社会组织，则必须将其放置于丰富、复杂、流动的自然情境中进行考察，而观察作为资料收集的手段，可以以直观的方式听到和看到被研究者的行为和语言，可以通过与对方的互动来了解其行为反应等。[③]一种较为公认的观点认为，就人对事物的认知而言，世界是由各种关系而非事物本身构成的，事物的真正本质不在于事物本

---

① 陈向明. 质的研究方法与社会科学研究[M]. 北京: 教育科学出版社, 2000: 172.

② 水延凯, 等. 社会调查教程[M]. 北京: 中国人民大学出版社, 1996: 172.

③ 陈向明. 质的研究方法与社会科学研究[M]. 北京: 教育科学出版社, 2000: 235.

身，而在于观察者在各种事物之间的构造，然后又在它们中间感觉到的那种关系。由此，研究者必须与其进行面对面的交往和长期的观察，以了解事件发生、发展的全过程。常人方法学也认为，研究者应该通过观察平常人的生活习惯和行为方式来了解他们的思维方式和看待世界的角度。[①]

在与被研究者保持长期良好关系的基础上，通过K厂工会的协调，笔者有机会到K厂工作室内部进行了长期的参与观察，观察的主要范围包括车间、班组及技能大师工作室，在对技能大师工作室空间形态进行感知的基础上，对当时正在发生的事情进行观察、倾听及田野记录，努力从工人们的行为方式、工作室活动等现象中了解工作室组织的运转模式，勾画出真实的组织结构。在直接体验中倾听和观察他们的言行，不仅使笔者能够对该工厂的组织结构得到比较具体的感性认识，而且可以深入到被观察者文化的内部，了解他们对自己行为意义的解释。但同时，由于工厂生产活动的专业性较强，考虑到安全生产等因素，笔者很难深入到具体的生产过程中进行更为详细的观察，一定程度上导致证实资料的收集存在困难，有关这一局限笔者将在第七章中进行反思。

三、研究过程介绍

在介入及进行田野调查的过程中，笔者主要采取了"引入"和"走出"相结合的方式进行：一方面，所谓"引入"是指通过学院社会学系与K厂工会建立的长期良好关系，社会学系多次邀请K厂技能大师工作室相关负责人、成员以及工会领导来学校举办座谈会、分享会，通过这样"引入"的方式进行了多次焦点小组访谈，使笔者获得了有关技能大师工作室的基本信息和初步田野资料；另一方面，所谓"走出"主要是指在获得了被访对象同意的前提下，笔者走出校园用观察者的身份进入K厂进行田野调研，深入车间

---

① 陈向明. 质的研究方法与社会科学研究 [M]. 北京: 教育科学出版社, 2000: 235.

及班组对技能大师工作室负责人、工作室成员、普通一线工人以及车间和工会领导等不同身份群体进行了半结构式访谈，同时在条件允许的情况下进行参与式观察。此外，为了研究的完整性与丰富性，笔者还对C市人社局相关负责领导、C市一家职业院校工作室领办人进行了深度访谈。本研究具体实证及操作过程主要分为以下四个阶段。

第一阶段：这一阶段的调研主要集中于2016年9月至10月，主要通过学院的名义将K厂相关职工请到学院举行座谈会，即以焦点小组访谈的形式将工人师傅、徒弟、工会领导等人聚集在一起，就技能大师工作室问题进行多角度、多参与者的集体性对话。在集体访谈结束以后，笔者获得了与大师工作室领办人深度访谈的机会。在与"守门人"取得联系后，在他们的帮助和推动之下，笔者又找到了若干工作室成员进行访谈，并获得能够进入K厂进行实地观察与访谈的机会。

第二阶段：这一阶段的调研主要集中于2018年6月至9月，在告知被访者本次研究的目的并征求对方同意以后，通过与他们平等交流，在充分了解其个人社会阅历和生活背景的基础上，笔者与他们进行了进一步详细的交谈，从"活生生的、具有自发性知识的宝库"①中了解技能大师工作室有效运行的机制，这些被访者又推荐了他们的工友等参与访谈。笔者通过这种"链锁式抽样"（滚雪球）的策略，借助一定渠道找到知情人士或决定性的个案，并向他们继续追问还有谁对此事特别了解，如此一环套一环地进行资料收集。

第三阶段：这一阶段的调研主要集中于2019年9月至2020年1月初，2019年9月，笔者再次启动与K厂职工的面对面访谈，并通过他们的推荐（自己的工友、企业负责人等）本研究继续获得了新的被访对象，笔者在原始资料的基础上进行分类与整理。但由于受到暴发的新冠病毒感染疫情影响，1月下旬以后，笔者全部采取语音电话的方式，针对研究所涉及的重点问题进行

① ［法］皮埃尔·布迪厄，［美］华康德. 实践与反思：反思社会学导引［M］. 李猛，李康，译. 北京：中央编译出版社，2004：264-265.

问询。

第四阶段：这一阶段的调研集中于2020年3月末至4月，针对本书写作过程中出现的个别资料不清晰、某些访谈问题仍需进一步寻求解释等情况，笔者又赴K厂老厂区和新厂区开展了补充性调研。本研究所有被访者的基本人口学信息详见附录二。

在这里，笔者认为有必要对本研究中个案的典型性与代表性的问题进行说明。长期以来，个案研究遭到的最为直接的质疑便是个案研究的代表性问题。对此，渠敬东教授的阐述较富启发性，他认为"任何个案，虽说表面上只是一个'点'，但无论就其自身各要素发生的内在关联，还是与外部世界建立的多向度的关联来说，都会形成点点连接的'线'的关系。而这些不同关系，在组成一种链条式的社会逻辑机制时，便会伸展到更为扩展的其他社会面向中去，从而与其他机制产生联动作用，便形成一个'面'。由此，社会不同领域的交错互生，会进一步呈现为一种立体的社会结构，映照出社会全体的图景"[1]。渠敬东所指出的就是"点、线、面"结合在一起折射出社会全体的途径。此外，王宁教授也认为，"我们对某一类别现象进行定性（或定质）认识，因而它常常与描述性、探索性和解释性研究结合在一起。既然是定性认识，个案研究对象所需要的就不是统计学意义上的代表性，而是质的分析所必需的典型性（在某种意义上也是一种代表性，即普遍性）。把统计性的代表性问题作为排斥和反对个案研究方法的理由，是对个案研究方法的逻辑基础的一种误解。而个案研究方法的逻辑基础不是统计性的扩大化推理（从样本推论到总体），而是分析性的扩大化推理（从个案上升到理论）"[2]。上述观点最具启示性的意义在于，强调了质的分析研究所必需的"典型性"。诚如上述观点所言，社会学的研究特点是通过对某一个社会现象的观察而扩展至社会整体。笔者认为，通过对大型国有企业K厂中六个技

① 渠敬东. 迈向社会全体的个案研究[J]. 社会, 2019（5）: 1-36.
② 王宁. 代表性还是典型性?——个案的属性与个案研究方法的逻辑基础[J]. 社会学研究, 2002（5）: 123-125.

能大师工作室进行研究，不仅可以考察K厂内部的具体的工作室运行状态，而且可以为有关研究提供一种类型的典型性。

第六节　研究框架与篇章结构安排

一、研究框架

如何从总体上和多角度地进行研究以揭示由于技能大师工作室生成导致的企业组织形态的变动，以及技能传递方式的改变是本书试图着力研究的关键问题。为此，本书采取了"环境—组织—关系"的研究框架对技能大师工作室展开多角度的分析研究。本书之所以选择这样一个较为复杂的研究框架，主要基于以下几点考虑。

第一，作为以揭示一种新出现的且具有特殊形态的以组织为目的的学术研究，本书试图通过这一研究框架最大程度地展现所研究对象本身的性质、功能及特点。学界一般认为，组织根植于复杂的环境之中，环境条件与组织属性密切相连，[1]而欲对其进行深入剖析，那么首先必须关注的则是技能大师工作室生成与发展的社会背景与环境。因为国企大师工作室的建立是在新时期我国社会面临技能型劳动者，尤其是高技能型劳动者严重短缺的背景下，由政府主导、企业承办而出现的一种新型组织，是在特殊环境下诞生的产物，所以对其研究无法避开从宏观环境层面上对政府行为和企业行为进行考察。从国家层面来讲，在面对社会技能劳动者普遍短缺的情况下，为解决这一问题提供基本的制度框架是其执行政府职能的基本逻辑。此外，技能大师工作室作为集传艺带徒、技能攻关等功能于一身，改善企业技能短缺的制

---

① ［美］彼得·布劳，W. 理查德·斯科特. 正规组织：一种比较方法［M］. 北京：东方出版社，2006：220.

度，是在企业既有培训制度上的融合创新与再发展的结果，可以说是嵌入企业既有管理制度体系之中的，而它的有效运转也涉及与国企内部技能等级晋升制度、激励制度等不同制度之间的关联性与适配性问题，国家制度建设及企业内部制度环境共同构成了大师工作室生成与运转的环境要素。

第二，技能大师工作室作为国企内部一种特殊的组织形态，是将不同班组、车间甚至全厂范围内优秀的技术工人按一定标准进行选拔并重新组合而生成的一种特殊的组织结构，一定程度上打破了工厂内既有的以"车间—工段—班组"为主体的纵向垂直的组织结构，形成了不同班组、工段、车间优秀工人之间的"跨界联合"。值得注意的是，这种组织是为了共同解决生产难题和技能传递而存在的，因此它不仅具有横向扩展的组织属性，同时也会根据生产的具体需要，不断调整组织自身内部的结构以适应并解决生产难题（如成立小分队），具有极强的灵活性。新中国成立以来，国有厂矿内部工人普遍以"车间—工段—班组"的纵向垂直的组织结构作为基本的组织形式，即使存在"突击队""三结合"等形式的横向联合，并在历史的长河中留下了经验，但因其覆盖面较小或活动期限较短等局限无法长期存在。但是，技能大师工作室的特殊之处在于它具有极强的组织稳定性与可持续性，打破了既有的纵向垂直体系结构的边界限制，赋予不同班组的成员新的组织身份，在既有的班组模式之上形成了新的组织团体，并与以班组制为基本形态的技能传递组织模式共同存在，形成了"班组+工作室"的纵横交叉的重层结构模式，对企业技能传递产生了重要影响。因此，从组织及其变迁的视角审视技能大师工作室成为本研究的关键所在。

第三，技能传递往往需要依托于一定的关系作为媒介而进行，一种比较公认的观点认为，技能大师工作室作为国家培养高技术水平劳动者的一种创新性制度安排，是新型学徒制或现代学徒制的高级形式，是导师制在技能人才培养中的示范，[①]这就必然导致了对既有师徒制及师徒间关系的碰撞与改

① 中国职工教育和职业培训协会.技能大师工作室建设指南[M].北京:中国劳动社会保障出版社，2013:序言3.

造。学界普遍认为，所谓"师徒制"主要是指一种在实际生产过程中以口传手授为主要形式的技能传授方式。[①]在我国计划经济时期，传统师徒制曾普遍存在于国有企业当中，师徒间关系以长期性、伦理化为主要特征，但与此同时，这种关系也具有一定封闭性。改革开放以后，随着工厂内部劳动力市场作用的不断强化，师徒关系逐步走向短期化、绩效化的"浅关系"形态，而技能大师工作室的出现对加速技能分层起到了一定作用，从而促进了这种短期化、绩效化师徒关系的产生与扩展。此外，它的出现也使得在工作室成员与企业管理层之间及普通一线工人间出现了新的关系形态。从关系的视角对此加以研究和审视，我们会发现，技能大师工作室的设立使得工厂内原有的关系更为复杂化，因此，若想要全面理解和解释技能大师工作室的存在及其对技能形成与传递方式的影响，则必须对这一场域下的具体关系形态展开实证研究。

本书以工业社会学为主要路径展开研究，以K厂六个国家级技能大师工作室为实证研究对象，并设定了"环境—组织—关系"的理论分析框架，试图从环境（包括制度）分析、组织分析以及关系分析全面认识以技能大师工作室出现为代表的国企内部组织形态变迁，并在此理解与认识的基础之上，进一步探讨这种组织模式变迁对于技能形成与传递有效性的影响。

二、篇章结构安排

本书在结构上一共分为三个部分，其中第一部分由第一章和第二章组成，主要阐述该书的研究缘起，厘清和阐释与技能传递、技能大师工作室等相关的概念，并介绍研究方法及过程，同时对学界相关理论研究进行评述。第二部分由第三章至第六章构成，第三章和第四章主要从技能大师工作室有效运作的外部环境与制度背景出发，分别从社会背景和企业组织制度等方面

[①] 吕妍，古继宝，梁樑. 我国现代企业师徒制重构探讨[J]. 华东经济管理，2007（4）：111-114.

展开实证研究。第五章和第六章主要通过对工作室组织特征、职工间互动关系的视角对工作室有效运行及其与技能传递间的关系展开深描和理论分析，探讨其为技能传递带来了哪些影响，从而提出对技能大师工作室的完整理解。第三部分为该书的第七章，围绕技能大师工作室的运作环境、组织特征、关系特征等因素与技能形成关系进行总结与讨论，并对本研究的全过程进行总结性反思，最后提出进一步的研究方向。

第一章是本研究的导论部分，主要介绍该书的研究背景、研究问题、研究的理论意义与现实意义以及研究方法等，并对"技能传递"的含义、"技能大师"的概念、"技能大师工作室"的界定与分类做出了详细阐述。在研究视角的选择上，本书采用工业社会学的研究视角和分析路径展开研究，努力通过对技能大师工作室这一国企工厂内新出现的组织形态的研究，打通围绕技能形成问题研究的学科界限，揭示其形成与运作的过程，丰富既有理论，扩展既有研究的界限。

第二章是本研究的文献回顾与评述部分。在此章中，笔者通过文献考察，梳理出与本研究相关的三个方面的理论问题：（1）对有关工作室起源及其基本特征的研究进行梳理，并在此基础上对不同学科视角下技能大师工作室的研究进行归纳与讨论；（2）围绕中西方学者对技能形成的理论主张进行文献回溯，在梳理理论发展脉络的同时进行评述；（3）追溯与分析工业组织创新与变迁的相关文献，并重点分析以英国为典型代表的西方资本主义国家的工业组织起源及模式、具有社会主义性质的苏联工业组织以及我国自苏区时期开始至今的工业组织变迁，并在此基础上对这一领域研究的发展脉络及理论原理进行总结与归纳。在分析既有研究优势与局限的基础上，锁定本研究所要追问的核心问题，并试图提出与建构解释中国当下以技能大师工作室的出现为典型表征的国企组织模式变迁及工人技能形成问题的理论框架。

第三章从宏观的视角对技能短缺背景下技能大师工作室的诞生背景及早期起源进行研究。组织社会学理论普遍认为，一个组织的结构形态总是带着它所诞生的那个时代的印记。换句话说，组织的许多特点很大程度上来源于这些组织诞生时的环境条件。在这一意义上，要深度了解技能大师工作室组织模式的特征及运行机制，则必须首先探讨其生成的社会环境条件。研究发现，技能大师工作室在21世纪初期的中国出现绝非偶然，而是有着深刻的社会现实背景。它是在我国经济和社会发展到新阶段的情况下，面对技能型劳动者供需矛盾逐步扩大的现实困境，在总结地方性组织经验的基础上，依托国家人才战略规划与政府制度性力量推动而形成的一种新型的组织形式，国家在这一过程中起到了重要的主导作用。通过笔者的研究发现，K厂的大师工作室是从早期工人自发组织的"高铁技术沙龙"开始，逐步走向组织化的，在探寻这一变化的过程中，笔者把对工作室的研究首先放置于丰富的、复杂的社会情境中进行考察，以便对其进行整体性把握与关联式思考。

第四章从企业环境的视角对技能大师工作室展开研究。研究发现，技能大师工作室作为一种非行政建制性制度，本质上是服务于生产的，是技能传递的融合性平台，并作为一种柔性制度嵌入于企业内部既有制度体系中的，也就意味着其有效运行与企业既有制度体系密切相关。可以说，技能大师工作室制度与企业既有制度体系互为补充、互相促进并与其融合共生：一方面，技能大师工作室作为集技能培训、技术攻关等多种功能于一身的技能提升平台，其嵌入有助于厂内既有劳动力市场功能的发挥，因为内部市场是基于技能等级分层与提升而进行的差异化激励；另一方面，内部劳动力市场也一定程度上弥补了技能大师工作室内部缺乏有效劳动激励的局限，使得嵌入既有制度后，与组织内部分配问题、升迁问题及职业流动等问题关联得以发生最大效用，有效提高了工人群体的积极性，激发了大师工作室的制度活力，在适应总体制度的基础上使得双方均得到了整合与升级。

第五章主要从作为组织的工作室的视角进行分析。技能大师工作室并非工厂内部传统意义上的工人工作团队，而是一种具有极强整合能力与平台性质的组织结构，并与既有厂内结构形式产生着复杂的关联。自新中国成立以来，国企工厂普遍实行以"车间—工段—班组"的纵向垂直结构对工人进行组织与管理，这种组织方式同时也成为工人技能培训与形成的基本组织结构，导致技能传递主要是在一定的行政生产单元内进行的，技能资源相对单一，传递边界较为封闭。2010年前后，以技能大师工作室制度的建立为背景，企业内既有的技能传递的组织模式发生了重要转变，形成了以"班组+工作室"的重层结构模式。这种技能传递的复合组织结构，并不是班组元素与工作室元素的简单相加，而是充满了复杂性，主要表现在：（1）大师工作室将原有一线高技能工人按照技师及以上级别进行筛选与重新组合，其选择范围跨越了班组、工段甚至是车间，打破了既有的纵向垂直结构，有的工作室还吸纳专业技术人员、科研院校等相关主体加入其中，其着眼点在于在不同主体之间建立起密切的生产联结关系，使模式更具多元主体性的特征；（2）从技能传递的方式上看，大师工作室作为一个高水平工人的团体，不同于以往单一的培训方式，不仅能够对一线工人进行"拔高式"的培养，而且能够以工作室的名义承接工厂重要的技能攻关项目、帮助行政部门举办技能大赛，以持续性团队攻关的方式培养工人技能；（3）从组织属性上看，该重层结构模式将带有行政性质的纵向结构与带有非行政性质的工作室有机结合，使传统的纵向体系逐步转化为纵横联合的、具有交叉性的复杂格局。这种模式相对于以往的组织形式的最大突破在于，通过多方资源引入与重组生成了一种具有平台性质与整合能力的组织，作为一种"技能共同体"，同时也使得工人的自主性与主体性在技能传递中明显凸显，具有典型示范的意义。

第六章在上述探讨的基础上，从关系的视角对与技能大师工作室相关的各方主体间的关系进行阐释。技能大师工作室的设立使工厂内原有的关系更为复杂化，其中以师徒制改革背景下师傅与徒弟之间的互动关系最具代表性。从表面上看，师徒二人的关系似乎是通过技能的"传"与"承"建立起来的，但事实上二者之间的关系并不仅仅局限于这样简单的范畴，而是具有较为复杂的互动内涵，主要表现在以下几个方面：（1）其间有建立在利益互酬关系上的"吸引与亲和"；（2）有由于师徒合同短期化带来的"浅关系"；（3）有由于徒弟数量膨胀导致传递关系上的"差序格局"化；（4）也有从工作室工作角度而产生的师徒间领导与被领导关系。此外，工作室与企业管理层之间双向互惠与博弈并存，而工作室外普通一线生产工人对于工作室的"不参与"与"积极联系"也成为企业内部互动关系的重要方面。上述多面向的关系互动和态度取向构成了工厂内真实的关系形态，不仅使得技能形成与传递被编织在一张复杂的社会关系网络之中，同时也对企业技能传递关系的治理产生了复杂的影响。

第七章是本研究的结论部分。在这一章中笔者对全书进行了总结，并对本研究的主要观点进行提炼与概括，从总体上把握技能短缺背景下技能大师工作室运行过程中所面临的制度环境、组织样态以及其中不同主体间的互动关系，在此基础之上对作为国企内一种特殊组织类型的技能大师工作室做进一步的结论性探讨，同时就本书的局限和研究过程中涉及的研究方法等问题进行反思，并对未来进一步的研究方向进行交代。

第二章

文献回顾与评述

工业组织结构变迁与工人技能形成之间的关系问题一直是社会学尤其是工业社会学、组织社会学研究的核心议题之一。自19世纪以来，学界围绕这一问题业已形成了以马克思、布雷弗曼、贝克尔等著名学术大师为代表的诸多理论流派，这些出现和流行于不同历史时期的理论观点形塑了这一研究领域特有的理论演变路径，成为当下研究的重要理论基础。值得注意的是，随着近年来国企内技能大师工作室组织模式的普遍流行，技能生成与传递的组织结构出现了新的形态，针对此现象的研究越来越成为工业社会学研究领域无法回避的热点问题，为分析技能与组织的关系等问题延伸了视角。本章为文献评述部分，旨在完成三方面理论任务：第一，对关于工作室起源及其基本特征等问题的研究进行梳理，并在此基础上对不同学科视角下技能大师工作室的研究进行归纳与讨论；第二，围绕中西方学者对技能形成与传递的理论主张进行文献回溯，并针对其发展脉络及流派观点进行比较与评述；第三，追溯与分析工业组织结构创新与变迁及其与技能之间关系的相关文献，在分析既有研究优势与局限的基础上，锁定本书所要追问的核心问题。

第一节　工作室问题研究

一、工作室的起源及基本特征研究

学术界对技能大师工作室的研究往往是从对工作室的认识与分析开始的。一种较为公认的观点认为，"工作室"（studio）这一组织形态最初起源于西方艺术创作领域中的"作坊"，是艺术家从事职业活动的基本单位。[①]严璇、唐林伟详细探讨了工作室制的起源，指出早在文艺复兴时期，众多艺术家就曾以工作室为中心，进行艺术创作、艺术品生产和销售，以及举办培养未来艺术人才等活动，并进一步研究在19世纪的法国，曾流行"画家工作室"的教学形式，旨在将技术创作与技艺传授有机结合起来。[②]徐赟比较全面地阐述了工作室这一组织形式的发展及演变历程，工作室作为艺术设计专业人才培养的一种模式，以德国魏玛包豪斯设计学院最为典型。[③]孙晓男在分析与研究包豪斯学院时阐述了该学院曾提出的"知识与技术并重，理论与实践同步"的教学理念，并进一步分析了该学院是以实践项目为载体，实行工作室制的教学方式的典型。同时，他探讨了包豪斯如何践行将艺术教育与手工制作相结合的工作室双轨制教育体制，由此形成了学生在接受艺术教育的同时也在作坊里接受技术学习的教学模式。[④]利光功也同样认为，包豪斯

[①] 柴剑峰，陈井安.技能大师工作室运行模式研究[J].科技管理研究，2011（19）：124-126，131；严璇，唐林伟."工作室制"高技能人才培养模式初探[J].教育与职业，2009（18）：26-28；徐赟.包豪斯设计基础教育的启示——包豪斯与中国现代设计基础教育的比较分析[D].上海：同济大学，2006：15.

[②] 严璇，唐林伟."工作室制"高技能人才培养模式初探[J].教育与职业，2009（18）：26-28.

[③] 徐赟.包豪斯设计基础教育的启示——包豪斯与中国现代设计基础教育的比较分析[D].上海：同济大学，2006：2-5.

[④] 孙晓男."工作室制"工学结合人才培养模式研究[J].中国成人教育，2010（6）：65-67.

以"艺术与技术创新统一"为主要的教育主张，并聘请艺术家与手工匠同时进行授课，为学生创造了艺术教育与手工制作相结合的新型教育情境。[①]在分析这一模式的起因时格罗皮乌斯指出，当时存在艺术产品往往流于表面化，技术上也只限于业余水准的现象，究其原因一方面在于制造商继续生产大量难看的产品，而另一方面在于艺术家试图提供理想中的设计却徒劳无功，也就是双方都未能深入对方的领域，未能将两者真正地融为一体。[②]因此，作为一切造形创造不可缺少的基础，包豪斯要求研修人员都必须在工作室、试验室、车间里接受全面的手工艺训练。徐赟在分析这一问题时进一步谈到了，在包豪斯里不分教师和学生，而是效仿行会，分为"大师、熟练工人和学徒"，学生在这些作坊里以学徒的身份参与生产，学习过程即为生产过程，学生的作品就是作坊的产品。[③]姜大源在对职业教育模式进行解读时提出，工作室的教学模式是将理论知识融入实践训练，符合"工作过程导向"的职业教育教学要求，因而在我国近十年的职业教育进程中备受关注。[④]由此将工作室模式逐步应用至专业人才的培养过程中，逐渐在我国形成了工作室制的模式。许爱军、蒋新革从历时性的角度论述工作室制在我国发展过程时指出，直至20世纪80年代，工作室制逐步成为我国高等艺术设计类专业院校的一种重要教学模式，进而逐步扩展到东南沿海及经济发达地区的职业教育培养领域，其范围涉及艺术设计、信息技术与机械设备维修专业。[⑤]而技能大师工作室正是"工作室制"在我国工业组织领域的具体运用。[⑥]

---

① 利光功. 包豪斯现代工业设计运动的摇篮[M]. 刘树信, 译. 北京: 中国轻工业出版社, 1988: 23.

② Gropius, W. Scope of Total Architecture [M]. London: Allen & Unwin, 1956: 25.

③ 徐赟. 包豪斯设计基础教育的启示——包豪斯与中国现代设计基础教育的比较分析[D]. 上海: 同济大学, 2006: 53.

④ 姜大源. 德国"双元制"职业教育再解读[J]. 中国职业技术教育, 2013(33): 5-14.

⑤ 许爱军, 蒋新革. "工作室制"教学模式的内涵分析与概念辨析[J]. 中国职业技术教育, 2016(11): 21-25.

⑥ 许爱军, 蒋新革. "工作室制"教学模式的内涵分析与概念辨析[J]. 中国职业技术教育, 2016(11): 21-25.

对于这一类型的研究主要表现出以下几个特点：一是从历时性的角度探讨西方工作室制的起源及发展过程；二是对于工作室模式的组织特点进行分析，指出其最大特点在于艺术与技术的统一，将艺术教育与手工制作相结合；三是对工作室如何进入中国教育领域进行了分析。

二、技能大师工作室的多学科研究

21世纪以来，技能大师工作室在企业、职业院校等不同领域的普遍流行，引起了众多学科学者们的关注。对于技能大师工作室的研究更是一个涉及多种学科的议题，其中主要包括教育学、管理学与社会学等。面对相同的研究对象，不同研究背景的学者因带着各自的研究视点、工具手段和认知前提，往往也会从不同的研究视角以不同的研究范式进行探讨，从而给研究及结果带来很大的影响。从总体上看，目前教育学尤其是职业教育领域对于技能大师工作室现象涉猎较早，展开了较为充分的研究，这些研究主要集中于视技能大师工作室为人才培养的一种创新模式，并针对其功能与作用展开分析。管理学则从技能大师工作室的制度建设与运行机制层面出发，就政府介入、人员管理、考核评价机制等问题进行探讨。社会学对此现象的研究多集中在对技能大师工作室的组织结构，以及工作室对于师徒制的创新和升级等问题上。通过对现有文献进行梳理，各学科在普遍承认工作室具有人才培养功能的前提下，研究者们从各自不同的学科视角与路径对技能大师工作室现象进行了不同层面的解读。概括来看，学界目前对技能大师工作室的研究主要集中在以下几个方面。

第一，较早关注技能大师工作室现象并展开研究的职业教育主要将技能大师工作室视为教育、教学的一种创新性手段，强调其人才培养的功能。严璇等人认为，作为人才培养模式的工作室是以工作室活动为载体，以项目任务为活动主线，在导师或技能大师的带领下，使一线技术工人参与攻关创新、学习传承技艺，从而获得专业技能和职业素养的过程。①杨八妹、翟恩民也同样强调将工作室视为研修项目和工作场所中生产项目实践的主要平台，通过整合行业企业、职业院校及能工巧匠等资源，发挥其工学一体的桥梁作用。②在这一视角下的研究，其范围不仅包括企业型技能大师工作室，张敏、李瑞春等人的研究还涉及校企联盟型等不同类别的工作室，并通过相关经验研究，检验拓展了对于工作室制度的理论性主张。③

第二，随着技能大师工作室制度建设进程的不断加快，其发展状况及制度规范等问题备受学界关注，从管理学的视角对技能大师工作室展开研究，则多从制度运行的视角切入，吴学香认为随着工作室建设数目和投入的不断增大，培育、建立、运行、考核以及激励作为技能大师工作室建设的基本环节亟须进一步强化。她进一步提出，技能大师工作室的运转必须有行政的管理、引导、技术支持和经费投入。④与此同时，毕结礼、赵坚等人也强调政府在技能大师工作室制度建设过程中的主导与扶持作用。⑤事实上，学界普遍认为，政府不仅是这一制度框架构想的提出者，也在技能大师工作室的申报条件、审批流程、管理制度等环节发挥了积极干预的作用。⑥此外，唐中英从工作室的人员管理入手，认为通过单位、部门以及工作室三方的互相协同，对发挥其归口管理、日常管理等运作具有一定成效。⑦而古胜红提出，

① 严璇，唐林伟. "工作室制"高技能人才培养模式初探[J]. 教育与职业，2009（18）：26-28.
② 杨八妹，翟恩民. 工作室教学研究[J]. 职教论坛，2016（18）：28-32.
③ 张敏，李瑞春，崔志刚，等. 以"创新项目"为载体的"大师工作室"功能建设与开发[J]. 工业技术与职业教育，2020（1）：63-65；水成琼. 依托技能大师工作室铸就高技能人才平台[J]. 中国职工教育，2014（11）：19-20；韩永强，彭舒婷. 技能大师养成的关键因素及其启示——基于35位国家级技能大师的样本数据[J]. 中国职业技术教育，2020（9）：42-47，59；赵慧群. 基于大师工作室的产教融合人才培养模式探索[J]. 当代职业教育，2019（3）：89-94.
④ 吴学香. 技能大师工作室功能与建设标准的探索[J]. 就业与保障，2000（8）：44-46.
⑤ 毕结礼. 技能大师工作室是技能人才培养的一种新模式[J]. 中国培训，2000（9）：32；赵坚. 政府须加强技能大师工作室的管理与规范[J]. 中国培训，2014（12）：30-32.
⑥ 毕结礼，王琳. 政府主导扶持下的技能大师工作室制度建设[J]. 中国培训，2012（2）：6-8.
⑦ 唐中英. 技能大师工作室的管理与运行——以S研究所为例[J]. 改革与开放，2019（8）：124-125；唐化新，杜青波，胡万鹏，等. 技能大师工作室人才管理模式优化探析[J]. 管理观察，2016（31）：17-21.

由于目前工作室所涉行业、级别等情况不同，考核体系尚不健全，针对这一问题部分研究者重点就工作室的考核评价机制进行了探讨，并详细讨论了考核措施与程序的规范问题。①在既有研究的基础上，刘光辉等人的研究则从文化因素的角度对工作室具体文化建设以及工作室对于工匠精神的彰显等方面进行了分析。②

第三，一些研究从组织结构的视角对大师工作室进行了理论探讨。在梳理共同体相关理论的基础上，耿秀秀从实践共同体的视点出发，认为技能大师工作室具有极强的组织性与团队性，以工作室为共同体的载体、以认知情感为共同体的纽带、以参与合作共享为机制，她进一步指出通过对工作室的构建能够打造出一支具有实践性、学习性和创新性的人才团队，开展技术攻关与创新、提高技艺传承水平与扩大规模，更好地发挥高技术水平工人在人才培养等方面的优势。③同时，王荻认为作为共同体的工作室具有学习小组和"自组织"学习的属性，是一种多元融合的学习共同体。④

第四，部分学者从现代学徒制的视角出发，探讨现代学徒制与工作室制培养模式之间的关系。严俊杰、秦祖泽、刘迎春指出，工作室共同体与现代学徒制具有高度的契合性，一方面，现代学徒制讲求"工学一体"，而另一方面，大师工作室不仅承担传授工人技能的任务，而且承担企业技术攻关的重任，是将"工人"与"学生"身份融合于一体的组织，同时也将"师傅"与"教师"合二为一。⑤此外，孙阳、唐永鑫、孟黎认为，将技能大师工作

① 古胜红. 技能大师工作室考核机制建设探析［J］. 中国培训, 2017（5）：27-29；柴剑峰, 陈井安. 技能大师工作室运行模式研究［J］. 科技管理研究, 2011（19）：124-126, 131.
② 刘光辉. 基于技能大师工作室的职业教育专业文化建设［J］. 教育教学论坛, 2019（27）：258-260；中国职协课题组. 传承工匠精神, 适应时代要求, 培养技能人才：技能大师工作室发展现状研究（一）［J］. 中国培训, 2017（13）：19-21.
③ 耿秀秀. 实践共同体：技能大师工作室的另一种解读［J］. 职教通讯, 2013（22）：8-12.
④ 王荻. 基于学习共同体的新高职工作室制人才培养模式探索［J］. 中国职业技术教育, 2015（20）：25-30.
⑤ 严俊杰, 秦祖泽, 刘迎春. 工作室共同体：现代学徒制的理论重构与路径创新［J］. 中国职业技术教育, 2018（35）：16-19, 25.

室这一本土化元素植入现代学徒制，有利于整合各方资源，开辟了升级版技能人才创新道路，作为产教融合的典型载体，为现代学徒制的发展提供了有益平台，能够发挥技能大师带徒传艺的优势。[①]

可见，上述研究主要集中于对工作室宏观管理与运行问题的探讨，其研究的基点致力于探讨大师工作室功能的发挥以及发掘如何对制度进行更好的建设，其研究兴趣主要以功能性与规范性为主，其新意在于对中国社会新出现的组织现象从各自不同的研究视角给予了高度的关注，但作为对新生事物的初步探讨，既有研究不可避免地存在一定局限，主要表现在缺乏从微观的视角细致描绘工作室运行过程中所涉及的制度匹配、组织结构、人际互动关系等问题。

第二节　工人技能形成问题综述

自马克思提出劳动过程理论开始，对生产过程中工人技能问题的关注便成了古典社会学理论的核心研究话题之一。学界普遍认为，技能是生产过程中的投入要素，同时也是影响工人与企业之间关系的重要变量，而关于工人的技能形成问题，学界目前围绕着古典社会学理论展开了诸多重要的探索。笔者在回顾这些思想与观点的基础上，总结并整理出了对工人技能形成与传递问题的不同研究范式与路径，在此进行评述。

一、关于技能的差异性理解

对于技能的一般化、日常化的理解主要是将其视为人们进行产品生产或

[①] 孙阳，唐永鑫，孟黎. 浅析技能大师工作室在现代学徒制人才培养中的作用[J]. 高教学刊，2015（8）：65-66.

提供特定服务的本领。①长期以来，各学科对技能的概念与内涵进行了广泛且深入的研究，形成了颇为丰富且多元化的理解，主要可以归纳为以下几个方面：（1）对技能与技术概念进行区分与考辨的视角；（2）将技能视为一种特殊的隐性知识的视角；（3）将技能及其所在的文化与环境进行关联的视角；（4）将工人技能与管理者的技能进行比较的视角，具体如下。

第一，从"技术"与"技能"两者之间的概念考辨视角出发分析技能的内涵。庄西真从技能与工业生产技术的区分入手，将其放置在现代工业生产技术变迁的脉络下加以理解，他将技术定义为"用来生产产品的各种形式的机器设备以及软件和硬件"，把技能定义为"个体后天习得或者是在工作过程中不断积累起来的完成特定工作所需要的知识、技术和能力的总和"②。卢双盈认为技能是劳动者运用技术的能力。③王星通过对马克思观点的分析，首先将劳动过程中的技术总结为两种类型：一是物化技术，即劳动过程开展所需要的硬件及软件技术装配，其内容主要是生产技术和生产管理技术；二是技能，其内容主要是职业技术培训。④徐敏娟认为技能主要以经过反复练习后可以习得的操作性知识为特点，而技术是人类利用自然科学原理及生产经验创造出的方法、工艺及工具的综合。⑤邱泽奇在论述技术与组织关系时表示，在人类的生产和生活中，技术不只是处理原材料的手段与流程，从广义上讲，技术也是人类应对生存与发展的经验模式，是创造工具、运用工具、改进工具的实践方法，所以技术是动态的。⑥不难看出，上述研究者对技能与技术的概念界定尽管有着细微差别，但大多倾向于认为技术具有物质性、与劳动者相分离的特点，技能则具有非物质性、与劳动者相结合

---

① 中国职工教育和职业培训协会. 技能大师工作室建设指南［M］. 北京：中国劳动社会保障出版社，2013：8.
② 庄西真. 技术进步与技能退化［J］. 职教论坛，2013（10）：1.
③ 卢双盈. 职业教育要关注技术与技能的互通、互动与融合［J］. 职业技术教育，2013（36）：23.
④ 王星. 技术的政治经济学——基于马克思主义劳动过程理论的思考［J］. 社会，2011（1）：200-222.
⑤ 徐敏娟. 职业教育培养目标之"技能"与"技术"辨析［J］. 职业技术教育，2011（19）：38-41.
⑥ 邱泽奇. 技术与组织：多学科研究格局与社会学关注［J］. 社会学研究，2017（4）：167-192，245-246.

的特点。

第二，技能被视为一种通过实践或操作而获致的特殊类型的"知识"。英国学者波兰尼将这种通常情况下镶嵌于实践活动之中、具有情境性和个体性的知识概括为"缄默知识"（tacit knowledge）。波兰尼认为技能、方法、能力等知识都是缄默知识的范畴，[①]他曾指出，缄默知识具有"只可意会，不可言传"的特征，这种"不能说出来的知识"本质上是领会能力与理解能力的释放，需要把握经验并重组经验，而行家绝技只能通过示范而不能通过技术规则来交流。[②]同时它与显性知识（explicit knowledge）同样普遍存在。[③]基于这样的研究思路，潘菽从教育心理学的视角倾向于将技能视为顺利完成某种任务的一种活动方式或心智活动方式，认为其主要通过练习而获得。[④]冯忠良也主张将其视为一种通过学习而获得的动作经验，并提出技能是合乎客观法则要求的活动方式及动作执行经验。[⑤]孙大君、殷建连认为，这种作为动作经验的实践性知识，其本质是"程序性"知识，并与"做"密切相连，这意味着只能以实际操作的方式加以表现或演示。[⑥]蔡泽寰同样认为，隐性知识是未能用文字表述的难以交流的知识，它往往存在于人的大脑之中，其中包含了"人的价值观、信仰、预见性、经验、技能、能力等方面"，它具有高度个体依存性，是个人通过长期学习和积累的结果。此外，隐性知识通常无法直观表达，传递困难，其价值也不易被准确衡量。[⑦]沿着这一思路，学界对技能的研究多从将显性知识与隐性知识进行对比的过程中

① ［英］迈克尔·波兰尼. 个人知识——迈向后批判哲学［M］. 许泽民，译. 贵阳：贵州人民出版社，2000：18-27.

② ［英］迈克尔·波兰尼. 个人知识——迈向后批判哲学［M］. 许泽民，译. 贵阳：贵州人民出版社，2000：35.

③ ［英］迈克尔·波兰尼. 个人知识——迈向后批判哲学［M］. 许泽民，译. 贵阳：贵州人民出版社，2000：43.

④ 潘菽. 教育心理学［M］. 北京：人民出版社，1980：138.

⑤ 冯忠良. 结构——定向教学的理论与实践［M］. 北京：北京师范大学出版社，1992：108.

⑥ 孙大君，殷建连. 手脑结合的理论与实践［M］. 长春：吉林大学出版社，2012：205.

⑦ 蔡泽寰. 借鉴英国的现代学徒制度培养高技能人才［J］. 高等理科教育，2004（5）：62-66.

完成。李华伟、董小英等人认为，显性知识主要是指可以用正式的、系统化的语言传播的知识，它存储在各种类型的载体之上，编码在手册、程序和规则中。[①]同时，一些学者也指出虽然显性知识通常以大量的记录形式存在，但它只是组织的表面记忆，显性知识只是露出海面的"冰山一角"，而冰山的主体部分是沉于海水中的隐性知识。[②]

第三，部分学者从技能与文化和环境之间的关系介入研究。经济学将工人技能的获致归因于个体层面，认为技能主要来源于劳动者通过自身学习和参加培训而获得，其成绩取决于劳动者的学习能力等个人因素，如先天禀赋和后天努力，因此存在个体性差异。[③]20世纪50至60年代，贝克尔在研究以在职培训和学校教育为主要因素的人力资本投资问题时，测量了人力资本投资的工资回报效应及其与实物资本投资之间的差异，并提出企业依靠一般培训和特殊培训两种形式来提高工人的边际产量。[④]但是，吴愈晓认为，从经济学意义上对劳动者获取专业技能的行为进行解释存在一定的局限性，新古典经济学的人力资本模型过于强调个体特征的差异性而忽视了结构性的因素。[⑤]明塞尔也认为劳动者主观地、有目的地参加专业技术培训和获得专业资格认证仅反映了在市场力量的调节下其对于未来工资回报如何提高的预期。[⑥]许竞认为，生产劳动技能作为人的一种工作技能，个人是否能够掌握，不仅在于个人主观上的获取，而且取决于其所处的社会客观环境是否给

---

① 李华伟，董小英，左美云.知识管理的理论与实践[M].北京：华艺出版社，2002：87-94.

② 石中英.波兰尼的知识理论及其教育意义[J].华东师范大学学报，2001（2）：36-45.

③ 参见Gary S.Becker. Investment in Human Capital: A Theoretical Analysis[J]. Journal of Political Economy, 1962, 70（5）；[美]加里·贝克尔.人力资本[M].陈耿宣，等译.北京：机械工业出版社，2016：1-10.

④ [美]加里·贝克尔.人力资本[M].陈耿宣，等译.北京：机械工业出版社，2016：28-37.

⑤ 吴愈晓.劳动力市场分割、职业流动与城市劳动者经济地位获得的二元路径模式[J].中国社会科学，2011（1）：119-137，222-223.

⑥ Jacob Mincer. Schooling, Experience and Earnings[M]. New York: Columbia University Press, 1974: 55-59.

予个体学习这些技能的机会和条件。[①]王毅杰、董鹏运用定量研究的分析方法，发现劳动者所处的专业技能文化氛围对其获得专业资格认证有着显著的影响，制度环境中的专业技能获取文化越浓厚，劳动者越可能获得专业资格认证，由此认为劳动者所处社会的专业技能文化氛围与制度环境决定了工人对技能的认知与获取技能的态度，从而对其技能获得与形成的行为选择产生重要影响。[②]肖凤翔和邓小华在研究不同地域技能形成的差异性时发现，职业培训和专业技能认证制度比较完善的国家和地区，劳动者的整体技能水平较高，获得专业资格认证的人数也在所有劳动者中占据较大比例。[③]王星将现代制造企业的技能形成方式分为两种：外部和内部培训体制（training regime）。前者属于技能生产的外部替代，实现路径主要是通过自由劳动力市场，技能形成主体是职业技校；后者属于技能的自我生产，主要通过在职或在岗的学习和培训实现，技能形成主体是企业自身。通常情况下，内部培训是由企业承担风险，主要表现为技能投资的"不确定回报"问题，即技术人才流失的可能性；外部培训则是由投资技能培训的个人承担风险，主要表现为劳动安全问题。[④]上述主张大多基于新制度主义的文化建构观，试图扩大人力资本理论所主张的技能获得的个体性视角，转而从个体所处的制度文化环境入手，揭示影响工人技能形成的文化与制度因素。新制度主义理论认为，个体行为受其所在制度与文化环境的影响，并在特定条件下表现出不同的行动脚本。[⑤]也就是说，个体往往通过观察周围其他群体的行为方式来获取其自身行为的合法性。由此，劳动者对专业技能文化的知晓与获得也会受到不同制度环境下的群体对这种文化建构的影响，并表现出与制度文化氛围

---

① 许竞.试论国家的技能形成体系——政治经济学视角[J].清华大学教育研究,2010(4):29-33.

② 王毅杰,董鹏.制度文化认知与职业发展——对劳动者获取专业技能的社会学分析[J].华东理工大学学报(社会科学版),2019(1):21-31.

③ 肖凤翔,邓小华.国家资格框架要素论[J].教育研究,2017(7):37-43.

④ 王星.技术的政治经济学——基于马克思主义劳动过程理论的思考[J].社会,2011(1):200-222.

⑤ John W. Meyer. World Society, Institutional Theories and the Actor[J]. Annual Review of Sociology, 2010, 36(4):1-20.

相一致的行动选择。①

第四，另一种对技能的研究路径从生产与管理关系的视角出发，认为在生产实践中，技能是劳动者对生产过程投入的要素，是劳动者所拥有的知识，决定着劳动者对生产过程的潜在价值，同时类似于资产所有权，是再生产组织过程中将劳动者和雇主及管理者区别开来的关键要素。②威廉·拉佐尼克在描述"车间价值创造"理论时曾指出，所谓技能主要是指人类拥有的生产能力，包括对物质环境的了解，也包括工人的灵巧性、快捷程度、耐力和体力。人们可以利用技能来操纵和改善环境。③他进一步指出，"要生产出'有用的'产品，需要人来将厂房、设备和原材料按照预定的方式结合起来投入使用，并且在生产出现问题的时候根据情况进行调整。工人的认知能力和肌体能力——一般被称为技能——参与了这个生产转化过程"④。封凯栋、李君然认为，所谓技能主要是指实践者根据个人的知识和经验积累而形成的、得以处理相对复杂的生产问题并实现企业的生产操作规程未能完全描述的技巧的能力，并指出这种技巧和能力与管理者所具有的作为管理规程的知识具有一定竞争性、替代性和不完全互补性。⑤

二、从劳资斗争探讨技能问题：西方劳动过程理论

（一）围绕生产控制权的阶级分析

劳动与管理的关系一直是技能问题研究的重要面向，双方围绕技能展开的对于生产过程控制权的斗争自机器化时代开始，一直深刻影响着技能的发展与关于技能问题的理论研究走向。马克思最早提出"劳动过程"的概

① 王毅杰,董鹏. 制度文化认知与职业发展——对劳动者获取专业技能的社会学分析[J]. 华东理工大学学报(社会科学版), 2019(1): 21-31.
② 封凯栋,李君然. 技能的政治经济学：三组关键命题[J]. 北大政治学评论, 2018(2): 159-200.
③ [美]威廉·拉佐尼克. 车间的竞争优势[M]. 徐华,黄虹,译. 北京:中国人民大学出版社, 2007: 4.
④ [美]威廉·拉佐尼克. 车间的竞争优势[M]. 徐华,黄虹,译. 北京:中国人民大学出版社, 2007: 4.
⑤ 封凯栋,李君然. 技能的政治经济学：三组关键命题[J]. 北大政治学评论, 2018(2): 159-200.

念,它主要是指通过有目的的活动,将自然物品或原材料转化为满足人类需要的产品的过程。①在劳动过程理论中,马克思提出以"生产"为中心环节,研究工人和资本家在生产过程中不同的结构位置和资本主义劳动过程的剥削本质,以揭示资本主义社会生产利润的真正来源。②在马克思看来,生产过程中存在两种不同类型的关系:其一是人与自然的关系,其二是人与人之间的关系,而人与人之间的关系对整个社会关系的本质起决定作用。基于此,马克思提出了两种不同的技术理论:一为财产理论,着眼于资本主义经济的政治分析;二为劳动过程理论,以"技能与控制"为中心,主要探讨资本主义形式下劳动生产过程中资本家与工人阶级之间的利益政治行为与斗争。③他认为,在工场手工劳动过程中,手工艺时期的生产工具和工人手艺组成了生产技能的主体,劳动者通常掌握多种类型的技能,故而能够从事甚至独立完成不同技术岗位上的生产任务。这带来了两种结果:其一,保证了工人对生产过程的控制权,可以自行把控劳动时间与进度;其二,这种劳动过程也成为工人对抗资产阶级控制并与之斗争的武器和筹码。④与之相反,在机器化大工业生产时代,物化技术的革新(如自动化机器)和操作机器的工人构成了生产技术的主体,随着专业化程度和技术分工日益明确,熟练工人的技能逐渐被机器所取代,其生产组织形式被消解。在劳动生产方式转型的过程中,充满了劳动与管理围绕技能控制权展开的劳动政治斗争,机器化削弱了工人对劳动生产过程的控制权,使得工人们被训练得整齐划一。⑤

---

① [德]马克思. 资本论:政治经济学批判(第一卷)[M]. 郭大力,王亚南,译. 北京:人民出版社,1964:34.

② [德]马克思. 哲学的贫困[M]. 徐坚,译. 北京:人民出版社,1961:99-118.

③ 参见王星. 重回马克思:劳动政治与技能形成的体制分析(上)[N]. 中国社会科学报,2010-1-26(11);王星. 重回马克思:劳动政治与技能形成的体制分析(下)[N]. 中国社会科学报,2010-2-2(11).

④ 转引自王星. 技能形成的社会建构——中国工厂师徒制变迁历程的社会学分析[M]. 北京:社会科学文献出版社,2014:31.

⑤ [德]马克思,恩格斯. 马克思恩格斯全集[M]. 中共中央马克思恩格斯列宁斯大林著作编译局,译. 北京:人民出版社,1995:17-25.

《资本论》的问世为马克思的劳动过程理论提供了重要的概念基础和研究方法，也直接将人们的思路引向了继续在劳动过程理论的框架下对技能进行讨论。

此后，尽管一些西方从事马克思主义研究的学者继续使用劳动过程的概念对二战后的劳工问题进行分析和解释，但由于语言等因素限制，并未形成较大范围的影响。[①]直到1974年，在延续马克思对"技术与控制"讨论的基础上，美国学者布雷弗曼撰写了《劳动与垄断资本：二十世纪中劳动的退化》，详细研究了从竞争资本主义向垄断资本主义转型的过程中技术和科学管理的进步是如何导致工人在生产过程中被"降格"运用的。布雷弗曼认为前资本主义时期的工匠传统（craftsman tradition）代表着工人对生产知识的全盘掌握和对劳动过程的控制。[②]但随着资本主义社会进入垄断资本主义时期，许多工厂通过制定一套详细的生产计划与流程规范将工人排斥在生产过程控制体系之外。在以"泰勒制"为代表的科学管理运动中，工厂管理者通过"时间研究"及"动作研究"掌握了生产的知识和信息，从而迫使工人的"概念"（conception）与"执行"（execution）相分离，造成了工人的"去技能化"，使得资本取得了对生产和劳动的报酬的控制。[③]布雷弗曼的理论在学术界引起巨大反响，有学者提出这些研究有意无意地窄化了劳动过程的研究范围，忽视了工作场所的矛盾与垄断资本主义、劳动力市场及政府角色的关联，同时也缺乏对后工业社会劳动形态变化的把握。[④]而布雷弗曼因强调泰勒主义时期控制与低信任程度，以及对"局部工人"的关注，也颇

---

① 转引自赵炜. 劳动过程理论的拓展和转型：21世纪以后的演变[J]. 江苏社会科学, 2020（2）：39-47.

② ［美］哈里·布雷弗曼. 劳动与垄断资本：二十世纪中劳动的退化[M]. 方生，等译. 北京：商务印书馆, 1979：123.

③ BENJAMIN C, DOSI G. Learning How to Govern and Learning How to Solve Problems: On the Co-Evolution of Competencies, Conflicts and Organizational Routines [A] //In Chandler, Alfred D., Jr., Peter Hagstrom and Orjan Solvell, eds., The Dynamic Firm, New York: Oxford University Press, 1998: 103-133.

④ CHRIST S. Continuity and Change in Labor Process Analysis Forty Years After Labor and Monopoly Capital [J]. Labor Studies Journal, 2015, 40（3）：222-242.

受争议。闻翔、周潇认为他将技术视为纯手工的、作用于外物的。[①]此外，还有研究者提出劳动者技能的退化并不是一个统一的趋势，蓝领行业中的去技能化可能被新兴的技术含量较高的行业和服务业所抵消。[②]但更具普遍意义的争论则在于，部分劳动过程研究者指出他只看到了劳资冲突的一个方面，忽视了工人作为生产的主体所具有的能动性与反抗性，缺乏对工人主体性的关怀，其中最具代表性的人物则是布若威。与布雷弗曼不同，他试图将工人的主体性引入分析的范畴，认为工作的物化确实是工人所经历的，但是这是一个极具主体性的过程，即"工人自己参与了对自己的剥削"，他特别考察了资本主义车间的"赶工游戏"，认为其作为一种意识形态机制塑造了工人对于剥削的"同意"。[③]并提出资本主义生产过程并不只是孤立的生产产品的劳动过程，其中也渗透着政治和意识形态因素作为规范斗争的政治工具，而劳动过程的政治效果和生产的政治规范工具共同构成了"工厂政体"（factory regime），同时指出应该从劳动过程、市场竞争、劳动力再生产以及国家干预四个方面考察"工厂政体"并对其进行类型学划分。[④]工厂政体概念的使用使得我们能够以一种比布雷弗曼线性的"去技能化"为基础的技能控制概念更为丰富的研究框架来解释工厂中的技能及其发展问题。

自20世纪90年代中后期以来，随着新经济形态的出现，工人结构也发生了重要变化，传统劳动过程理论受到了新的挑战，开始逐步关注性别、公民权等因素的作用，并开始吸纳后现代社会学的主流理论，突出体现在被称之为"文化转向"的事实中。[⑤]学界对此也积累了丰富的文献和一些具有本土化意义的探索。

① 闻翔, 周潇. 西方劳动过程理论与中国经验: 一个批判性的述评 [J]. 中国社会科学, 2007 (3): 29-39.

② MEIKSINS P. Labor and Monopoly Capital for the 1990s: A Review and Critique of the Labor Process Debate [J]. Monthly Review, 1994, 46 (6): 45-59.

③ [美] 迈克尔·布若威. 制造同意——垄断资本主义劳动过程的变迁 [M]. 李荣荣, 译. 北京: 商务印书馆, 2015: 99-103.

④ [美] 迈克尔·布若威. 制造同意——垄断资本主义劳动过程的变迁 [M]. 李荣荣, 译. 北京: 商务印书馆, 2015: 101-111.

⑤ KNIGHTS D, WILLMOTT H. Labor Process Theory [M]. London: Macmillan, 1990: 119-122.

（二）劳资斗争中的"国家介入"视角

在探讨劳动与管理双方围绕生产过程控制权进行争夺的问题时，封凯栋、李君然提出除了关注双方参与者的博弈能力之外，其所在国家长期进行的管理和生产实践、教育培训体系等因素的发展也对技能产生了重要影响，他提出以"国家介入"为中心变量的理论分析框架，认为介于管理和劳动对生产过程主导权的争夺很难完成自我均衡，且随着新技术与新设备的发展，管理者执行"去技能化"战略的能力所造成的冲击远强于工业化初期，国家的介入事实上成为稳定生产模式的必要条件，是稳定生产模式的必要前提。①他进一步指出，现代国家的重要功能之一便是提供知识生产的制度，并通过限制劳动与管理的权力空间在两者之间进行调整达至相对均衡的状态，这些举措往往包括对教育培训、社保福利、产业投资等活动的制度设计。此外，国家作为劳动与管理斗争之间重要的"制衡器"，立法与国家暴力工具的使用也形塑着工人与企业之间长期动态的稳定与平衡。②因此，形塑技能模式发展与变迁的机制远超劳动与管理之间的政治斗争与利益诉求，国家介入的效果在事实上也驱动着不同市场经济体制下的生产模式。这种以国家介入为中心来理解劳动与管理之前关系的逻辑模型，形成从"国家、企业、个人"三者关系的研究视角透视技能问题，凸显了国家介入技能形成的重要性。

三、师徒制研究的三种路径

（一）制度匹配视角下的师徒制研究

从师徒制的角度透视企业内技能问题是学术研究不可忽视的另一重要路径。关于师徒制的研究，存在制度匹配论、社会关系网络论、隐性知识转

---

① 封凯栋，李君然. 技能的政治经济学：三组关键命题［J］. 北大政治学评论，2018（2）：159-200.
② 封凯栋，李君然. 技能的政治经济学：三组关键命题［J］. 北大政治学评论，2018（2）：159-200.

移论等多种视角。吕妍、古继宝等人认为，所谓"师徒制"主要是指一种在实际生产过程中以口传手授为主要形式的技能传授方式，最早起源于奴隶社会，并至封建社会时期达到鼎盛。[①]学界关于师徒制的研究存在相当多的论述，其中比较有代表性的研究是从制度匹配角度出发，考察师徒制技能形成过程中师徒间的利益政治问题，以及与师徒制相匹配的宏观社会制度变迁对其所带来的影响。资产阶级多样性理论认为，尽管以马克思、布雷弗曼等人为中心形成的劳动过程理论对劳动政治、技术换代及技能形成之间相关性的论述提出了开创性、持久性的主张，但对于技能形成的分析不应该过度阶级化，以资产阶级与工人阶级利益的根本对立来框定技能形成并不能全然解释技能形成过程的复杂性。王星认为，应该立足于经济效益与社会后果的客观事实进行分析，并认为是制度匹配导致了工人技能形成在制度变迁上的差别，从而带来了技能形成的差异化。[②]他将企业治理机制和劳动安全视为构成技能形成方式差异的两个主要变量。[③]计划经济时期，由于企业治理机制遵循着集中统管和平均主义的原则，因此企业间是缺乏竞争的行政关系，不存在对技术工人的争夺，而终身雇佣制、报酬与福利的稳定性也使得工人的"劳动安全"得到了极大的保障，这使得传统师徒制得以延续。然而，自20世纪80年代开始，由于国家宏观用工政策的调整以及国企市场化改革的不断推进，使得适于师徒制生存的制度空间被彻底打破，师徒制陷入危机。由于工人被推向劳动力市场，既有的师徒关系演变为劳动力之间的竞争关系，而由于缺乏解决挖人外部性与劳动安全问题相匹配的社会制度，导致师徒制的式微。在对技能形成过程的讨论中，王星尝试把工人之间的关系及其由劳动政治所产生的行为纳入其理论构建，并将对技能形成的理解建立在制度匹配

---

① 吕妍,古继宝,梁樑.我国现代企业师徒制重构探讨[J].华东经济管理,2007(4)：111-114.
② 王星.技能形成的社会建构——中国工厂师徒制变迁历程的社会学分析[M].北京：社会科学文献出版社,2014：30,37.
③ 王星.技术的政治经济学——基于马克思主义劳动过程理论的思考[J].社会,2011(1)：200-222.

的基础上。①傅春晖、渠敬东等人同样将对师徒制的研究放置在"单位制"的组织形态下，但所不同的是，他们主要从微观治理的视角出发，认为科层制的正式制度总是"嵌入"在社会连带关系当中，单位制中的科层关系和师徒关系相互影响、相互制约，这种双重机制是单位制下企业治理的重要特点。同时，这种具有延续性和扩展性的普遍社会关联是单位制下的制度保护带和调节润滑机制，构成了总体体制治理框架下应予以充分重视的社会领域。②

（二）社会关系网络视角下的师徒制研究

除了探讨与企业师徒制适配的宏观制度性变迁之外，另一重要的研究路径则是从微观的角度出发，研究师徒之间内部关系网络及边界延展对技能传递带来的可能性影响。在这一研究范式下，国内学者韩翼、郑健壮等人对于师徒制的定义、分类、前因、过程、关系治理以及结果进行了概括性研究。曾颢、赵曙明在研究师徒间对子关系及师徒网络时认为，企业师徒制是人力资源开发的有效工具，社会学习、社会认同、社会交换、社会资本等成为企业师徒制发展过程中不可缺少的中介机制，并强调师徒"对子关系"和"领导—成员"理论对师徒网络的影响，并探讨了认知性社会资本的作用。③

国外比较具有代表性的研究是克莱姆（Kram）于20世纪80年代基于传统师徒之间一对一的二元关系的研究，他认为师徒制是组织中的年长或资历较深者与年轻或资历较浅者之间建立的有助于职业生涯发展的社会心理支持。④在此基础上，一些学者认为师傅本身是徒弟的榜样，因此增加了模范

---

① 王星. 师徒关系合同化与劳动政治——东北某国有制造企业的个案研究［J］. 社会, 2009（4）: 26–58, 224–225.

② 傅春晖, 渠敬东. 单位制与师徒制——总体体制下企业组织的微观治理机制［J］. 社会发展研究, 2015（2）: 1–21, 242.

③ 曾颢, 赵曙明. 企业师徒制中介机制理论视角的述评与未来展望［J］. 经济与管理研究, 2007（12）: 130–140.

④ KRAM K E. Mentoring at Work: Developmental Relationships in Organazational Life.Glenview, IL: Scott Foresman, 1985; Kram K E. Phases of the Mentor Relationshion［J］. Academy of Management Journal, 1983, 26（4）: 608–625.

效应这一维度。①波兹（Bozeman）和菲尼（Feeney）从师徒制形成背后的不同原因入手，认为可将其分为"非正式"与"正式"师徒制两种，非正式师徒制是指不通过组织介入而由师徒之间自发形成的关系，师徒可能来自同一个组织或不同组织；正式师徒制往往是指通过组织而建立的正式师徒关系，其个体通常来自同一组织。②此外，W. A. Gray从组织层级的视点出发，认为师徒制可分为层级式师徒制和非层级式师徒制：从师徒从属关系看，可分为直属师徒制和非直属师徒制；从所属范围看，师傅可分为同组织师徒制和跨组织师徒制；从参与主体数量看，可分为一对一、一对多（一个师傅多个徒弟）以及多对一（多个师傅一个徒弟）师徒制。③

希金斯（Higgins）和克莱姆（Kram）的研究则跳出了传统的将师徒关系视为二元化的研究路径，他们认为传统的"二元"师徒制理论已经不能适应易变性、不确定性和模糊性环境的挑战，并将社会网络理论引入师徒制的分析当中，提出"发展性网络"（developmental network）的概念，提出所谓"师徒制发展性网络"是指徒弟认为的能对其提供职业发展性帮助的师傅所组成的一种社会网络，它分为网络强度和网络多样性两个维度："网络强度"是指师徒间联系频度、联系久度、情感强度、亲密程度和互惠程度，而"网络多样性"主要是指网络中师徒关系出自社会体系的多样性，以及不同师傅之间的熟识程度。因此，一方面，师徒关系并不局限于师傅单方面提供帮助，而是师徒双方都获益的互动交换的过程。徒弟通过学习、了解各种知识，从而丰富组织内部知识，提高组织技能和工作绩效；而师傅也可以获得新的问题与观点，产生思想火花，促进创新行为；另一方面，师傅外延也进一步扩大，可来自不同的职位阶层和不同组织。基于这两个维度，他

---

① SCANDURA T A. Mentorship and Career Mobility: An Empirical Investigation [J]. Journal of Organizational Behavior, 1992, 13（2）: 169-174.
② BOZEMAN B, FEENEY M K. Toward a Useful Theory if Metoring: A Conceptual Analysis and Critique [J]. Administration and Society, 2007, 39（6）: 719-730.
③ GRAY W A. Developing a Planned Mentoring Program to Facilitate Career Development [J]. Career Planning and Adult Development Journal, 1988, 4（2）: 9-16.

们在理想类型的意义上将现有师徒制分为以下四种典型模式：（1）低网络多样性和低网络强度，形成的是"接受型"师徒关系；（2）低网络多样性和高网络强度，形成的是"传统型"师徒关系；（3）高网络多样性与低网络强度，形成"机会型"师徒关系；（4）高网络多样性与高网络强度，形成"创业型"师徒关系。[①]上述研究从师徒内在关系的视角对师徒制展开分析，并创造性地将社会网络理论纳入其分析框架中来，为既有师徒制的研究开辟了新的道路，但是上述研究多为一般性的宏观研究，对于特定情况下特殊型的师徒关系认识不够。

（三）师徒制与隐性知识转移

从隐性知识转移的视角探讨师徒制是对其进行研究的另一重要范式。李南和王晓蓉在对师傅和徒弟行为特点分析的基础上，借鉴知识转化理论和组织学习理论分析师傅向徒弟转移隐性知识的微观过程，把师徒制视为隐性知识转移与传播的载体，指出师徒之间的知识势差、师傅与徒弟之间的知识收发能力等因素影响着师徒制的知识转移。[②]吕妍、梁樑在分析隐性知识的概念及组织学习的综合模型循环的基础上，提出了"师徒制技能提升模型"，主张按专业技能、复合技能、创新技能的培训程序，实现隐性知识的组织学习，最终完成知识共享与创新。[③]唐涛建立了企业内部隐性知识共享的博弈模型，从知识共享补偿和无限次重复博弈两个角度分析了知识共享与转移的可能性，并从管理学角度提出了企业隐性知识共享的办法。[④]朱桂焱研究企业中不同类型的心理契约（交易型、平衡型、关系型）与员工隐性知识共享

[①]　HIGGINS M C, Kram K E. Reconceptualizing Mentoring at Work: A Developmental Network Perspective [J]. Academy of Management Review, 2001, 26（2）: 264–288; GRANOVETTER M S. The Strength of Weak Ties [J]. American Journal of Socioloy, 1973, 78（6）: 1360–1380.

[②]　李南, 王晓蓉. 企业师徒制隐性知识转移的影响因素研究 [J]. 软科学, 2013（2）: 113–117; 王晓蓉, 李南. 企业师徒制中隐性知识转移路径及其微观过程研究 [J]. 情报理论与实践, 2012（6）: 26–30.

[③]　吕妍, 梁樑. 师徒制技能提升模型对隐性知识共享的探讨 [J]. 科研管理, 2008（5）: 78–83.

[④]　唐涛. 企业内部隐性知识共享的博弈分析 [J]. 情报理论与实践, 2008（2）: 202–204.

意愿的关系，指出平衡型、关系型心理契约会通过基于威望的地位竞争动机的中介作用影响员工的隐性知识共享意愿；而交易型、关系型心理契约会通过基于支配的地位竞争动机的中介作用影响员工的隐性知识共享意愿；交易型、关系型心理契约与员工隐性知识共享意愿之间会受到组织地位高低的调节影响。[①]这一范式下的研究主要涵盖了管理学等学科的多种研究视点，多利用模型分析和图表说明等手段丰富了学界对于师徒制的研究与认识，但其存在的问题在于多注重客观数字或数理模型分析下的结果，导致一定程度上忽视了真实组织场景下对师徒之间的互动过程及主观意愿的把握。

四、技能形成的国家体系与国际比较

技能形成作为一个开放领域，自20世纪90年代以来，由西方学者在知识经济的背景下综合了经济学、政治学、教育学、社会学等多学科而提出，霍珀（Hopper）认为，技能形成是强调政府、教育与培训体系、劳动力市场与行业企业之间在技能开发中建立的有效的协作关系，其基本特征是强调一种整合性的技能人才开发模式，强调的是全政府治理路径（whole government approach），其实质是实现不同类型及层次，包括政府部门及机构的协调互动，让所有部门都成为技能开发的主体。[②]回视这一领域的相关研究，大致可将其分为以下两种路径：第一，从技能形成的制度比较研究出发，探讨不同国家背景下技能形成路径的共性与差异；第二，以特定国家或社会环境为对象，深入发掘一国或一个区域内技能形成体系的特点与规律，如立足于我国的社会现实，思考如何构建与完善我国技术技能人才培养与技能形成制度。

在历史制度主义的视角下，比较具有代表性的研究是美国学者凯瑟琳·西伦提出的"制度包"路径，她以德国、日本、美国、英国等不同国家

---

① 朱桂焱. 企业内部员工隐性知识共享机制研究 [D]. 武汉：华中科技大学，2018：111.
② 转引自李玉珠. 技能形成制度的国际比较研究 [M]. 北京：社会科学文献出版社，2018：7.

的技能形成制度演化历程为研究对象，探讨了雇主、工会、行会、技能依赖型企业之间的利益冲突以及对技能形成制度的影响。凯瑟琳·西伦的研究表明，技能并非一个孤立的存在，而是一个具有"制度包"属性的社会过程，它受劳资关系制度、用工制度、宏观经济制度等不同制度的多重影响，且不同的技能形成模式与不同形式的劳资关系、用工制度等形成了相互匹配的制度关系。①此外，迈耶和苏格从跨国比较和学科融合的研究视角出发，讨论了技能的获致与测量，同时讨论了不同国家间的有关技能形成制度和政策差异，以及终身技能形成问题在社会经济群体之间的差异，对技能形成问题进行了较为全面的讨论。②艾什顿等人通过对亚洲"四小龙"案例的研究，考察了不同国家和地区政府在技能形成中的作用和角色。他们认为，在技能形成的过程中，国家主要起到引导教育体系和企业技能需求密切适配的作用，并从宏观层次上制定与出台相应的制度以规范和保障技能形成的发展，并将此总结为技能形成的新政治经济学。③总结第一种路径的研究，我们会发现，大多数观点遵循着一种"多元融合"的框架展开分析。无论是凯瑟琳·西伦提出的"制度包"路径，还是艾什顿等人的新政治经济学的视角，意味着在总结技能形成与发展规律的同时，侧面反映了技能形成问题的复杂性与多样性。

　　而部分国内外学者则是采用探究技能形成问题的第二种路径，即通过对特定国家技能形成的持续考察，追问技能形成的国家体系这一问题上来，并试图发现特定技能形成体制类型带来的不同的经济社会后果。索斯凯斯等人通过考察德国的"双元制"，认为应该将技能形成依据技能水平的不同分为

①　[美]凯瑟琳·西伦. 制度是如何演化的[M]. 王星, 译. 上海: 上海人民出版社, 2010: 20-34.
②　MAYER K U, SOLGA H. Skill Formation: Interdisciplinary and Cross-national Perspectives[M]. Cambridge: Cambridge University Press, 2008: 9.
③　ASHTON D N, SUNG J. The State, Economic Development and Skill Formation: A New East Asian Model?[M]. Leicester Univeisity of Leicester, 1994: 212; ASHTON D N. Education and Training for Development in East Asia: the Political Economy of Skill Formation in East Asian Newly Industrialised Economies[M]. New York: Psychology Press, 1999: 74.

"高技能均衡"和"低技能均衡"两种类型，在德国"高技能均衡"的模式下，国家政治、经济以及社会合作者的互动关系形塑着技能形成体系，而该体系也会对宏观社会结构和制度安排产生影响。[①]同一时期，科藤以澳大利亚的制造业为例，分析其技能的发展情况以及所面临的机遇和挑战，并同时探讨了企业对技能形成的影响及二者间的关系。[②]美国学者威廉姆·邦维利安等人指出，美国面对制造业的下滑，政府尝试搭建"制造研究所"以便为正在开发的技术提供所需的劳动力教育和培训，并指出这一劳动力和工程培训是重要的先进制造业得以实施和规模化的关键方式。[③]姜大源、李玉珠、余祖光、和震等人则立足于我国技能形成与发展的视角，从职业教育及其体制改革等角度探讨了中国的技能形成经验与问题。[④] 这一研究范式下的理论相比于劳动过程理论、师徒制理论等起步较晚，研究对象多基于国别进行展开，除了将技能形成与一国政治、经济、文化体系相联系进行论述以外，还特别强调教育尤其是职业教育对技能形成体系构建的重要作用。

① Hall P A, SOSKICE W. Varieties of Capitalism: The Institutional Foundations of Camparative Advantage [M]. Oxford: Oxford University Press, 2001: 145-183.

② CURTAIN R. Skill Formation in Manufacturing: Obstacles and Opportunities [J]. Asia Pacific Journal of Human Resources, 1988, 26 (4): 7-21.

③ [美]威廉姆·邦维利安, 彼得·辛格. 先进制造——美国的新创新政策 [M]. 沈开艳, 等译. 上海: 上海社会科学院出版社, 2019: 409.

④ 姜大源. 教产跨界合作的大手笔 [N]. 中国人民政协报, 2012-8-8 (C02); 邢晖, 李玉珠. 职教体制改革行至水深处 [N]. 中国教育报, 2014-3-17 (6); 余祖光. 职业教育校企合作的机制研究 [J]. 中国职业技术教育, 2009 (4): 5-11; 和震. 国际劳工组织的职业培训政策: 框架、特征与问题 [J]. 现代远程教育, 2010 (4): 15-19, 37.

第三节 工厂制度下组织和关系变迁研究综述

一、关于组织模式变迁的总体研究

围绕着组织及其变迁问题，学界业已积累了十分丰富的理论资源，形成了诸多理论流派与观点。对于组织变迁的一般理论的讨论，学术界多从组织变迁的概念界定、组织变迁的基本动力以及组织变迁中的内生演化或创新等问题入手进行研究。

（一）对于组织变迁的概念界定的讨论

组织最早是作为制度经济学研究的基本范畴而存在的，学界普遍认为，社会生产过程总是在一定生产组织形式下进行的，在任何一种社会条件下，劳动组织都必须以分工协作为基础。马克思在论述资本主义生产方式的过程时曾表示："如果不以一定方式结合起来共同活动和互相交换其活动便不能进行生产。"[1]在现代化的生产中，一切生产活动都不可能只靠个人来进行，因此，劳动组织必须建立在各单位、车间和班组之间及其内部合理分工协作的基础上。[2]早期制度经济学家对制度和组织的区分较为模糊，康芒斯在运用此概念进行研究时认为家庭、公司、工会，直至国家均称之为制度。[3]贾根良认为，作为规则集合的组织形式（如企业、家庭、政府等）被称作制度安排。[4]经济史学家道格拉斯·诺思在《制度、制度变迁与经济绩

---

① ［德］马克思,恩格斯.马克思恩格斯选集(第一卷)［M］.中共中央马克思恩格斯列宁斯大林著作编译局,译.北京:人民出版社,1966:362.

② 陈平,何杏清,叶志良.工业企业劳动组织［M］.太原:山西人民出版社,1982:4.

③ ［美］约翰·康芒斯.制度经济学［M］.赵睿,译.北京:华夏出版社,2013:34.

④ 贾根良.劳动分工、制度变迁与经济发展［M］.天津:南开大学出版社,1999:33.

效》一书中详细论述了制度与组织的关系，指出："将制度与组织区分开来。和制度一样，组织也提供了一个人们发生相互关系的结构。当我们在探讨由制度框架所引起的成本时，我们确实会看到它们不仅是这一框架的结果，而且还是这一框架下所发展的组织的结果。"[①]而组织是"为达到目标而受某些共同目的约束的个人团体。将组织结构模型化，就是要分析控制结构、技能以及边做边学是如何决定组织在一段时期的成功的。什么组织能够存在下去，以及它们是如何演进的，这两方面都受到制度框架的根本影响。反过来它们也影响制度框架的演进"[②]。道格拉斯认为，组织是在现有约束所致的机会集合下有目的地创立的，并进一步指出"组织的出现源于制度诱因，源于组织与制度之间的互动方式，后者决定了特定社会对技术变革的敏感程度"[③]。早期经济学的观点为后来组织变迁的研究提供了镜鉴与启示。于显洋认为，组织变迁是对现有状态的修正和改变，目的是更好地适应内外环境的变化，以便能顺利地实现组织目标。变迁是一种自然的历史过程，每一个组织都不可避免地发生。[④]

（二）影响组织及其变迁的多元因素

谈及组织变迁的影响因素问题，众多学者从各自的角度出发寻求对此问题的多元化理解。通过梳理既有研究，我们会发现，这些观点与流派主要分为两个层面：一是从外部环境探讨制度如何影响组织变迁，二是从内部视角分析组织创新的利润与动因问题。

沃伦·G. 本尼斯较早地提出了组织与环境变化的关系，认为组织是一种寻求自己目标的社会单元，组织的变迁来自内部协调与外部适应两个方面，

---

① ［美］道格拉斯·C. 诺思. 制度、制度变迁与经济绩效 [M]. 杭行, 译. 上海：格致出版社, 2008：10-12.

② ［美］道格拉斯·C. 诺思. 制度、制度变迁与经济绩效 [M]. 杭行, 译. 上海：格致出版社, 2008：74-76.

③ ［美］道格拉斯·C. 诺思. 制度、制度变迁与经济绩效 [M]. 杭行, 译. 上海：格致出版社, 2008：43.

④ 于显洋. 组织社会学 [M]. 北京：中国人民大学出版社, 2009：341.

他认为20世纪60年代科学技术、智能技术等快速发展从多方面形塑了组织的外部环境，改变着组织的生存形态。① 卡斯特和罗森茨韦克在《组织与管理》一书中提出每个组织的环境和内部各分系统都有自己的特色，并重点讨论了组织与工业技术的关系，认为技术系统直接与环境系统相关联，技术与组织结构之间具有一种直接的关系。② 在他们的权变理论中提出组织都具有不确定的生命时限，组织的适应性与革新性使得组织能够在条件适宜时进行主动变革。③ 李培林等人指出，企业组织转型的主体是企业的制度化结构，而且企业的制度化结构是企业结构—功能系统的体制化表现。所谓企业组织的创新实则就是企业制度化结构的创新，就是实现企业结构—功能系统的转换。④ 而V. W. 拉坦认为制度创新是用来指一种特定组织的行为的变化，这一组织与其环境之间的互相关系变化以及在这一组织环境中支配行为与互相关系的规则的变化。⑤ 诺思在探讨组织变迁的内在动力时认为，外部潜在利润是一种在已有的组织和制度安排结构中主体无法获取的利润。外部事件能导致利润的形成，外部潜在利润内在化过程实质上就是一个组织变迁与创新的过程。外部潜在利润的来源主要包括由规模经济带来的利润、外部经济内部化带来的利润、对风险的分散与克服带来的利润、交易费用转移与降低带来的利润等各方面。⑥ 斯科特与戴维斯在论述组织理论变迁时也提出，开放性系统理论于20世纪60年代中期开始，一定程度上改变了过去的理论视角，因为与过去的研究范式相比，它着重强调应该对组织范畴以外更为宏观的外部

---

① 参见孙耀君. 西方管理学著名提要[M]. 南昌：江西人民出版社，1992：279.

② [美]弗里蒙特·E.卡斯特，詹姆斯·E.罗森茨韦克. 组织与管理——系统方法与权变方法[M]. 北京：中国社会科学出版社，2006：04.

③ 朱国云. 组织理论：历史与流派[M]. 南京：南京大学出版社，2014：267.

④ 李培林，姜晓星，张其仔. 转型中的中国企业——国有企业组织创新论[M]. 济南：山东大学出版社，1992：371.

⑤ 参见V. W. 拉坦. 诱致性制度变迁[A]//[美]罗纳德·H.科斯，阿曼·A.阿尔钦，道格拉斯·C.诺思. 财产权利与制度变迁——产权学派与新制度学派译文集[M]. 上海：格致出版社，1991：12，329.

⑥ [美]道格拉斯·C.诺思. 制度、制度变迁与经济绩效[M]. 杭行，译. 上海：格致出版社，2008：277-286.

环境进行研究，并认为这种环境对组织起着制约、渗透和革新的作用。[①]李培林等人认为，企业组织创新的基本前提是创新的预期净收益大于零。[②]卢现祥同样认为，当现有制度组织由外部性、规模经济、风险和交易费用所引起的收入的潜在增加不能内在化时，一种新的制度组织创新可能使这种外在利润内在化。[③]

二、西方工厂制度下的组织研究

18世纪中叶以后，工业革命不仅使得生产技术发生了重大改变，也使得以英国为典型代表的西方国家开始出现了一种全新的生产组织形式——工厂制，这种组织形式引起了众多学科研究者的广泛关注。马克思对此进行了大量且深刻的研究。[④]英国学者西顿认为，近代工厂制不仅包含资本的使用、集中的工人、分工劳动及对监管的运用，工厂的经济优势还主要体现在使用了能加快工作速度的机器和能带动机器高速运转的动力。[⑤]保尔·芒图曾指出："工厂制度倒是机械化的必然结果。一套由若干相依成分所组成的、带有一个总动力的设备，只能安设在一个地方，而它的运转是由一批受过训练的人员操纵的。这个地方就是工厂，工厂是不允许有别的定义的。"[⑥]巴哈库克和波斯坦认为，由于一系列技术变革引发的对新型动力机器的运用是工

① ［美］W. 理查德·斯科特，杰拉尔德·F. 戴维斯. 组织理论：理性、自然与开放系统的视角［M］. 高俊山，译. 北京：中国人民大学出版社，2011：100-122.
② 李培林，姜晓星，张其仔. 转型中的中国企业——国有企业组织创新论［M］. 济南：山东大学出版社，1992：371-374.
③ 卢现祥. 西方新制度经济学［M］. 北京：中国发展出版社，2003：97.
④ 参见［德］马克思. 资本论：政治经济学批判（第一卷）［M］. 郭大力，王亚南，译. 北京：人民出版社，1964.
⑤ Herbert Heaton. The Yorkshire Woolen and Worsted Industry［M］. Oxford: Oxford University Press, 1920: 352.
⑥ ［法］保尔·芒图. 十八世纪产业革命——英国近代大工业初期的概况［M］. 杨人鞭，等译. 北京：商务印书馆，1983：196-197.

厂制生产的核心所在。[①]工业革命使得工厂制代替了手工工场，用机器的分工代替了工人的劳动分工，工业革命在技术方面的最终成果是"必须用机器来生产机器"[②]。然而工业革命中工厂制的发生并非一朝一夕之功，作为"工业革命最显著特征"的工厂制其源头可以追溯至作坊制、家庭制以及原工业化时期的手工工场组织形式。在孟德尔斯看来，原工业化是工业化的第一阶段，它为工业化的到来创造了必要条件。[③]

　　传统作坊制的生产组织模式一般依靠手工业者独立经营，集生产与销售于一体，里奇和威尔逊等人在研究工厂制起源时认为，生产规模不大，很少有生产分工，每个人需要把产品从头到尾地完成，而师傅与帮工、学徒之间类似亲密的伙伴关系。[④]林举岱则指出，资本主义工业化早期的特征是技术革新往往出于精巧的工匠和有经验、有资金的企业主之中，他们在更大程度上依靠自己从实践中得来的机械知识和前人留下的经验。[⑤]金志霖则指出，这种作坊通常存在于对手工技术要求较高的行业，手艺的传播是通过师徒之间"传、帮、带"的形式完成的。因为传授、学习技艺的方法十分原始，所以手工业者要精通某项技术必须经过多年的摸索和积累，而一旦学成便可成为谋生的手段。[⑥]由于机器的引入、劳动力的自由流入等因素导致由师傅控制下的手工作坊逐渐走向消亡，家庭制的生产组织模式开始流行。王晋新、姜福德在梳理英国早期工业组织起源时认为，家庭制生产是一种半工半农的手工业制度，家庭是最基本的生产单位，劳工在农忙时从事农业生产，农闲

---

① ［英］H.J.哈巴库克，M.M.波斯坦.剑桥欧洲经济史（第6卷）——工业革命及其以后的经济发展：收入、人口及技术变迁［M］.王春法，等译.北京：经济科学出版社，2002：260.

② 中共中央马克思恩格斯列宁斯大林著作编译局.马克思恩格斯全集（第23卷）［M］.北京：人民出版社，421–422.

③ F. Mendels. Proto-Industrialization: The First Phase of the Industrialization Process［J］. Journal of Economic History, 1972, 32（6）：241–248.

④ ［英］E.E.里奇，C.H.威尔逊.剑桥欧洲经济史（第5卷）——近代早期的欧洲经济组织［M］.高德步，等译.北京：经济科学出版社，2002：418.

⑤ 林举岱.英国工业革命史［M］.上海：上海人民出版社，1979：序言2.

⑥ 金志霖.英国行会史［M］.上海：上海社会科学院出版社，1996：4.

时则成为手工工人。他们同时指出家庭制生产是16至18世纪英国社会经济发展过程中一个最为显著的时代特征。①杨豫在《欧洲原工业化的起源与转型》一书中指出，家庭制生产是商业资本控制生产活动的组织形式，市镇商人通过资本、商业联系和专业知识，能和市场条件相协调。②原工业化时期的家庭制生产，为工厂制的兴起提供了基本的资本与劳动力的储备。

马克思曾这样阐述道："通常都是先经过手工业生产，然后经过工场手工业生产的过渡阶段，最后到达工厂生产。"③丹尼尔·A.雷恩在谈及手工工场组织管理时提出，由于一些特定行业的生产规模较大，必须由多人之间分工合作才能够完成，因此出现了一些大型的工作场地以便将工人集中起来参与劳动。19世纪初期工厂采取"批量"生产技术，在较短时间内同时生产大量同类产品，然后再生产另一批稍有不同的产品。④林举岱同样认为，在集中的工场中有几十个或几百个工人集中在一个厂房里从事生产劳动，而分散的手工工场多半为纺织工场，工人一般在自己的家里劳动，即所谓的家庭工业。⑤戴维斯等人指出，原工业化时期的手工工场实际上是工厂制的雏形，因为在手工工场中，资本和劳动已实现初步的分离，即工场主不再参加劳动，而成为专业的经营管理者，工场主占有产品并将其出售，支付给劳工的工资是劳工出卖自己的自由劳动力，成为纯粹的工资劳动者。王星进一步认为，工业革命后，学徒制管制权力由行会转移到技工工会，学徒制逐渐沦为劳资斗争的工具。引发英国行会学徒制陷入危机并走向瓦解的深层根源在于社会结构的转型变迁。⑥

---

① 王晋新，姜福德. 现代早期英国社会变迁［M］. 北京：三联书店，2008：23.

② 杨豫. 欧洲原工业化的起源与转型［M］. 南京：江苏人民出版社，2004：61.

③ ［德］马克思. 资本论：政治经济学批判（第一卷）［M］. 郭大力，王亚南，译. 北京：人民出版社，1964：504.

④ ［美］丹尼尔·A.雷恩. 管理思想的演变［M］. 北京：中国社会科学出版社，1997：63.

⑤ 林举岱. 英国工业革命史［M］. 上海：上海人民出版社，1979：6.

⑥ 王星. 技能形成中的国家、行会与劳工——基于英国行会学徒制演化的社会学分析［J］. 华东师范大学学报（教育科学版），2020（4）：96-106.

与传统手工生产相比，近代工厂制在兴起过程中逐步展露出一些新的特征，钱乘旦、刘金源等人将其概括为：①资本与劳动力的高度集中，尤其是固定资本在工厂总投资中所占比重明显上升，在作坊制及家庭制生产并不需要太多资本；②劳动分工与协作进一步增强，劳动生产率大幅提高；③生产管理的规范化与制度化。钱乘旦以制陶业为例指出，在手工作坊时代，陶器制作的所有工序，如选泥、制胚、烧窑等，几乎全部由一名制陶工完成，而在近代制陶工厂中，陶器制作工序被分割开来，整个工厂被分为若干个车间，如拌土车间、制胚车间、上釉车间等，每个车间的工人只需负责所指定的一道生产工序。由于精细劳动分工的推行，使得前工业化时期的制陶工不复存在，存在的只有挖泥工、运泥工、拌土工、制胚工等，原先负责制陶生产所有工序的制陶工现在演变成了制陶工厂里的工人[①]；工厂制兴起后，劳动力的高度集中、劳动分工的加强以及机械化生产的进行，决定了工人之间必须协调合作，按照固定的工作节奏，服从统一的劳动管理。鉴于前工业化时期手工劳动的自由性和散漫性，对于近代工厂主来说，其在工业生产中面临的最大挑战，就是"训练工人们放弃工作散漫的恶习，并与复杂的机器那永不变化的运转节奏保持一致"[②]。

英国学者格·西·艾伦对其进行了进一步总结，他表示工厂制在兴起过程中逐步展露出的特征，表明工厂制在生产组织形式上已经实现了质的突破。[③]郑世明也指出，作为一种全新的生产组织形式，近代工厂制是对原工业化时期生产组织形式的重大突破，它的兴起促使作坊制或家庭制生产逐渐消亡，而手工工场也逐渐开始向近代工厂过渡，现代资本主义企业制度，首先是在英国以工场手工业的形式登上历史舞台的。[④]法国学者阿兰·图海纳将其视为一种"理性化的进步"，他认为正是由于机器进入劳动操作层面，

① 钱乘旦,许洁明. 英国通史 [M]. 上海:上海社会科学院出版社,2002:218.
② 刘金源. 论近代英国工厂制的兴起 [J]. 探索与争鸣,2014(1):83-89.
③ [英]格·西·艾伦. 英国工业及其组织 [M]. 韦星,译. 北京:世界知识出版社,1958:105-111.
④ 郑世明. 工业文明与中国——企业制度比较分析 [M]. 西安:陕西人民出版社,1988:87.

理性化才可深入到劳动组织之中，并渗透于各生产单元、小组、车间或其他部门之中。[①]我们可以看出，自马克思以来，既有研究从客观上论述了工厂制的起源、变迁及特征等问题，强调了机器的介入和科学技术的创新与劳动组织形式对工人技能的影响。

三、苏联的工厂组织模式研究

在对于企业组织模式的探索上，由于苏联作为人类历史上第一个社会主义国家，其工厂制度与组织制度具有极强的特殊性，对苏联企业制度中的组织、关系等问题的考察是我们不可忽视的重要面向。学术界多从苏联模式对于我国工业的借鉴意义的视角，探讨它的特点。田毅鹏、漆思指出，苏联作为历史上第一个社会主义国家，其制度和体制自然成为中国建立单位社会的重要依据和参照。[②]柴彦威、陈零极等人指出，"苏联在工业规划和管理方面的操作模式对中国的社会主义转变产生了巨大影响。强调生产重于消费、高度集中的中央计划体制、党干部的角色、人事档案的重要作用、商品的缺乏以及逐步培养的工人集体意识，这些都是中国的单位所拥有的与苏联模式相同的共性"[③]。金挥在研究苏联经济问题时指出，十月革命胜利后，以列宁为首的布尔什维克党把马克思、恩格斯关于社会主义和共产主义的社会理论运用于具体实践，实行工业国有化。[④]苏联模式形成于20世纪30年代，以毛泽东为代表的中国共产党人决定按照苏联模式建设新中国，1950年毛泽东指出"苏联经济文化及其他各项重要的建设经验，将成为新中国建设的榜

① ［法］阿兰·图海纳. 行动社会学：论工业社会［M］. 卞晓平，狄玉明，译. 北京：社会科学文献出版社，2012：125-126.

② 田毅鹏，漆思. "单位社会"的终结［M］. 北京：社会科学文献出版社，2005：27.

③ 柴彦威，陈零极，张纯. 单位制度变迁：透视中国城市转型的重要视角［J］. 世界地理研究，2007（4）：60-69.

④ 金挥，陆南泉，张康琴. 论苏联经济［M］. 沈阳：辽宁人民出版社，1982：67-68.

样"①。因此，张聪明在研究苏联的企业制度安排时曾指出，生产资料公有制的建立使得国家成为生产资料的所有者，经济活动由国家有计划地来安排。通过高度集中的指令性计划从事"经营"活动，国家与企业间存在"委托—代理"的关系，但这种安排不能有效解决和激励经营者选择机制导致效率低下。②就微观组织形态而言，吴清友认为，苏联的劳动组织以分工协作作为基础，在现代化的生产中，一切生产活动都不可能只靠个人来进行，苏联的国营工业企业须根据该企业的生产可能性进行不同层级的分工与协作。③杨玉生认为，苏联的工业组织受社会主义生产关系的制约，在劳动组织的原则、形式、方法以及劳动定额管理、职工的培训、劳动报酬等方面具有特殊性。④此外，苏联工厂的劳动分工协作是集体劳动中不可忽视的重要面向，"先是把个别工人组成小组，再联合成为一个总体机制。只有建立一定的劳动组织，并形成新的劳动生产力，才能进行这种集体劳动过程"⑤。工厂组织中各个环节（基本车间、辅助车间、各分车间、科室、工段、作业队和班组等）之间的分工是集体劳动组织的具体形式，在各种不同生产条件下，建立作业队（班组）并制定作业队长（班组长）的标准条例，规定了组织原则以及选举任命制度。⑥而在领导体制方面，主要实行一切大小问题都由厂长决定，党委处于监督地位的一长制。⑦各个企业相当于一个车间，一切经营活动由国家决定，企业仅仅是一个执行者。⑧周新城和许新在论述苏联工厂组织模式时认为，苏联工厂建立了各种形式的科学与生产相结合的组

① 毛泽东. 建国以来毛泽东文稿（第1册）[M]. 北京：中央文献出版社，1987：266.

② 张聪明. 试论苏联的企业制度变迁[J]. 东欧中亚研究，2002（5）：22-26.

③ 吴清友. 苏联的工业管理[M]. 上海：中华书局，1949：7-10.

④ 杨玉生. 苏联企业科学劳动组织学[M]. 北京：劳动人事出版社，1987：2.

⑤ 杨玉生. 苏联企业科学劳动组织学[M]. 北京：劳动人事出版社，1987：15.

⑥ 杨玉生. 苏联企业科学劳动组织学[M]. 北京：劳动人事出版社，1987：21，30-31.

⑦ 田毅鹏，苗延义. 单位制形成过程中的"苏联元素"——以建国初期国企"一长制"为中心[J]. 吉林大学社会科学学报，2016（3）：80-90.

⑧ 刘克明，金挥. 苏联政治经济体制七十年[M]. 北京：中国社会科学出版社，1990：79-84.

织。[①]此外，杨玉生指出，苏联将劳动竞赛视为改善劳动组织和提高生产效率的重要方法。[②]苏联学者B.C.列利丘克所著的《苏联工业化：历史、经验、问题》揭示苏联工人阶级在工业生产过程及苏联工业改造全过程中的具体活动。[③]葛霖生指出，20世纪80年代末至90年代初，苏联调整所有制结构，彻底改变了原先的国营企业管理制度。[④]

四、中国国企组织模式研究

中国企业组织形态有其特殊的发展历程，诸多学者就此进行了研究。路风、李路路等人曾指出，新民主主义革命时期，党在解放区革命根据地建立的一批公营工业企业是第一批社会主义性质的企业。[⑤]当时，为了加强经营管理工作，首先建立了由厂长、党支部书记、工会委员长组成的"三人团"，并在班组建立了生产班长、工会组长和党小组长的"三人组"，作为企业和班组的领导机构。[⑥]孙守仁认为，革命根据地时期的建设证明一个社会主义的企业及其班组的基本形式已经确立。[⑦]林超超指出，20世纪30年代，根据地时期的公营工厂主要为供应军需，实行供给制，还没有建立真正的工厂制度，也没有科学地去组织生产。[⑧]

新中国成立以后，在借鉴苏联模式经验的基础上，加之融合具有本土

---

① 周新城，许新. 苏联经济改革概况[M]. 北京：中国人民大学出版社，1981：144-148.

② 杨玉生. 苏联企业科学劳动组织学[M]. 北京：劳动人事出版社，1987：296.

③ [苏联]B.C. 列利丘克. 苏联的工业化：历史、经验、问题[M]. 闻一，译. 北京：商务印书馆，2004：113-117.

④ 葛霖生. 论原苏联东欧国有企业管理制度的演变[J]. 世界经济与政治，1994（10）：8-12.

⑤ 郑世明. 工业文明与中国——企业制度比较分析[M].西安：山西人民出版社，1988：328-329；李路路，苗大雷，王修晓. 市场转型与"单位"变迁——再论"单位"研究[J]. 社会，2009（4）：1-25，224；路风. 单位：一种特殊的社会组织形式[J]. 中国社会科学，1989（1）：71-88.

⑥ 孙守仁. 企业班组建设[M]. 沈阳：辽宁大学出版社，1991：8-9.

⑦ 孙守仁. 企业班组建设[M]. 沈阳：辽宁大学出版社，1991：9.

⑧ 林超超. 动员与效率——计划体制下的上海工业[M]. 上海：上海人民出版社，2016：29.

意义和特殊性的元素构成了新中国工业化进程语境下的企业组织，其中以单位制为典型组织体制，"单位"成为中国国有企业普遍采取的一种特殊的组织形态，是一切微观活动的组织基础。[①]中央行政管理部门通过工业部门的垂直式控制，包含了所有的工业生产。企业的主要任务是根据计划委员会的指令，按照产量和品种来组织生产。殷醒民指出，当时工业结构较为简单，可从占主导地位的单一工厂制清楚地显示出来，而这些企业具有极其有限的生产线和相对一致的组织结构。[②]企业班组是工厂制度体系下最小的生产组织单元，人类社会生产力发展集合了劳动群体，劳动群体的协作创造了社会大生产，社会大生产产生了班组。[③]王凤彬在论述企业具体的组织结构时认为，在企业生产部门内，一般设有若干工作单位，配备通用的机器设备及熟练或非熟练的工人，若干生产子系统（如班组、工段、车间或分厂）构成了企业生产的系统。[④]而各个子系统根据工艺安排而产生，形成工业专业化的车间、工段和班组。在工艺专业化的生产组织内，集中着同种类型的生产设备和同工种的工人，对于企业的各种制品或零部件进行相同工艺的加工，每人只完成部分工序。[⑤]陈平等人指出，由于某些大型设备需要若干名工人共同操作，当需要多名工人配合来完成时则组成若干生产班组。[⑥]董守才等人认为，工业组织的实质是生产专业化与协作化的形式。[⑦]王洪恩认为，从管理的自然属性来看，班组作为企业管理的基石，是将不同的劳动者、不同性能的设备按一定空间和数量的比例衔接，合理地组织起来以实现均衡生产的组织；而从其社会属性上来看，班组是为了维护社会主义的生产关系，表现

① 田毅鹏. "典型单位制"的起源和形成[J]. 吉林大学社会科学学报, 2007（4）: 56-62.

② 殷醒民. 中国工业增长模式的实证研究[M]. 上海: 立信会计出版社, 1996: 40.

③ 孙守仁. 企业班组建设[M]. 沈阳: 辽宁大学出版社, 1991: 10.

④ 王凤彬. 现代企业的组织与再组织[M]. 杭州: 浙江人民出版社, 1997: 246.

⑤ 王凤彬. 现代企业的组织与再组织[M]. 杭州: 浙江人民出版社, 1997: 249.

⑥ 陈平, 何杏清, 叶志良. 工业企业劳动组织[M]. 太原: 山西人民出版社, 1982: 33.

⑦ 董守才, 沈霖, 李平. 工业组织学[M]. 北京: 中国人民大学出版社, 1992: 66-68.

为同志式的互助合作的集体劳动关系。①

　　吴申元、荣兆梓在论述改革开放以来中国国企的组织制度变迁时提出，随着经济和社会进入一个新的转型期，企业改革也进入一个新的组织创新阶段。我国进行了一系列改革，建立现代企业制度，有利于实现政府和企业分开，企业作为自主经营、自负盈亏的独立市场主体参与市场竞争，建立现代企业制度。②这意味着企业组织模式更为灵活，分工越来越细，具有更为科学合理的组织模式和管理制度。③

第四节　以往研究的贡献与不足

一、学术贡献

　　以上通过对中外学界迄今关于工作室、技能形成、工厂组织形态变迁等相关研究的综述和评价，基本上厘清了与技能大师工作室问题相关的学术研究脉络及其演进历程。从总体上看，近些年来学术界对于组织与技能问题的研究，其学术贡献主要表现在以下几个方面。第一，从多样化的研究视角拓展了对于技能及其形成研究的领域和话题，丰富了既有社会学的理论体系和研究框架。众所周知，技能是古典社会学研究中最为重要的分析变量之一，自马克思提出劳动过程理论开始，便强调了技能在生产与管理二者斗争之间的作用，以及技能对生产组织变迁的影响。在此基础上形成了众多不同的理论流派。对于技能形成而言，近年来有关企业师徒制、国家技能形成体系的研究注重国家体制、企业制度以及工人等不同主体之间的交融与整合，在很

---

① 王洪恩. 班组管理 [M]. 北京: 经济管理出版社, 1992: 4.

② 吴申元. 现代企业制度概论 [M]. 北京: 首都经济贸易大学出版社, 2016: 135.

③ 荣兆梓. 企业制度——平等与效率 [M]. 北京: 社会学科文献出版社, 2014: 102-114.

大程度上打破了学科研究的界限。第二，在对于工厂组织制度的研究过程中，研究者对西方、苏联以及中国企业组织的生成、发展与变迁开展了较为系统的探讨，历时性地详细介绍了不同国家的不同组织特点，为厘清工厂制起源、企业组织制度等问题提供了翔实的研究基础，对比不同社会环境下企业组织发展模式的特殊性积累了大量丰富而有价值的研究资料。第三，一些研究者对近十年来最新出现的技能大师工作室组织形态进行了一定的关注与研究，从不同学科进行了探讨，不仅扩展了既有工业社会学、组织社会学及技能形成理论的研究话题，同时也表现出对中国社会中最新的组织动态积极而密切的关注，有助于学术研究及政策制定的进一步展开。

二、研究局限

回顾既有研究，其对工人的技能形成问题进行了充分的讨论，形成了较为系统的理论成果与研究脉络，但既有研究存在的局限主要表现为以下几个方面。

第一，自马克思开辟了对资本主义体制下的劳动过程进行探究的道路以后，大多聚焦于西方发达国家的情况，而忽视了社会主义国家的具体情况，对于社会主义国家体制下技能形成的复杂性与独特性尚缺乏充分的讨论。我国国企工人并非出于资本主义劳动力市场中的工人阶级，他们所经历的是从单位体制走向劳动力市场的过程。自1949年新中国成立以后，在国营企业当中劳动与管理双方之间实现了技能劳动者与管理权威较好的结合。由于工人的长期利益已经通过单位制及国家体制等与企业捆绑在一起，因此在生产劳动的过程中并没有要求针对技能控制权问题提出在技能培训、收入分配上更大的主导权，工人群体中常见的核心诉求，如雇佣安全与工资增长等问题，已经被作为框架性的条件在国家的强制协调下达成。而管理者作为国家的代理人，这种"委托—代理"的关系使得其没有进一步执行去技能化的策略，也是因为他们只能通过投资主要雇员们的技能与经验来获得更大的收益。车间之外强有力的国家介入，成为精益生产方式最重要的制度条件。

第二，国家技能形成体系的研究从整体性的视角探讨技能形成问题的整体架构，多注重的是岗位前培训，也就是职业教育领域的技能形成，但事实上，技能形成的另一重要且不可忽视的面向则是岗位培训，也就是在车间中、班组过程中形成的技能，既有研究在这一方面的论述与实证分析尚显薄弱。

第三，对于新出现的现象并没有形成有力的解释框架。一种观点认为，技能大师工作室的建立，意味着高技能人才的劳动形式不再主要是体力劳动，而是智力劳动与体力劳动的结合，其劳动中带有更大的创新性和艺术性。[①]从计划经济体制向市场经济体制的转变以及到国有企业改制的整个过程，尽管学界针对组织变迁已经进行了深入的分析，但是对于近十年间在国企中出现的新的组织变化，却鲜有提及，一定程度上忽视了这一领域中国家、企业、工人不同行动者针对技能培训的组织形态创新而展开的新的实践与探索。

---

① 中国职工教育和职业培训协会. 技能大师工作室建设指南[M]. 北京:中国劳动社会保障出版社，2013: 6.

第三章

技能大师工作室生成的

社会环境及过程

国企技能大师工作室制度在21世纪初的中国出现并非一个偶然现象，而是有着深刻的社会背景与现实条件。从宏观视角审视技能大师工作室的建立与发展过程，我们会发现，它是在我国经济和社会发展到新阶段的情况下，面对企业高技能型劳动力供需矛盾逐步扩大的现实困境，在总结地方性组织经验的基础上，依托国家人才战略规划与政府制度性力量推动而形成的一种新型的组织模式。改革开放以来，中国国企内外部环境与组织体制都发生了一系列复杂的变动，导致无论是厂内培训还是厂外培训，其存在的条件都已然发生改变。回顾既有研究，学界多聚焦于对技能大师工作室的功能与考核评价机制等方面进行分析，却在很大程度上忽视了工作室形成的早期起源及社会过程，要想通过技能大师工作室的研究对当代企业技术传递的组织模式变迁作进一步有说服力的研究，就必须摆脱泛泛的讨论和一般性的分析而需要对其起源及形成进行历时性的动态学研究，以探究其形成与演化的轨迹。组织社会学理论普遍认为，一个组织的结构形态总是带着它所诞生的那个时代的印记。换句话说，组织的许多特点很大程度上来源于这些组织诞生时的环境条件。在这一意义上，要深度了解技能大师工作室组织模式的特征及运行机制，则必须首先探讨其生成的社会环境条件，努力思考组织来自何处，又是如何被建立起来的。本章旨在从这一研究视角出发，把对技能大师工作室的研究首先放置于丰富的、复杂的社会情境中进行考察，探寻大师工作室是如何从早期工人自发组织的"高铁技术沙龙"开始，逐步走向组织化的，以便对其进行整体性把握与关联式思考。

第一节　国企技能供需的矛盾与困境

自开放性系统理论于20世纪60年代中期开始介入组织与制度的研究范畴以来，一定程度上改变了过去的理论视角，因为与过去的研究范式相比，它着重强调应该对组织范畴以外更为宏观的外部环境进行研究，并认为这种环境对组织起着制约、渗透和革新的作用。[①]循着这样的分析思路，我们有必要对国企技能大师工作室诞生的外部社会环境展开研究。事实上，围绕着技能供求矛盾及由此引发的一系列社会变动构成了大师工作室诞生的最为直观的社会因素。

一、技能短缺痼疾之源

一直以来，世界各国的经济生产组织都经历了一个快速现代化的发展过程，而在这一过程中，技能短缺是包括发达国家在内的几乎世界上所有国家在面对快速现代化过程时都普遍存在的问题，如果缺乏具有实际操作经验的技能工人，那么制造研究所开发的先进制造技术和工业也很难投入应用。美国经济学家戈尔丁等人曾表示，当技术变革呈技能偏向时，新技术便增加了对受过教育、有技能、更先进的工人的相对需求。[②]改革开放以来，随着技术发展与产业结构优化升级的不断加快，中国技能型劳动力短缺的现象明显上升，成为制约经济发展方式转型与振兴制造业的主要因素之一。目前，我

---

① ［美］W. 理查德·斯科特，杰拉尔德·F. 戴维斯. 组织理论：理性、自然与开放系统的视角［M］. 高俊山，译. 北京：中国人民大学出版社，2011：100-122.

② ［美］克劳迪娅·戈尔丁，劳伦斯·凯兹. 教育和技术的竞赛［M］. 陈津竹，徐黎蕾，译. 北京：商务印书馆，2015：441.

国2.67亿农民工中有近80%未接受过高中以上教育，其中67.3%未参加过任何技能培训。[①]2018年3月，国新办发布会公布全国共有就业人员7.7亿，其中技术工人有1.65亿，而高技能人才仅有4700多万。这样的社会问题使得学界有必要反思这种困境背后的深层原因，笔者认为，造成当前社会高技能水平劳动力短缺现象的因素主要有以下几个方面。

第一，从就业观念与工人社会地位上来看，我国传统文化中一直存在着轻视体力劳动、重视脑力劳动的思想观念，孟子曾言，"劳心者治人，劳力者治于人"。古代在科举制度的影响下，坊间就一直流传着"万般皆下品，惟有读书高"的论断，并深刻影响着当今人们的思想观念和行为选择。在青年群体步入社会面临就业选择时，一度出现了重学历、轻技能的"唯学历论"现象。不得不承认，在这种观念的影响下，人们在选择职业时往往看重的是具有较高层次的专业技术岗位，如医生、教授等，而技术工人等职业无法受到足够的重视与认可。我们应当承认，新中国成立以后，处于社会底层的工人群体作为领导阶级虽然获得了前所未有的地位，但是1978年改革开放以后，随着单位制与身份制逐渐被市场化的原则打破，这种受政治因素巨大影响而形塑出来的社会地位很快受到剧烈的冲击，尽管部分单位保留了一定数量的职工，但大部分工人仍面临下岗失业的窘境，造成以体力为主的劳动者的社会地位逐渐下滑。应当说，改革开放以后技术工人的境地并不理想，社会认可程度与专业技术人员相比仍处于较低的状态。

第二，以学校培训和企业在岗培训为主体的针对高技能劳动力的培养机制尚不完善，难以满足技术的快速发展。美国学者戈尔丁曾指出，20世纪下半叶以来，"技术逐渐反超教育，两极分化的加剧更应该归咎于教育进步的放缓"[②]。学界普遍认为，技能的形成主要有两条路径：其一是教育，其二

---

① 中国职协课题组. 传承工匠精神, 适应时代要求, 培养技能人才——技能大师工作室发展现状研究（一）[J]. 中国培训, 2017（13）：19-21.

② [美]克劳迪娅·戈尔丁, 劳伦斯·凯兹. 教育和技术的竞赛[M]. 陈津竹, 徐黎蕾, 译. 北京: 商务印书馆, 2015: 序言9.

是工作。[①]就学校培训来说，相关研究表明，自2010年以后，我国中等职业教育整体上进入调整与滑坡阶段，无论是职业高中、成人中专还是技工学校的数量都呈现出不同程度的下降态势。以2008至2016年间为例，中等职业教育学校的数量下降了约26.6%；从2008年开始，职业高中的数量急剧下降，2016年较2003年下降了约36%；成人中等专业学校的数量也从2003年开始持续下降，2016年与2003年相比下降约56%。此外，中等职业教育专任教师数量从2016年到2018年下降了约5.6%。[②]教育资源增长的局限性无疑给学习者技能的培养与发展带来了最为直接的影响与制约。而谈及企业在岗培训，目前也存在着力量比较薄弱的情况：一方面，企业对于是否必须在其内部进行培训并没有太大的外部压力，部分因为我国法律并没有给企业在培训劳动力方面提出明确的要求，而只是规定了在培训上的花费应占到员工工资总额的1.5%～2.5%[③]；而另一方面，对于高技能人才的培养，特别是针对那些高技能领军人才身上的绝技和绝活的培养，通常必须"精雕细刻"，单靠一般性、常规性的培养很难取得良好的效果，可是"挖人外部性"极易造成劳动者的跳槽，使得企业在付出高额成本后又面临技术技能积累与传承的风险和困境，"教会徒弟，饿死师傅"的困局在企业中普遍存在。因此，企业内部缺乏创制有关技能形成与传递制度的足够动力，成为制约中国高技能劳动者群体扩大与发展的另一难题。

第三，技能工人的工资和相关福利待遇较低，且技能证书制度安排缺位。一般而言，经济回报是劳动者是否选择某一项工作时所需要重点考量的因素之一。改革开放以来，经济结构与社会结构发生巨大变迁，导致以体力劳动为主的劳动力的收入相对较低，且尚未给那些具有高技能水平的工人以

① 和震. 技能形成与国家发展的两种路径[C]//2014年第一届北京教育论坛论文集. 北京：[出版者不详]，2014.

② 和震，张格然. 数据视角下我国改革开放40年来中等职业学校教育的发展[J]. 中国职业技术教育，2018（22）：14–21，43.

③ 和震. 技能形成与国家发展的两种路径[C]//2014年第一届北京教育论坛论文集. 北京：[出版者不详]，2014.

足够的职业地位和相关待遇的认可，使得工人即使完成了高水平的技术劳动，也基本上没有获得支撑自己技术与技能的经济结果，无法满足生活所需。[①]因此，当那些为中国工业建设付出极大贡献的工人没有得到自己应有的经济待遇时，便直接影响着很多青年劳动者不愿意进入相关行业。而即使进入相关行业的从业者，由于当今社会技能证书制度安排的不完善，导致其"有技术无地位"的现象频频发生。社会分层理论认为，长期以来专业证书制度的不完善，使得那些具有高级技术水平的工人由于缺乏应有的职业认可，阻碍了其上升的可能性。[②]毫无疑问，技能短缺现象是受社会、经济、文化等不同因素共同作用与综合影响的结果。

二、国企内外部技能形成方式的非均衡性变化

在西方有关现代制造业工人技能形成路径的理论分析中，研究者通常按照技能风险承担主体的不同将其主要划分为两大类：技能外部培训和技能内部培训。所谓"技能外部培训"主要是指技能生产的外部替代，其实现的基本路径是围绕着自由劳动力市场机制而展开的，在这一路径下，技能形成的主体是职业技校。而所谓"技能内部培训"，则属于技能的自我生产，其主要方式是工人通过在职或在岗的学习和培训完成的，技能形成的主体是企业，具体方式包括岗位实训、厂办技校以及定向委培等。[③]改革开放以来，伴随着中国社会转型与单位制的不断消解等客观因素的变化，国企工厂内外部技能培训方式面临着明显的非均衡性变化，主要表现为以传统师徒制为主体的厂内培训制度逐步边缘化，与此同时，厂外职业院校、培训机构等组织

---

① 李强. 为什么农民工"有技术无地位"——技术工人转向中间阶层社会结构的战略探索[J]. 江苏社会科学, 2010(6)：8-18.

② 李强. 为什么农民工"有技术无地位"——技术工人转向中间阶层社会结构的战略探索[J]. 江苏社会科学, 2010(6)：8-18.

③ 王星. 劳动安全与技能养成——一种政治经济学的分析[J]. 江苏社会科学, 2009(5)：107-113.

不断兴起，工厂内外部两种力量之间的"强弱转换"共同影响与形塑着国企工人技能形成的发展方式和走向。

（一）劳动用工政策调整及国企市场化改革对传统师徒制的弱化

计划经济时期，对于传统师徒制而言，在经历了社会主义改造之后，淡化了其本身的逐利属性，进一步强化了师徒之间技能传递的教育关系，并在单位体制的笼罩下在各个国营厂矿企业中得到了较好的运行。反思这一制度之所以能够在一定时期内成为一种有效的技能传递方式，其实与单位体制内劳动人事制度、福利分配制度等一系列与之相匹配的制度安排密不可分，具体而言：一方面，国家通过社会主义改造打破了原来嵌入于私营工厂中带有劳资关系的师徒制度，使得技术工人和普通工人之间从以前的不平等的关系被改造成平级关系，此外，国家通过将工人身份国家化的改革使所有工人群体在政治上被一同确立为社会主义的建设者和主人翁，使得师徒之间形成了工友、兄弟式的同事关系；另一方面，单位体制下"铁饭碗"式的终身雇佣制度使得国家承担着对几乎所有工人工作保障的义务，"包下来"的政策导致工人与工人之间、工人与单位组织之间贯彻的并非市场化的契约逻辑，而是一种具有理想主义色彩的"公私一体化"的关系。[1]集体合作主义取代了工人之间的竞争，而预算软约束及父爱主义[2]在客观上也为以师徒制为主要厂内培训方式的顺利运行铺垫了良好的制度环境基础，这种体制环境使传统师徒制在计划经济时期为新中国工业化战略的实施提供了大量的劳动力支撑。

但是随着时间的推移，单位体制原有的基本缺陷逐渐显露——不仅无法避免宏观决策上的失误，也不能促使微观层次上的高效率。[3]"单位办社

---

① 王星. 技能形成的社会建构——中国工厂师徒制变迁历程的社会学分析[M]. 北京：社会科学文献出版社，2014：296-297.

② ［匈］雅诺什·科尔奈. 社会主义体制——共产主义政治经济学[M]. 张安，译. 北京：中央编译出版社，2006：52-53.

③ 路风. 单位：一种特殊的社会组织形式[J]. 中国社会科学，1989（1）：71-88.

会"的运行模式被认为是其中的重要原因之一。由于单位组织承担了过多的社会职能，不仅职工的生老病死等一系列事项均由单位统一负责，而且单位往往需要对新招募的工人进行几乎从零开始的技能训练，这不可避免地加重了企业的负担。改革开放以后，随着国企组织社会功能的逐步剥离，导致工人群体曾经享受的终身就业制度和"从摇篮到坟墓"的福利保障制度面临困境，工人被暴露在市场竞争的环境之中，从而致使盛行于计划经济时期的传统师徒制在此背景下逐步失去了其发挥技能形成与传递作用的强大制度基础，主要表现在以下几个方面。

第一，就劳动用工制度变化而言，自20世纪80年代开始，国家开始逐步实行"先招生，后招工""先培训，后就业"的用工模式，直接导致在新入厂的工人中有相当大比例的人是从学校毕业后进入的，这一群体已经具备了一定的生产与操作技能，因而一定程度上削减了学徒工群体的基数。1980年8月，中共中央转发了全国劳动就业会议上《关于进一步做好城镇劳动就业工作的意见》的文件，该文件除了强调必须逐步把一部分普通中学改为职业学校以外，还规定企业单位增人，应以经过职业训练的毕业生为重点。[①]随后，1981年10月，中共中央、国务院颁布《关于广开门路，搞活经济，解决城镇就业问题的若干决定》，并在该文件中明确指出："要普遍开展对城镇待业青年就业前的培训，逐步做到使一切需要进行培训的人员，先经过培训以后再就业。培训内容要适应经济发展和社会生活的需要，既须包括技术业务，也要包括政治思想。"[②]劳动用工制度的改革使得以往招收学徒工的形式开始逐渐退出了历史舞台。1983年，劳动部召开全国培训工作会议，提出要从实际出发，全面系统地改革培训制度，并具体指出"学徒制度要进行改革。今后企业补充新工人，要逐步将就业后培训改为就业前培训，变招工为

---

① 李学昌. 中华人民共和国事典1949—1999［M］. 上海: 上海人民出版社, 1999: 561.

② 中共中央文献研究室. 改革开放三十年重要文献选编（上册）［M］. 北京: 中央文献出版社, 2008: 227.

招生。"①这些政策与文件的不断出台表明，过去以招收学徒工为主要用工模式的做法不再流行，企业招收职业高中、技工学校等院校毕业生逐渐成为用工的主要模式。进一步地，1992年劳动部下发了《贯彻〈国务院关于大力发展职业技术教育的决定〉的通知》，规定应借鉴德国双轨制改革我国师徒制，并提出除少数传统工艺和特殊工种继续实行学徒培训以外，其他工种应将招学徒工逐步改为招学徒培训生。②

在笔者田野调查的过程中，当被访者被问及进厂方式时，大部分于20世纪90年代以后入厂的被访者均表示自己是技校毕业生，少数工人则是从部队转业复员以后进入到企业的。上述发展历程表明，国家逐步确立起了"先招生，后招工"以及"先培训，后就业"的劳动用工制度，以此替代了旧有的模式，使得企业学徒工人数锐减，以K厂1991年—1995年学徒工人数变化为例，可以明显看出这种变化，具体数字如表3-1所示。从表格中，我们可以看出以下两种明显的变化：第一，从1991年至1995年，K厂所招收学徒工的数量大幅下降，从1991年的237人锐减至1995年的31人，其中1993年达到最低值17人；第二，从比例上来看，学徒工占生产工人的比例从1991年的3.34%缩减到1995年的0.44%，其中最低比例出现在1993年，学徒工人数仅占生产工人总数的0.24%。学徒工所占工人的比例不断减少反映的是劳动用工制度改革削弱了传统师徒制得以存续的源头，成为师徒制边缘化的重要因素之一。

① 杨光. 中华人民共和国劳动和社会保障法律法规实用指南[M]. 北京：经济管理出版社，2002：148.
② 杨光. 中华人民共和国劳动和社会保障法律法规实用指南[M]. 北京：经济管理出版社，2002：148.

表3-1　K厂职工人数、分类及变化（1991—1995年）

年份	年末职工人数	生产工人	学徒工	学徒工占生产工人的比例（%）
1991	11413	7093	237	3.34
1992	11425	7182	58	0.81
1993	11370	7034	17	0.24
1994	11370	7045	23	0.33
1995	11311	7010	31	0.44

注：此表格经笔者整理而成。

第二，除了劳动用工制度消解着师徒制存续的制度基础以外，改革开放以来国企不断进行的市场化改革实践，导致劳动政治与劳动不安全（labor insecurity）的出现，也成为师徒制厂内培训方式走向消解的重要诱因。随着国企市场化改革的不断深入，计划经济时期国企内普遍遵循的"非市场性治理机制"逐渐被企业需要"自主经营，自负盈亏"的利润逻辑所取代，致使因逐利导致的竞争性逻辑在工人中不断盛行，使工人被推向市场，成为自由劳动力，也致使工人以往的"劳动安全"状态被"劳动不安全"的状态所代替。[1]而与此同时，国家对工人在劳动分配、人事雇佣等方面的保障也发生松动，自然使得师徒之间技能传承出现了严重的危机，"师傅不愿意教徒弟"成为这一时期的明显现象。值得一提的是，虽然以往师徒之间也存在着矛盾冲突的情况，但其冲突的缘由通常是徒弟的非生产性个人行为和生活习惯与师傅的行为方式之间不甚相同而造成的摩擦，有学者认为这并不能算是根本性的利益对立。[2]在市场经济背景下，企业作为一个相对独立的管理主体，虽然对师徒间发生的劳动政治采取了相应治理措施，如量化师徒传递的

---

① 王星.技能形成的社会建构——中国工厂师徒制变迁历程的社会学分析［M］.北京：社会科学文献出版社，2014：321.

② 王星.技能形成的社会建构——中国工厂师徒制变迁历程的社会学分析［M］.北京：社会科学文献出版社，2014：324.

内容并给予工人师傅一定的带徒津贴，但是这种最大化厂方利益的方式并不能有效化解由于复杂制度性变迁而导致的师徒间技能传承危机，师傅在劳动中的不安全状态无法得到有效解决，也就无法保证师徒制继续作为一种有效的技能传承机制而存在。

第三，从宏观层面上看，科学技术的日益更新、生产过程中机械化和自动化的水平不断提高以及劳动分工的日益精细化，造成师徒制本身存在的天然局限性日益暴露，应当承认，师徒制式的技能传递的覆盖率较低，且通常师傅的技能较为单一和老化，是导致师徒制面临衰落的另一诱因。除师徒制以外，作为厂内培训的另一种形式——厂办技校——也在国有企业围绕着如何为减轻沉重的"历史包袱"的背景下，纷纷面临转型或停办。

通过上述分析我们可以发现，以师徒制为主要方式的厂内技能传递在改革开放的浪潮中面临逐步边缘化的态势，传统师徒制以期解决高技能人才断层问题的效果并不理想，传统师徒制的式微一方面代表着旧有技能传递方式的局限，另一方面也造成厂内技能培训存在严重的缺位。

（二）厂外技能培训方式的兴起与发展

西方技能形成理论普遍认为，自由市场经济体制下的劳动政治使得劳工与资本双方在劳动过程中都竭力寻求各种战略以减少对彼此的依赖，外部技能选择方式在雇主与技术工人的合力推动下水到渠成。[①]职业教育作为厂外培训的一种重要方式在改革开放后得到了较大发展，不仅中等职业学校、技工院校普遍恢复建立，与此同时由普通中学改办而成的职业高中也相继成立，为国企培养了较多的技术工人。相关资料显示，中国的技工学校是在1949年以后建立和发展起来的，1957年全国仅有技工学校144所，在校学生6万多人，到了1961年全国技工学校达到2021所，在校学生54万人，60年代国民经济调整期，技工学校也进行了调整。自1978年党的十一届三中全会以

① 王星. 技能形成的社会建构——中国工厂师徒制变迁历程的社会学分析[M]. 北京：社会科学文献出版社, 2014: 52.

来，进一步加强了中等专业教育和技工教育，1979年全国技工学校的数量达到了2900多所，在校学生达64万人[①]，并在一定程度上得以延续。在此基础上，1981年10月，中共中央、国务院颁布《关于广开门路，搞活经济，解决城镇就业问题的若干决定》，明确提出："要调动各方面办学的积极性，继续办好技工学校；教育部门要有计划地改一部分普通中学为职业学校，或者在普通高中内增设职业培训班、职业选科。"[②]通常来讲，这些学校主要招收具有初中毕业和高中毕业文化程度，并具有一定劳动能力的青年，学生毕业后，原则上由学校主管部门和单位负责分配，必要时由劳动部门和上级主管部门做调剂分配入厂。[③]此外，国家在政策上也提出允许"社会力量办学"，例如在教育部、国家劳动总局颁布的《关于中等教育结构改革的报告》中曾强调，"集体和个人也可以办"。[④]与此同时，政府也大力提倡劳动服务公司可以举办各种职业技术训练班，并且鼓励在有条件的地方建立就业训练中心，城市街道也可以组织有技能的退休职工担任教师开办训练班，有技术专长的个体劳动者也可以带徒，同时进一步对各种形式的厂外培训方式进行灵活规范，学制可长可短，规模可大可小。[⑤]1980年以来，中国各级政府主管部门和高等院校联合举办了多种为培训某些专门人员而设立的培训中心，有些教育部门也办起了职业教育中心，负责培训当地企业的在职职工和社会的待业青年。一些地方成立劳动服务公司，也开办了技术培训中心，为青年的技能形成与就业提供了条件。[⑥]

从一般意义上讲，厂外技能培训方式的勃兴确实能够带来技能发展，

---

① 祝慈寿. 中国工业劳动史 [M]. 上海：上海财经大学出版社, 1999: 537.

② 中共中央文献研究室. 改革开放三十年重要文献选编（上册）[M]. 北京：中央文献出版社, 2008: 227.

③ 祝慈寿. 中国工业劳动史 [M]. 上海：上海财经大学出版社, 1999: 537.

④ 中国教育年鉴编辑部. 中国教育年鉴（1949—1981）[M]. 北京：中国大百科全书出版社, 1984: 173.

⑤ 中共中央文献研究室. 改革开放三十年重要文献选编（上册）[M]. 北京：中央文献出版社, 2008: 227–228.

⑥ 祝慈寿. 中国工业劳动史 [M]. 上海：上海财经大学出版社, 1999: 533.

但厂内培训的逐渐边缘化，使工人即使进入工厂也难以适应工作岗位上的要求，厂外培训通常只能提供给劳动者一般化技能，而与工厂中所需要的某些特殊化技能之间存在着断裂。工厂内外部培训的非均衡性变化的最终结果导致技能形成体系仍然无法为当今社会对高技能工人的大量需求提供足够的保证。据清华大学等机构于2007至2009年进行的一项有关城市农民工技术与地位的调查显示，在工人各类职业技能获得渠道与所占比例中，前三种非正规式培训（本人自学、拜师学艺以及亲戚、朋友或老乡传授）均占有着较高的比例，且其总和占到了总比例的69%，但是，企业组织的技能培训仅占工人技能获得比例的11.7%，这意味着即使工人获得了企业的培训，其比例也很低。[①]具体情况如表3-2所示。

表3-2 农民工技能获得渠道与所占比例（2007—2009年）[②]

序号	技能获得方式	人数	百分比
1	本人自学	307	29.9%
2	拜师学艺	252	24.6%
3	亲戚、朋友或老乡传授	149	14.5%
4	所在单位或企业组织的技能培训	120	11.7%
5	在学校（中专、技校等）习得	92	9.0%
6	参与政府部门组织的培训	52	5.1%
7	参与社会开办的技能培训学校	37	3.6%
8	其他	17	1.6%
合计	——	1026	100%

　　笔者认为，在从单位体制走向市场体制的过程中，国企劳动用工制度的调整和国企市场化改革虽然在一定程度上缓解了国企的压力，释放了市场等

---

① 李强. 为什么农民工"有技术无地位"——技术工人转向中间阶层社会结构的战略探索[J]. 江苏社会科学, 2010（6）: 8-18.

② 参见李强. 为什么农民工"有技术无地位"——技术工人转向中间阶层社会结构的战略探索[J]. 江苏社会科学, 2010（6）: 8-18.

主体性的力量，培养出了一批技能工人，但是厂内技能培训与厂外技能培训非均衡性的变化存在明显的缺点：第一，学校知识与工厂操作之间"技能断层"的现象加重，即在学校所学的知识在生产实践当中并不能完全适用；第二，对于企业而言，仍需支付大量的培训成本来训练新入厂的工人们，无形中减缓了企业提高生产效率与经济效益的步伐，这样的现实背景呼唤对技术工人技能传递模式的突破与创新，尤其是一种新的企业内部技能培训与技能治理的有效方式。

毫无疑问，高技能工人及现有培训制度的双重短缺是摆在国企和社会面前的重要问题，也成为人们不断探索如何治理这一现象的主要社会性因素，而创制新的有效制度来解决这一问题则成为人们普遍关注的关键一环。马克·萨奇曼就一种新制度安排得以产生的各种条件进行了一般性的讨论，他认为促进新制度创造的主要动力机制在于：当一个问题反复发生，对问题进行识别和定名，而以前存在的制度又对这个问题没有提供满意的应对措施，那么行动者则试图理解和诊断这个问题，进而提出各种具体的解决方案。[①]可以看到，在面对高技能工人及现有培训制度日益短缺的现象时，在对其进行认知性理解的过程当中，某种程度激发了不同行动主体对提供具体解决方案和应对措施的社会行动，也成为技能大师工作室制度得以诞生的重要社会基础。

第二节　国企技能大师工作室生成的地方探索与国家介入

对于国企技能大师工作室的研究离不开对这种组织现象得以生成、确立以及制度化过程的追溯。有学者认为，制度化既是一种历时性的过程，同时

[①]　[美]W. 理查德·斯科特. 制度与组织——思想观念与物质利益[M]. 姚伟，王黎芳，译. 北京：中国人民大学出版社，2010：113.

又是已经获得的某种确定状态或属性的一套社会安排。①笔者在本节中试图从制度化的第一种意涵出发，即以历时性的视角探讨技能大师工作室得以确立及制度化的过程。技能大师工作室作为企业内部技能传递方式的重要创新性探索，推动其生成的主体主要来自三个方面：第一，来自企业在面对市场经济背景下的生产过程时而产生的内源性动力，市场性竞争压力使得企业对工人技能的需求，尤其是对特殊岗位的高技能的需求不断增大；第二，是国家在宏观层次上对发挥工人主体性的强调，特别是对于发挥高技术水平劳动者人力资本的重视，推动和促进了该制度的生成与定型；第三，充分条件则在于技术工人在日常生产过程中对技能与攻关创新常年不断的累积、习得与完善，使得自身的技能积累达到了较高的程度，可以说，"技能大师"是技能大师工作室生成的第一要素。因此，应当承认，技能大师工作室的制度化是国家、企业和工人等不同行动者共同作用与构建的过程。

一、"类工作室制度"的地方性探索

技能大师工作室是近十年来由政府主导，在中国诸多行业企业，尤其是国有企业中逐步出现的一种特殊的技能传递组织形态，它是在一定地方性探索经验的基础上，总结提炼而形成的。因此，在围绕技能大师工作室的生成展开研究时，我们无法避开不同地域与不同企业早期对类似制度的地方性与实践性探索。

（一）不同地区的实践经验

在面对技能及其传递方式双重短缺的现实背景下，不同行动者从各自的视角出发探寻着能够解决这一困境的有效路径，而发挥和挖掘现有高技术水平工人的人力资本，特别是高技能领军者群体的技能资源，成为其中最为直

---

① ［美］W. 理查德·斯科特. 制度与组织——思想观念与物质利益［M］. 姚伟，王黎芳，译. 北京：中国人民大学出版社，2010：129.

接和有效的途径。在利用现有工人高技能资源并发挥其在技能传递过程中的主体性的思路下，一些地方政府开始思考如何构建一个良好的平台以发挥其作用。相关资料显示，苏州市是我国最早建立技能大师工作室（当时称"技能名师工作室"）的城市，苏州市劳动和社会保障局是创建并推广技能大师工作室建设的首家官方机构。2002年，苏州市劳动和社会保障局为了挖掘、传承和保护苏州地区的传统工艺技术，而在传统手工业领域中首先尝试建立了一批有关传统技艺的技能大师（名师）工作室，试图通过工作室这一组织形式引导与鼓励传统技能大师带徒弟、传技艺。此后，苏州市陆续将这一模式向现代制造业和现代服务业延伸，由此建立了若干涉及现代技术类和现代服务类的技能大师（名师）工作室[1]，并先后在刺绣、模具、数控等行业中进行了探索。在这一摸索过程中主要建立了以下两类工作室：第一类是以领办人个人的名字命名的大师工作室，这一类型的工作室主要是对传统工艺进行传授和创作，约占工作室总数的42%；第二类是以专业技术命名的大师工作室，其主要功能是开展专业技术交流、会诊、攻关和创新。[2]为了规范工作室的建设，2010年3月，苏州政府还出台了《技能大师、名师带徒传艺奖励（试行）办法》，提出对每年完成带徒传艺年度目标且取得相应成绩的技能大师进行奖励，并对带徒人数进行了具体限制，规定每位技能大师（名师）在同一时期带徒人数一般不可超过4人，每个技能名师工作室组织的名师带徒，其合计带徒人数一般不超过12人。此外，进一步提出所带徒弟连续两年考核均不合格者，将取消该大师（名师）的奖励资格，同一位技能大师（名师）所带的两名以上徒弟若连续两年考核均不合格，则取消该技能大师（名师）的带徒资格。[3]

---

[1] 中国职工教育和职业培训协会. 技能大师工作室建设指南[M]. 北京: 中国劳动社会保障出版社, 2013: 9.

[2] 技能大师工作室制度建设课题组. 政府主导扶持下的技能大师工作室制度建设[J]. 中国培训, 2012 (2): 6-8.

[3] 苏州市技能大师、名师带徒传艺奖励（试行）办法（2010-03-17）. http://jsrlzyshbz.jiangsu.gov.cn/art/2010/3/17/art_44610_5607694.html.

　　与此同时，河南省也出台了针对技能大师工作室建设的相关政策，包括建立省级、市级技能大师工作室，并规定省级技能大师工作室的领办人需由获得"中华技能大奖""全国技术能手"和享受国务院政府特殊津贴的优秀高技能人才担任，省辖市级技能大师工作室需由获得市级以上技术能手称号，且规定应由具备技师以上职业资格的在职职工申办，同时还提出省人社厅对具有研修成果和效益的省级技能大师工作室给予相应补贴。[①]此外，上海市推出"首席技师工作室"，北京等其他地区也有类似的经验。各不同地区在各级政府的主导下相继进行了对工作室模式建设的探索，使得工作室作为一种新生事物有了许多不同的称谓，由此形成了诸多"类工作室"化的技能传递经验，但其基本目标、组织模式与制度建设思路具有高度一致性，主要强调师徒之间的技能传递关系以及工作室作为技能共同体进行技能攻关的功能，同时，这也为技能大师工作室作为一种全国性政策的出台奠定了重要的实践基础。

　　关注制度如何得以客观化的学者们认为，组织中的行动者在各自应对基于技术或市场的情境时，他们容易创造并推广新的思维、新的解决方案和实践，而当某些创新被认为是可靠的，则逐渐获得他人的注意。[②]这强调共同认知性要素对于制度建构的重要作用。也就是说，不同行动者在社会互动过程中的相互认知与达成的共识，是制度得以传播、扩散和模仿的重要基础。而关注技能大师工作室制度化的过程时，我们会发现，事实上，正是各地区政府都在面临相同的技能困境问题，并能够在吸收其他地区工作室经验的基础上，达成一种互认与共识，从而在此基础上形成自己在这一方向上的独特探索，并由此扩大了工作室制度得以在不同地区传播与借鉴的可能。

---

① 技能大师工作室制度建设课题组. 政府主导扶持下的技能大师工作室制度建设 [J]. 中国培训, 2012（2）: 6-8.

② ［美］W. 理查德·斯科特. 制度与组织——思想观念与物质利益 [M]. 姚伟, 王黎芳, 译. 北京: 中国人民大学出版社, 2010: 34.

（二）不同企业的经验摸索

制度客观化的过程包括组织决策者们对某种结构的价值达成一定程度的共识，并在这种共识的基础上日益采纳这种结构。在各地区对工作室的相关经验进行摸索的同时，还有一批企业也对这种组织结构与模式进行相关经验探索。与不同地区和各级政府较为宏观式的探索方式不同，企业往往在遵循政府相关政策的基础之上，根据自身的需求及所拥有的技能人才和资源制定相应的制度，是更为微观和细致的。相关资料显示，以中国石油集团、中国石化集团、中国一汽集团、中国航天科技集团、上海电气集团、胜利油田公司等为代表的企业先后进行了类似探索，成立了具有各自特色的"类工作室"形式，如"劳模工作室""创新工作站"等。胜利油田公司工人王天正，召集23名技能工人成立"天正工作室"，该工作室担负公司和大队修井技术攻关、工具革新和对基层技能工人的技术传递工作。此外，东北炼化工程公司成立"技能专家工作室"，包括"赵林源密封工作室""徐龙杰焊接工作室""何天伦电调工作室"和"刘国福大机组（钳工）工作室"等。[①]中国一汽设立"劳模创新工作室"以及"专家培训工作室"等，并规定劳模、专家建立工作室必须符合"六有"标准，即有活动场所、设备设施、核心团队、管理制度、工作计划、突出成果，且制定了相应的管理办法，每年对各工作室进行综合考核，对成果显著的工作室给予表彰奖励，核心成员优先推荐评聘晋级，反之予以通报，甚至摘牌。[②]

一些研究者已经有所发现，改革开放以来，随着国家对企业自主经营权的不断放宽，不再直接介入对企业经营的干预，因此企业有了更多可以灵活探索不同治理方式与发展形式的制度空间。笔者认为，正是由于企业自主性的不断增强，在面临技能劳动者，尤其是高技能劳动者短缺的情况下，使其

---

① 技能大师工作室制度建设课题组. 政府主导扶持下的技能大师工作室制度建设[J]. 中国培训, 2012 (2): 6-8.

② 彭冰, 柳姗姗. 一汽集团构建金字塔型工作室集群[N]. 工人日报, 2017-01-10 (2).

有能力从内部主动探索如何有效开发劳动者技能使之为企业所用的路径，也恰恰是不同企业的诸多地方性与本土性的探索为技能大师工作室这一模式最终破茧而出奠定了实践的基础。这些工作室以传艺带徒和技术攻关为主要任务，成为各个工厂对技能人才进行培训与培养的一种"孵化器"。

当然，毫无疑问，无论是地方政府成立还是企业成立工作室，这一切的前提是社会、企业拥有一批具备高技术水平的工人群体来作为技能的传授者，否则，再有效的形式也无法达成高效的技能传承。

二、国家介入：技能大师工作室的生成及制度性推广

（一）国家对发挥工人主体性的推动及相关政策的出台

众所周知，国家对技术工人的重视以及对技能形成与传递的介入和影响由来已久。从历史制度主义的视角审视，我们会发现，计划经济时期，国家赋予了工人群体极高的政治身份与社会地位，并通过社会主义改造将原来师徒之间不平等的关系改造成师徒同为社会主义主人翁的平等的同事关系，从制度层面上开拓了技能发展与传承的空间。[①]改革开放以来，虽然工人劳动者由于市场化改革等因素社会地位一度下滑，但是国家始终注重工人的主体性地位，并对劳动者技能的形成与发展积极介入，起到了主导的作用。具体而言，21世纪以来，在国家出台了人才强国战略的背景下，2003年召开了新中国成立以来第一次全国人才工作会议，在该会议上党和国家将高技能人才作为人才的重要组成部分，将其正式列入国家人才整体工作规划之中。随后，在2010年召开的第二次全国人才工作会议上，党和政府又进一步强调了对技能人才队伍的建设，特别是高技能人才队伍建设的重要意义。同年，中共中央、国务院印发了《国家中长期人才发展规划纲要（2010—2020）》，文件指出将以高层次人才、高技能人才为重点，统筹推进各类人才队伍建

---

① 王星. 技能形成的社会建构——中国工厂师徒制变迁历程的社会学分析[M]. 北京：社会科学文献出版社，2014：296.

设，并将高技能人才队伍建设列入国家六大人才队伍建设、十二大人才工程之中。一系列战略与制度政策的出台不仅表明国家在意识形态上对工人群体，尤其是拥有高技能水平的技能工人的重视，同时也为其发挥自身主体性及重要作用进行了渲染与铺垫。在此基础上，2017年4月，在中共中央、国务院出台的《关于新时期产业工人队伍建设改革方案》中，第一次提出了"构建产业工人技能形成体系"的表述，这是中央文件第一次使用"技能形成体系"这一概念，其目的在于从国家层面上改革与引领提升产业工人技能素质的体制环境。此外，2018年3月，中共中央办公厅、国务院办公厅印发了《关于提高技术工人待遇的意见》，其中再次提及要努力构建技术工人技能形成与提升体系，支持其待遇的提高。中央层面对构建技能形成体系的重视，为提高高技能型劳动者的劳动报酬和政治地位提供了基本的社会基础与重要的制度规划。在采访中，在谈及国家对工人主体性的发挥及对技能人才的重视问题时，C市人社局某政府官员告知：

　　现在政府对产业工人，尤其是高技能人才越来越重视，一方面是重视培养他们，同时也重视发挥他们的作用。你像包括工人技能的评定、职称的评定，都已经打破了学历的这种限制，不是说你是工人，你就不能参与，因为现在国家人才政策已经打通了，比如我就是个技术工人，那么我就可以从技能上得到很好的待遇，而这个待遇不仅是经济方面了，还有政治上的，荣誉上的，都有。包括考公务员，原来技工院校的孩子是不允许你考公务员的，所以现在出的新政策就是技工院校的孩子你可以考公务员，现在不是你学历多高你就是人才，已经打破了这种限制了。①

　　问：那么在发挥他们的作用方面有什么具体例子？
　　答：有一个孩子，他就是技工学校毕业的，但他是一个很厉害的竞赛型

---

① 2019年9月对C市人社局某官员的访谈，编号RS20190924-01。

选手，评上过全国技术能手，那么我们也从南方把他引进过来，把他当成人才来对待，让他发挥出作用，包括让他参加比赛也好，还是让他传授技术也好，很重视这样的人，要引导与鼓励他们发挥作用。[①]

　　一系列宏观政策的出台，为技能大师工作室的诞生创造了有利的社会制度环境，可以说，在技能大师工作室建立的过程中政府起到了主导与推动的重要作用。在落实《高技能人才队伍建设中长期规划（2010—2020年）》的过程中，中组部、人社部明确提出"以建设技能大师工作室为重点，充分发挥高技能人才作用"，并在借鉴上述地方性经验的基础上，2010年国家人力资源和社会保障部将技能大师工作室制度建设作为年度十大政策课题之一进行立项，并责成课题组开展研究，将其拟作为一种人才制度建设在全国推广，并同时开始设置技能大师工作室建设试点。同年，人力资源和社会保障部、财政部正式下发文件启动"国家高技能人才培养工程"，提出到2020年底，国家重点支持1000个左右技能大师工作室的建设，基本形成覆盖重点行业、特色行业的技能传承与推广网络。2012年3月，国家出台《关于实施2012年国家级技能大师工作室建设项目的通知》，对建设条件和管理制度等方面进行了规定。为规范工作室建设，2013年5月，人力资源和社会保障部办公厅印发了《国家技能大师工作室建设项目实施管理办法（试行）的通知》，对申报条件、审批流程、管理制度等方面进行了进一步详细的规定。目前，根据《人力资源社会保障部对十三届全国人大二次会议第3322号建议的答复》，我们看到，截至2019年9月，全国已经建成862家国家级技能大师工作室。[②]应当承认，国家力量的推动对促进技能大师工作室作为一种制度性建设起到了关键性的作用。

---

① 2019年9月对C市人社局某官员的访谈，编号RS20190924-01。

② 人力资源社会保障部对十三届全国人大二次会议第3322号建议的答复（2019-09-06）. http://www.mohrss.gov.cn/gkml/zhgl/jytabl/jydf/201912/t20191203_344926.html.

（二）政府在技能大师工作室运行过程中扮演的角色

国家在产业升级和技能形成体系中究竟扮演着什么样的角色，一直是学界密切关注的话题。一个普遍的共识是，由于不同国家在国情、社会背景等方面的差异，导致不同国家的产业发展与技能形成路径也各不相同。但一个值得注意的问题是，在我国，国家与政府作为制度的设计者，特别是涉及技能形成与技能人才培养、绝技传承这样市场机制作用不甚明显的领域，政府更起到了主导作用，而国家的介入不仅表现在宏观政策的制定上，也表现在各级政府对某项制度的具体运作与管理上。以技能大师工作室制度为例，国家不仅在宏观上出台有关该项制度的建设规范与要求，同时也在具体运作过程中在管理与规范层面进行干预，具体而言，政府在对于技能大师工作室的启动、引导、规范和促进等方面进行了全面的渗透，形成了一套以"启动—评估—奖惩"为主链条的管理流程与评价制度。[1]政府作为技能大师工作室的主要管理机构，其具体职能如下所述。

第一，在启动促进制度方面，政府部门通过设立管理机构来负责统筹管理技能大师工作室，这类政府机构的职能主要是负责指定区域范围内的有关技能大师工作室的设立审批、日常指导服务和成果推广等工作。例如，审核申报设立材料，统一挂牌和刻制印章，统一大师工作室成员工作证，吸纳新成员登记核准，档案管理，交流信息与开展活动，审核成果奖励申报材料，评估准备与反馈，审核工作室退出材料等。据笔者了解，为精简人员机构，目前一般的做法是将技能大师工作室管理办公室挂靠在市级人社局的职业能力建设处、教研室或技师协会，如图3-1所示。[2]根据笔者的调研，J省目前由人社局职业能力建设处来统一负责管理C市技能大师工作室相关事宜。

---

[1] 中国职工教育和职业培训协会. 技能大师工作室建设指南[M]. 北京:中国劳动社会保障出版社, 2013: 31.

[2] 中国职工教育和职业培训协会. 技能大师工作室建设指南[M]. 北京:中国劳动社会保障出版社, 2013: 32.

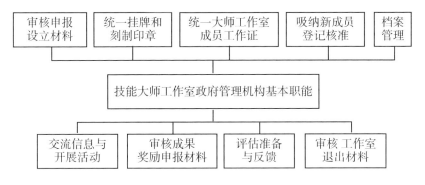

图3-1 技能大师工作室政府管理机构基本职能

此外，由于技能大师工作室在启动建立时需要投入大量的资金，政府往往会拨付特定数额的引导性资金，以此通过示范和引领作用使企业从政府的行为中看到社会发展的方向，促进和鼓励企业投入。一般而言，政府对国家级技能大师工作室进行一次性10万元的补贴。据资料显示，重庆市规定，在国家对国家级技能大师工作室补助10万元的基础上，市级财政再配套补助15万元，所在企业按不少于15万元进行配套。[①]上海市要求对市级技能大师的资助标准是市级政府补助10万元，工作室所在单位按不少于10万元进行配套。J省对每个国家级技能大师工作室给予一次性20万元的资金支持。笔在谈谈中得知：

问：咱们省的政府给大师工作室一次投多少钱？

答：咱们省规定，每个国家级的技能大师工作室，一次性给20万资金支持，像咱们2019年一共评出了5个国家级的（技能大师工作室），除了K厂，还包括汽车厂、工业技师学院那头、化纤厂、石化厂。

问：这笔钱的用途有哪些？

答：主要让他们买设备。而且对于技能大师工作室每年的申报咱们省要

---

① 中国职工教育和职业培训协会. 技能大师工作室建设指南［M］. 北京：中国劳动社会保障出版社，2013：32–33.

求，你想报国家级大师工作室，必须得先是省级的工作室，再由我们向上推，像K厂的工作室建得比较优秀的，一般他们一年能得一个，一个就是20万。[①]

第二，政府对技能大师工作室另一个重要介入方面是对工作室运行情况与评估机制的规制，政府对某项工作的评估是其作为公共管理与服务的重要内容之一。通常采用以下两种方式进行评估：一是由政府部门组织职业培训工作内行、行业技术内行、技能专家等人员组成评估组，对技能大师工作室进行评估；二是政府不直接参与评估，而是委托第三方进行评估，并通过购买服务的形式进行，将评估工作委托给协会、学会或专业的咨询机构进行。无论哪种形式，评估工作的主要内容一般为考察工作室的人才培养（包括带徒人数、专项培训人数、高技能人才培养人数等）、项目成果、人才培养与技术创新统合措施、场所建设以及内部管理。[②]

第三，政府对技能大师工作室的主导作用不仅体现在设立、评估等机制的运作上，还体现在对奖惩制度的规范上，其中主要包括设置工作室的准入与退出机制，人才培养的以奖代补机制，以及技术技能成果的奖励等。一般情况下，政府相关部门每两年对技能大师工作室展开一次评估，并实行"以奖代补"的政策鼓励技能大师潜心钻研创新技术。苏州市政府在2005年颁发了《苏州市技能大师（名师）工作室成果奖评选奖励（试行）办法》，该文件规定从2005年起该市每两年对技能大师工作室开展一次评选奖励工作，规定对每培养一名高级技师、技师者，每人分别奖励3000元和2000元。

第四，政府部门对技能大师工作室的介入还包括为工作室进行协动与配合，建立信息交流的制度与平台，通过成立数字化的信息交流平台为其建立信息资源库，并针对技能问题的不同面向设立不同板块，主要包括对技能难题的"集体会诊"板块，师徒教学互动，抑或是对绝活绝招的展示等。为

---

① 2020年3月对C市人社局某官员的访谈，编号RS20200302-01。

② 中国职工教育和职业培训协会. 技能大师工作室建设指南［M］. 北京：中国劳动社会保障出版社，2013：39.

规范这种制度建设，政府提出技能大师工作室建设项目设立遵循"申报—审查—复审"的制度链条，一般依据申报条件的要求，经各省（市、区）人力资源社会和保障部门、财政部门评审推荐，由国家人力资源社会保障部、财政部复审确定，技能大师工作室的申报、审核、批准、挂牌、备案等均在国家设立的程序范围之中。[①]一般而言，审查由当地相关政府部门负责。依据上述规定，我们可以看到，政府参与的元素在这一过程中起到了明显的作用。一般要成为国家级技能大师工作室，必须同时具备一个条件和经过两个程序：一个条件就是国家发布的关于国家级技能大师工作室的申报条件；两个程序是经各省（市、区）人力资源社会保障部门、财政部门评审推荐，最后由人力资源社会保障部、财政部复审确定。

现代国家的重要功能之一就是提供知识生产的制度，在我国一直存在国家对国企厂内培训进行投资的传统。自计划经济时期开始，伴随着社会主义改造，资本家对工厂的支配权逐渐丧失，投资成为国家的任务，而由于国企是国家的"代理人"，培训企业工人的技能也自然是国家义务和责任的一部分。相关研究表明，在单位制时期，政府相关职能部门需要对所属企业下拨技术革新和培训的相关经费。[②]有学者认为，工人技能的形成除了其在生产过程中对劳动控制权的争夺以外，还与其所在国家长期的管理和生产实践、教育与培训体系的发展以及产业在国内外市场的竞争效果等要素密切相关。[③]技能大师工作室是在国家的制度框架下，通过国家政策的助推，包括给予企业和职工一定的经济激励，使得企业在既有工作室规模的基础上获得了建立国家技能大师工作室的合法性与资源，同时也使得一些企业内既有的工作室在这个过程中获得了升级的可能。

[①]　中国职工教育和职业培训协会.技能大师工作室建设指南[M].北京：中国劳动社会保障出版社，2013：28.
[②]　王星.技能形成的社会建构——中国工厂师徒制变迁历程的社会学分析[M].北京：社会科学文献出版社，2014：234.
[③]　封凯栋，李君然.技能的政治经济学：三组关键命题[J].北大政治学评论，2018（2）：159-200.

　　以往的大多数研究都将制度视为一种决定性的变量，都主要关注制度对某些组织实体和过程的影响，而忽视了那些决定制度之所以能被创造出来的关键因素。由于不同地域与企业的地方性探索，以及国家的主导与助推，使得技能大师工作室能够作为一种普遍性的制度在各行业，尤其是国企中逐步铺开，但事实上，还有一个关键的行动者是我们所不能忽视的，那就是技能大师工作室的领办者——技能大师。作为工作室存在的第一核心要素，其存在是关乎技能大师工作室能否建立起来与良性运行的另一重要面向。

三、技能大师的身份建构

　　学术界在研究工人身份建构时曾提出身份建构机制的两方面问题：一是宏观制度，二是日常交往与符号形象。[①]如前所述，在有关技能大师工作室建设的相关制度要求中，对技能大师的内涵进行了明确的界定，所谓技能大师主要是指某一行业（领域）内技能拔尖、技艺精湛，并具有较强创新创造能力和社会影响力的高技能人才，在带徒传技方面经验丰富，身体健康，能够承担技能大师工作室的日常工作。这一重要概念赋予了符合该条件的高技术水平工人以"技能大师"的身份。笔者认为，技能大师工作室制度的存在是国家为其身份建构所提供的宏观性制度，同时也彰显着对以工人为主体进行技能传递的方式的重视。应当承认，这种身份建构主要是基于工人的高技能积累特征及国家对此高度承认的双重因素。

（一）从个人生活史的视角探讨技能大师的身份特质

　　在大部分产业中，劳动力的技能形成是一个生命历程，制造产业尤甚。技能大师的身份建构离不开高技能工人在日常生产、生活中的行动及展现出来的优秀品质，笔者在与多位技能大师交流的过程中，发现这些技能大师多

---

① 赵晔琴. 农民工：日常生活中的身份建构与空间型构[J]. 社会，2007（6）：175-188，209.

为劳模出身，身上普遍有着吃苦耐劳、艰苦奋斗，敢于在恶劣工作条件下勤奋工作的劳模精神和精益求精的工匠精神，同时具备很强的技能传授与培训能力。其中K厂WJ师傅和YL师傅等的个人经历最具有典型性，故笔者在此主要以他们作为典型个案进行分析。

1.技能高超的劳动模范

王星认为，技能是知识和经验的有机综合体，技能的获得不可能一蹴而就，而是经过不断实践逐渐积累而成的。因此，对于制造业的产业工人技能形成而言，掌握高超技能的产业工人不是天生的，通常也不是从学校一毕业就能达到的，更多是由普通工人经过车间生产实践历练而一步步成长起来的。[①]成为技能大师的前提是具备拔尖与精湛的技能，而这种技能通常是需要长期积累而形成的，这与勤学苦练、不断钻研的精神密不可分，技能大师工作室负责人WJ回忆说：

平时我自己就爱琢磨，喜欢钻研，但是练技术那非常苦，我记得是上班两三年以后吧，有一次我为了参加比赛，夏天其他人干完活都在门口唠嗑凉快，就我自己趴在地上练电焊，那时候根本没有料，我就自己到冲压（车间）去整来一块板，真是挺难办的一件事，不像现在我培训新人，公司给我拉来很多试验片，那时候都得自己去琢磨。我把那些废边角料子给它割下来一块，拿回来磨一磨，当块宝似的用，再自己找个床子，车个坡口，焊一圈练习练习。[②]

1987年进厂之后我就当焊工，焊水箱的，当时的工作条件比较差，一进车间穿的是老工作服，焊漏子把我们那个工作服烧得都挺破，一个窟窿一个窟窿的，口罩一个月才给发三个，根本不够戴，戴一天口罩就全黑了。水箱上全是油，厂房的窗户还漏风，这样你工作一段时间以后，衣服上冻得全

① 王星.中国产业工人技能形成的现实境遇与路径选择[J].学术研究，2020（8）：59-64，177.
② 2016年9月对WJ工作室领办人的访谈，编号WJ20160901-01。

是冰。所以当时描写我们水箱工段的不就用了一句顺口溜嘛，"远看是逃难的，近看是要饭的，仔细一看是水箱工段的"。我脸上、手上很多都是火星子给烫的，那么就是在这种条件下，要是一个水箱焊不好，我也一直焊，别人中午去吃饭，我这块没整好，那我就不吃饭。夏天再热也不敢喝汽水，因为一打嗝你那焊缝就容易歪。反正我始终就是奔技术方面使劲，搞攻关，技能就是一点点练出来的。[1]

除了具备超高的技艺与艰苦奋斗的工作态度以外，对于一些技术、技能的攻关与创新能力也是作为一个大师所必备的基本特质，另一位技能大师YL谈道：

问：您不仅会动手操作，还会计算机编程，您这本领哪来的？

答：因为我自己文化水平比较低嘛，职业学校毕业的，英语也不会，一开始刚入厂是从事手工电焊的，后来转到机械手操作这块，这是一个很大的跨越，因为机械手它需要用电脑进行控制，需要你会计算机知识，懂一些编程才行，当时也是一点点从单词开始查起，下了班买个面包骑个自行车就去文化宫那边上英语课，风雨无阻，大雨天也骑个自行车就去，所以当时自学、偷学、请教别人，什么招都用了。[2]

问：您偷学是怎么回事？

答：因为当年引进机械手的时候都是请外国专家来帮忙编程，但是外国专家他们根本瞧不起咱们中国工人，当时还有一个中国专家，你要是不会让他给你翻译一下，那他根本不给你翻译，而且他编程序语言的时候非常快，咱可能26个字母才认全，差得太远了。因为当时我们经常加班，那么我就一直跟着他，在他周围转悠，看他眼色，感觉他好像是想要块抹布，那我就马

---

① 2016年9月对WJ工作室领办人的访谈，编号WJ20160901-01。

② 2016年9月对YL工作室领办人的访谈，编号YL20160923-01。

上给他递过去；他要钳子我就马上给他拿，顺便看看他写的是啥，一点点看，记下来，后来熟了，他也告诉我几个指令。[①]

2. 既是工人，也是"培训专家"

技能大师并非单一指代一个技术高超的工人，对于技能有效传递的能力也是另一种不可忽视的重要元素，这需要工人拥有一定的培训经验。被访者WJ师傅表示曾有一阶段自己经常到厂外进行培训，也是那段经历为WJ师傅拥有"培训大师"的身份积攒了重要的经验，对于自己的培训经历他在访谈中谈道：

那时候利用业余时间想找点活干，我就自己骑个自行车去S技校应聘老师，拿着自己写的条儿去找校长，上面写上我是哪个厂的，哪年我在什么地方获过什么奖，说想应聘业余老师，后来校长说你周六周日来吧，就开始在那儿搞培训了。当时有个G老师，教学生教了一年，日本厂商一考试没有一个考上的，后来就换我教，我跟那些学生讲你这是船的哪个部位，应该怎么上焊丝，培训了半个多月，日本考官来测试弯曲实验，割开一看，全都合格。后来社会上有一些私企、技工学校包括外国人就都知道我掌握一些绝活了，就开始陆续找我给他们培训学生，那时候是在（工厂）外面讲课。[②]

在S技校的授课经历，使WJ师傅的培训能力得到了广泛的传播，甚至某些政府部门相关领导也请他来培训新工人，使其培训能力发挥了更大的作用：

当时新加坡有几个船厂老板要人，一共招了129个农民，但是这帮人只知道电焊，连二氧化碳气体保护焊是啥都没听说过，那时候只给我六天时

---

① 2016年9月对YL工作室领办人的访谈，编号YL20160923-01。

② 2016年9月对WJ工作室领办人的访谈，编号WJ20160901-01。

间，当时料还比较少，得自己买，我就教他们怎么焊，教完以后这些人焊立焊，跟我焊得是一模一样，最后考上了105个，但是他们别的不会，但也都去新加坡干活去了。①

后来省里知道了，劳动局的领导就往我这儿送人，一般一到十天吧培训他们，目标是百分百让他们考下来国际焊工证。有一段时间晚上一下班，这里找你讲俩小时，那里找你讲俩小时，那时间根本就不够用。②

如果说之前两段经历为WJ师傅的培训经验和水平打下了坚实基础的话，那么后来的经历使他作为"培训大师"的能力进一步显现出来，他说道：

有一次Y厂找到我们厂领导让我去帮帮忙，之前他们给外国人的矿山车都是报废的，一拉货就咣当响，所以那些外国人就说他们第二天中午就走，这个活不能再给你们，你们不会焊。他们领导知道我会啊，就通过我们厂领导让我去，那我得去啊，我下班去那儿一看，我说谁教你们这么焊的，这个焊法是错的，我现在只挑重点说，薄板焊接应该怎么焊？你就小点电流，直线切，微伏左右摆动就行。马上给他们讲了一个小时，之后就让这些学生投产马上焊，第二天把焊好的部件研磨以后拿给外国人看，他们说不可能，你们怎么一宿之间把这个活学会了？！③

技能大师作为技能的示范者，多为全国劳模、各项技能大赛的获得者，他们精通本领域的技能、技法，然而作为"技能权威"，偶尔也会遭遇徒弟不听话的情况，遇到这种状况时，他们采取的方式通常是"用技术说话"，WJ师傅回忆起一则往事：

---

① 2016年9月对WJ工作室领办人的访谈，编号WJ20160901-01。
② 2016年9月对WJ工作室领办人的访谈，编号WJ20160901-01。
③ 2016年9月对WJ工作室领办人的访谈，编号WJ20160901-01。

干我们这一行的大多数都得靠实际操作，你得自己先技术水平达到了，要不你去教别人人家根本不服你，那你就得用技术说话了。老多人都说了你焊一个啊，光讲不行，那是假把式，我说那就焊呗，我把工作服穿上，跳到那箱里头，正常应该有个焊缝，往旁边一靠，多稳当，挑过来一焊，断弧，焊的一点毛病都没有，他们从来没见过，大伙一看，全都老实了，不服的都退后了，那帮小年轻的都开始跟我学，以后就拜师学艺了。[①]

（二）从劳动模范到技能大师工作室领办人的身份跨越

技能大师是由国家制度安排而塑造出来的一种身份属性，这一身份塑造通常是以工人个人优秀的品质特质为载体表现出来的，其身份特征的具体内涵应该是多方面的，其中除了需要具有高超而精湛的技艺、精益求精的工匠品质作为支撑以外，同时也被赋予管理者与工作室领办人的职能角色。由于国家级技能大师工作室的建立数量毕竟有限，因此并非所有的高技能顶尖工人都能成为工作室的主持人或领办人，作为工作室中的核心，具有一定管理能力者会更具优势。同时相比于自己原来承担的工作而言，工作室无疑是加重了其原有的任务，扩大了其责任范围。事实上，很多大师工作室的领办人都是具有一定管理经验的工人，其中大部分人担任过班组长、生产监督师等职务，拥有独特的管理经验和方法，技能大师工作室领办人YL向笔者介绍了其在生产管理过程中的一则故事：

因为我技术好，所以让我当班长，我就发现工人都是自己焊、自己打压，那就给自己轻点打呗，但是这么做水箱就容易漏。我就想，怎么能让水箱打完压一个都不漏，那么我就想出来一个制度，打完压不漏的一个奖励两块钱，我设了一个专职打压的职位，这个人也非常认真，说谁的不漏就告诉班长。那时候我们奖金不高，集体计件，一个月就那么点钱，但是大家觉得

---

①　2016年9月对WJ工作室领办人的访谈，编号WJ20160901-01。

这个钱得挣啊，反正我干一个水箱也得一个小时，他干也得一个小时，我要是不漏还能多挣两块钱，那么就把这帮年轻人都拉动起来了，我就把这部分奖金给活化了，这是班组自己定的制度。[①]

一般而言，技能大师在以往的工作经历中往往承担一定的管理职责，这为其管理工作室带来了一定的经验基础。技能大师身份的建构是在国家提供的大师工作室建设制度背景和工人自身的优秀品质相结合的作用下完成的。通过上述分析我们可以发现，技能大师的角色属性有着丰富的意涵，他们往往是集劳动模范、培训精英及工作室管理者等多重复合角色于一身。

第三节　K厂技能大师工作室的形成过程

国家技能大师工作室是由政府按照一定标准评选出来，因此能成为国家技能大师工作室，多数情况是前期已经有了一定的相关经验与类似模式。笔者试图从历时性的视角挖掘K厂国家技能大师工作室的"前身"、发展及其演变的全过程，以期达到对工作室进行全面的认识。一般而言，技能大师工作室的建立与发展大多经历了规模从小到大、组织形式从非正式到正式、从企业内部发展到国家介入升级等不同阶段。

一、早期探索：工人自发组织"高铁技术沙龙"

在K厂，技能大师工作室的最初经验源自某些车间工人自发组织的小型研究团体——高铁技术沙龙——这一组织形式，这一技术研究共同体现象的

---

① 2016年9月对YL工作室领办人的访谈，编号YL20160923-01。

发生主要集中于2004年以后。"高铁技术沙龙"作为工人自发组织的一种非正式群体，其主要目的是满足工人个人对技术攻关和交流的需求，这一非正式技术交流群体为日后厂内成立正式化、组织化的工人创新团队奠定了一定的经验基础，但此类型的工人群体规模较小，组织较为松散。

（一）工人技能提升诉求与厂内培训缺失的矛盾

在生产劳动的过程中，K厂工人深切地感受到自身存在的技能短板，而当时厂内缺乏能够有效支撑其技能培训的相关组织，工人在生产中遇到问题、难题，无法及时有效地得到解决，使得工人的技能形成与传递面临巨大困境。当时，工人对技能学习的热情和主动性与在遇到生产难题时缺乏及时有效的培训之间形成了巨大矛盾。虽然既有的师徒制、班组培训制一定程度上起到了培训作用，但是培训内容基本以生产过程中的基础性操作知识为主，难以满足工人对更高的技能水平的诉求。一位参与高铁技术沙龙的工人认为，当时厂内缺乏有效的技能传递形式，一定程度上影响了生产。

问：当时厂内培训起到的作用大不大？

答：有的时候你在生产中遇到难题了，你身边的人包括你的师傅可能也解决不了，你不知道还能去找谁。因为以前那种师傅带徒弟，它是在一个非常普通的层面上带，比如教你干活的时候怎么看焊接电流的大小，怎么识别各种工件，工作中都应该注意些什么问题，包括安全生产啊等等，教的一般就是一些细节的和日常性的事情，但是你在工作中肯定会遇到难题啊，比如车型都往轻重量上发展，那来了一辆新车，你有时候根本无从下手。[①]

此外，由于师傅的水平参差不齐，也直接影响着技能培训的质量。

---

① 2016年9月对YL工作室成员的访谈，编号YL20160923-02。

　　那时候也发现了，啥样的师傅带出啥样的徒弟来，那师傅不咋地的带出来的徒弟也不行。但是有的时候这个分配你是没办法选的，就是车间领导给安排的，因为那时候一般进厂早的都算师傅，师傅的意义是啥呢，除了进厂比较早以外，可能还能够满足生产需要，包括在操作安全方面啊考虑得比较多的，这就可以带徒了。①

　　假设说你现在这个班组一共有10个人，你来了20个徒弟，你咋整，是不？那你就得一个人带俩（徒弟），就打这么个比方，那就有的师傅不咋地，那带出来的徒弟跟师傅一模一样，可能连基本的操作规范都存在错误。②

　　在厂内既有培训和质量无法满足工人对技能提升诉求的情况下，一些善于钻研、长于交流的　线技术工人便利用工余时间自发进行技术探究活动，久而久之建立起了以技术攻关和交流为主要目的的小团体，当时有工人将其起名为"高铁技术沙龙"。这样的技术团体在当时只能算是所谓的"民间组织"，并不具有企业认可与制度意义上的合法性，其辐射范围也十分有限，仅限于不足十位最初就参与这个团体建立的成员，也并不是正式组织。

　　问：咱们工人的这个"高铁技术沙龙"是什么时候成立的？
　　答：最早有工作室的雏形是2004年，当时还只能算是一个"民间组织"，是我们几个喜欢琢磨技术的工人自发搞的，起源就是大家伙在一起干活的时候，觉得自己的技术不够用。总觉得我这块差点，那我就问问你，看看你能不能解决，你不会的也可以问问我，万一我这块比较强呢。再就是不干活的时候，我们几个人也总喜欢在一起琢磨技术，总结啊，切磋啊，交流啊，久而久之大家就形成了习惯。后来有人说给我们这个小团队起个名字

---

① 2016年9月对YL工作室成员的访谈，编号YL20160923-04。
② 2016年9月对YL工作室成员的访谈，编号YL20160923-03。

吧，大家伙想了半天，就叫"高铁技术沙龙"。[①]

（二）拆旧设备："高铁技术沙龙"成立的特殊契机

能够建立这样一个互相切磋技术，提高自身技能与知识的团体除了工人群体本身的兴趣与能动性以外，还得益于这样一个特殊的契机——拆旧设备。这一事件使得工人们在一起研讨成为一种"约定俗成"的事情，一定程度上加速了这个非正式团体组织的发展。一位当时参与过"高铁技术沙龙"的工人介绍说：

> 因为那时候有一些淘汰下来的旧设备，大家经常一起去拆那些旧设备上的零件，再拿回来一起维修，就这么样地成了大家都心照不宣的一个活儿，下了班我们就去，利用业余时间，也是因为这个事儿促成了这么一个小团体，当时通过拆件也学习了一些技术。我们组织这个小团体就像是一个小研究室似的，一开始有五六个人，后来可能把徒弟也纳入进来，一共不到10个人，初衷就是自发地就想找几个志同道合的工人互相学习，这块你厉害那你教教我，我的强项我也告诉告诉你，弄了这么个事。[②]

由此可见，厂内技能培训的缺失与工人对技能提升的主观要求，促使厂内对技能形成方式进行改变与升级，而拆旧设备使这种自发性的活动变得逐步规律化，为日后建立新的更为有效的组织形式奠定了初步的经验基础。制度生成的自然主义理论路向认为，制度的建构往往是在社会互动过程中出现的一种自然的和不受指导的过程，因被习惯化和相互理解而产生。[③]工人"高铁技术沙龙"的诞生，其初衷并不是那些从利益出发的能动者有目的的

---

① 2019年10月对ZQ工作室领办人的访谈，编号ZQ20191014-01。

② 2019年10月对ZQ工作室成员的访谈，编号ZQ20191014-02。

③ ［美］W. 理查德·斯科特. 制度与组织——思想观念与物质利益［M］. 姚伟，王黎芳，译. 北京：中国人民大学出版社，2010：103.

行动创造，而是面对各种相似环境的行动者集体意义建构与问题解决行为的产物，偏向较自然主义的过程。在重复互动的过程中促使这些组成"高铁技术沙龙"的工人们更可能追求自愿性与合作性的路径。这与后期在正式工作室共同体中，成员有着更为明确的目标寻求经济效益或获得政府和企业的支持的意愿有所不同，关于这一部分本书会在后面的章节中进行详细论述。总之，"高铁技术沙龙"这一形式是在工人的互动过程当中被"内生"地创造出来的，是基于工人自主性与能动性过程而产生的。从组织社会学的视角看，这一类型的群体往往由有着共同的信仰、共同的利益、共同的兴趣爱好的个体组成，形成一种特殊的和互相吸引的伙伴关系，其典型特征就是成员之间的相互关系是基于相互吸引而不拘泥于正式规定的职位关系，同时也导致具有一定临时性、偶然性和随机性。①

（三）"技术攻关小组"："高铁技术沙龙"之上工人创新团队的尝试

在工人自己成立非正式组织的基础上，K厂开始在部分中心或车间内选拔高技能人才，并将其作为带头人组建小型技术工人研究团队——技术攻关小组，以便进行技术攻关与团队培训等，在2007年K厂引进高铁以后，又成立了"创新团队"。

问：当时为什么会成立技术攻关小组？

答：因为在2004年的时候，公司引进动车组技术，新的车型，谁都不知道咋干啊，那么我们转向架制造中心就在车间成立了工作小组，以我的名字命名的——"YL技术攻关小组"。这个小组就是集开发程序、培训工人、技术攻关于一身，这是在工作站也好还是工作室成立之前，就是说在没有现在这个形式的时候，我们已经有了相关的团队经验了。后来又成立了"YL创新团队"，当时这个团队也出了不少人才，包括技师、高级技师。②

---

① 于显洋. 组织社会学 [M]. 北京：中国人民大学出版社，2009：174.

② 2016年9月对YL工作室领办人的访谈，编号YL20160923-01。

问：咱们这个"YL创新团队"是什么时候成立的？跟之前的攻关小组有哪些区别？

答：2007年，因为公司2007年在引进高铁以后，还有技术难题解决不了，因为当时引进高铁的时候就我一个人出过国，也是公司厚爱，给我提供了各种学习机会，所以说我就有可能第一时间掌握了一些机械手的操作要领和编程方式，然后以我为核心，我再一个一个教他们，就这么传承，我们这个团队就成立了，当时完成了K55侧梁、CW-22构架焊接程序……这个团队也几乎承担了所有车型侧梁焊接程序的编制，高铁一线工人负责编制这种大型焊接程序之前是很少有的。①

对于工作团队的创立过程，是在面临引进新的生产任务的情况下，由K厂管理层进行主导，主要由生产骨干组成的正式化的工作团队，YL告知：

当时也是找了一些中坚分子，像是生产任务重的时候需要在节假日突击加班表现不错的，包括技术骨干，才组成了这样一班人。那时候焊接机械手当时世界上都算最先进的生产设备了，对所有人来说都是一个陌生领域，你别说是操作它了，就连设备显示器上的英文指令都看不懂。公司就想了这么一招，那总得有人来做吧，把技术不错的召集起来，研究研究，琢磨琢磨，你一个人的力量毕竟有限，团队才能创造完美。②

无论是技术攻关小组，还是创新团队，类似于这样的工人工作团队在2010年以前并不十分普遍，还只是存在于几个特殊的车间或重要岗位上。但作为重要的早期经验摸索，这些工作团队组织模式的生成为日后工作室的发展奠定了重要的经验基础。直到2010年，首席操作师工作站的设立代表着工

---

①　2016年9月对YL工作室领办人的访谈，编号YL20160923-01。

②　2016年9月对YL工作室领办人的访谈，编号YL20160923-01。

人创新团队这一组织形式在K厂开始走向进一步发展与完善。

二、工作室雏形：企业建立"金蓝领工作室"及"首席操作师工作站"

一种比较公认的观点认为，资本密集型的工业对生产均衡连续性的要求极高，机械化的连续及技术的不断进步，同时要求工人个人之间的能力差异必须被缩小，这就要求雇主进一步选择合格工人并加强对工人的技能培训，并使工人按照标准进行操作。在K厂，对工人技能的提升在逐步扩大工人创新团队的组织化规模上得以充分体现。自2007年起，分别成立了以"金蓝领工作室"及"首席操作师工作站"为典型代表的工作室组织模式。

（一）金蓝领工作室的建立

自2007年起，K厂建立了第一个金蓝领工作室，在K厂《深入推动"金蓝领工作室"建设工作指导意见》的文件中指出："'金蓝领'是社会和企业对技能与理论双精、贡献很大的高技能领军人才的赞誉，金蓝领工作室的本质是工人的技能创新团队。"[1]

这意味着从企业层面把工人技术研究团队这种组织形式正规化、制度化，将这种团队组织经验上升为企业制度与管理行为。该文件规定，金蓝领工作室成员一般由首席技师、骨干成员和辅助人员等三类人员构成，并同时指出金蓝领工作室主要承担五个方面的任务：第一，实施技术攻关，主要在企业产品开发、制造、技术引进以及复杂设备的安装、调试等生产活动中，发现和解决相关技术难题，组织开展技术创新；第二，搭建转化"桥梁"，即运用理论知识、实践经验从技能完善的角度优化产品设计与工艺，总结、提炼先进操作方法等；第三，推广新技术，提高自身理论素养，主动了解、

---

① 参见K厂《深入推动"金蓝领工作室"建设工作指导意见》的文件。

学习与推广与本职业相关的新技术；第四，通过技术攻关、技术改进、名师带徒、技术讲座、技能展示等多种形式，将自己的职业态度、技能与团队意识传授给其他员工，培养生产骨干；第五、总结、提炼创新成果，并将自身的绝活和发明创造推广到实际生产过程当中，提升工作成果的实际价值。[①]

问：当时为什么会成立金蓝领工作室？出于怎样的考虑？

答：因为以前你有问题你找不到组织，没有平台，现在就是给工人提供了一个可以学习、可以攻关的平台，你不会的拿过来问。我是1988年入厂，当时我才18（岁），从职业高中毕业以后就来到了这儿，就感觉现在跟以前不一样了，像是2004年建立攻关小组也好，创新团队也好，都是咱们团队，后来说工作室流行，公司当时也没啥经验，那就得摸着石头过河，当时成立工作室还不到20人。咱们公司的这种经验，可以说是走在全国前列的。[②]

问：为什么您会有这个工作室？咱们金蓝领工作室是怎么建起来的？

答：因为当时被KJ评为"金蓝领"，你就可以建立工作室。但是你也可以不建立，没有硬性指标，所以为啥叫金蓝领工作室呢，是这么来的。当时是B集团，2015年合了，之前始终提金蓝领工作室，也没个牌子也没个啥，现在2018年又重新整合，人力资源和工会联合发的文（件）……当时领导找我，说建个工作室，我说好啊，因为当时也很少有人这么干过，说给你工人干个工作室，咋建呢？也没有办公地点啊，就在这车间旁边，整了个小屋，包括桌椅、办公用品都是车间给配置的。[③]

我们可以看出，在K厂，通过评选与授予各方面优秀的技术工人以"金蓝领"的荣誉，同时为了发挥他们的技能资本，管理层将工人工作团队的组

---

① 参见《K股份有限公司深入推动"金蓝领工作室"建设工作指导意见》的文件。

② 2016年9月对YL工作室领办人的访谈，编号YL20160923-01。

③ 2019年10月对ZQ工作室领办人的访谈，编号ZQ20191014-01。

织制式以工作室的形式确定下来，由此形成了具有正规性、常态性、制度化的工作室模式。探索这一制度背后的深层次原因我们会发现，无论是人们在习惯和需求上发生了变化，还是组织技巧和组织技术的发展，都是建立新的制度形式的重要诱因。早期的制度研究主要关注既有制度如何影响组织，而近年来制度研究者特别关注制度建立的各种方式。从K厂工作室如何制度化的过程中我们发现，企业的介入在制度建立的过程中发挥了主导性作用。

（二）首席操作师工作站的缘起与成立

2010年，K厂在国家颁布的技术性职业（工种）职称等级的基础上，在企业内部从技能晋升的角度设立了"操作师制度"，所谓操作师制度是指在既有的技师、高级技师的基础上再设置操作师，技能等级由低级到高级分别为三级操作师、二级操作师、一级操作师和首席操作师，首席操作师为当时这一体系下技术工人当中的最高席位。[1]

如果说"高铁技术沙龙"是由工人自发组织形成的非正式技能研究群体，金蓝领工作室是工作室制度的初级经验，那么2010年K厂成立的"首席操作师工作站"则是由官方正式设立的工人技术研究群体制度的较高形式。可以说，首席操作师工作站的成立是K厂工作室组织模式开始全面运作的标志性事件。2010年6月，K厂按照技能等级标准在全厂范围内一共评选出了五位首席操作师，分别隶属于手动焊接、机械手自动焊接、车辆装调、电气维修、机车铆工等不同工种。为了发挥这些高技术水平高铁工匠的示范作用，K厂给每一位首席操作师都配置一个工作站，同时建立相关管理制度具体规定工作站如何在技术攻关、工艺改进和技能传承等方面发挥作用[2]，首席操作师工作站由此而来。在笔者对K厂进行调研的过程中，其中一位当时被评为首席操作师的工人回忆道：

---

① 参见《C市K股份有限公司操作师管理规范》的文件。
② 参见《Z集团K股份有限公司操作师工作站管理规范》的文件。

这个首席操作师工作站是2010年的时候，咱们K厂为我们五个首席操作师分别建立的一个工作站，我们这五个人是属于不同专业的，像我呢就是铆工，WJ呢就是手动焊接，ZQ是电气维修，然后还有车辆装调，还有一个他是管机械手焊接的。①

问：成立首席操作师工作站的初衷是什么？

答：它的初衷就是发挥咱们高技能人才的作用，然后带领团队进行立项攻关，然后进行技术推广，进行导师带徒，进行工艺改进。

问：这个制度是咱们的首创吗？

答：因为在其他企业里没有这个（首席操作师工作站）制度，这个应该是我们的首创，后来其他地区可能出现类似的形式了。但是我觉得K厂建立这个工作站的思路还是比较超前的，因为有很多企业都到咱们这里来参观学习，他们有的地方说可能也有一个类似的形式，但是这在很多企业里来讲，咱还是走的比较先前一步的。②

这一经验也为后来国家技能大师工作室的诞生提供了重要的经验基础，在谈及当时首席操作师工作站的作用时，首席操作师工作站负责人Y谈道：

2010年，成立了焊接机械手首席操作师工作站以后，我作为站长，担子更重了，一边干生产，一边还得干工作室，但活动开展得也更多了。在这个平台上，我们举办过职工夜校，课主要是我来讲，那时候需求量也大，非常需要多讲，一般一周上三次课，下班之后上，一次俩小时。再就是把现场当作课堂进行培训。在"嘉克杯"比赛中，我的六个徒弟获得了第二、三、四名，这是很不容易的。③

---

① 2020年1月对JH工作室领办人的访谈，编号JH20200122-01。

② 2020年1月对JH工作室领办人的访谈，编号JH20200122-01。

③ 2016年9月对YL工作室领办人的访谈，编号YL20160923-01。

（三）对于起源阶段及其特点的讨论

通过上述分析，我们发现，K厂对于工作室的探索起步于工人自发组织的"高铁技术沙龙"，而首席操作师工作站的成立在工作室制度组织模式的创制进程中，扮演了关键的角色。回顾这一历时性的组织化过程，我们会发现，早期起源表现出了以下几个突出的特点。

第一，这种团队经验与改变企业高技术水平工人短缺的目标直接联系在一起。改革开放以来，中国国企内外部环境与组织体制复杂的变动，导致工厂内外部培训方式的不均衡性变化。面对技术工人尤其是高技术水平工人短缺的困境，无论是从工人自身出发对技术攻关的内在需求，还是从企业层面上面对新的生产任务时对于技能人才的迫切需求，都促使了对于厂内培养模式的探索。

第二，从自发性到组织化。探究K厂工作室模式的早期起源，我们会发现，工人自发组织的"高铁技术沙龙"的经验是K厂对工作团队组织模式探索的最为直接的"民间"经验来源，加之部分工人对拆旧设备经验的特殊契机，为工作室模式最初的存在形态打下了基础。随着企业的介入，在对"技术攻关小组""金蓝领工作室"及"首席操作师工作站"等组织模式不断构建的过程中，随着相关规章制度的确立，使得这种经验在一定程度上得以正式化，进一步强化了其组织性，使其从非正式化的民间组织逐步发展成为一种具有明确规章制度的正式化组织。

第三，值得注意的是，这种早期组织模式是企业内部一种特殊性的探索，是根据企业自身的经验形成和发展起来的，此时尚不具备十分成熟与完善的经验，也没有国家和政府的介入，但正是这种内生机制在日后技能大师工作室成立的过程中扮演了重要的角色，为其诞生提供了最为直接的经验，同时对企业自身的发展亦产生了重要影响。

三、国家授牌：技能大师工作室的正式成立

经历了上述丰富的探索与前期准备，在国家技能大师工作室政策与制度出台以后，K厂先后推送了多批厂内优秀的工作室（主要是首席操作师工作站）通过省、市至国家层面进行评选，分属不同的工种，包括手动焊工、机械手焊接工、车辆调试、铁路车辆制修等。这些技能大师工作室成立的有早有晚，规模有大有小，但不可否认的是，国家的介入使得技能大师工作室这种组织形态在企业中的密度开始增加，且作为一种特定类型的组织设置和程序，其诞生标志着工作室的合法性、制度化程度、等级程度均有所上升。通过国家批准和授牌，意味着国家技能大师工作室得以正式成立。可以说，这一组织形态逐渐完善，融传艺带徒、攻关创新等功能于一体的平台化组织，也使得K厂内部以国家技能大师工作室为典型形态，形成了具有不同等级和层次的工作室集群。

问：您这个技能大师工作室当时是怎么建立的？

答：我的工作室是2012年被评为国家技能大师工作室的，工作室是2010年6月就有了，先是被C市总工会评为"C市劳模高技能传承焊工工作室"，2012年被国家人社部授牌。

问：咱们工作室的覆盖范围有多大？

答：我们中心（相当于分厂）一共是2000多人，这里头分焊接一车间和焊机二车间，主要是以焊接为主，那么我们工作室就是主要负责这两个车间的手动焊接操作工的培养……两个车间的焊接机械手不算太多，一共不到一百人，从这里面按照技师以上的，选出来25个人进入工作室。[①]

通常来讲，就组织构成而言，一个技能大师工作室主要由工作室领办人

---

① 2016年9月对WJ工作室领办人的访谈，编号WJ20160901-01。

技能大师、工作室成员（通常为技师及以上级别）以及其他相关人员构成。就其空间形态而言，在笔者调研的过程中，K厂技能大师工作室普遍以车间或靠近生产现场旁边的空间作为独立的活动场所，其中包括用于举办会议的各种办公设施、多媒体设备，以及培训仪器、专业书籍等，某技能大师工作室负责人SY介绍道：

> 我的工作室是一个电气操作师的工作室，公司为我们提供了105平方米的工作场地，配备日常办公的台式电脑、笔记本电脑、投影仪、培训台都有，物料存放架、物料存放柜，还有一些专业书籍。[①]

在笔者调研K厂的过程中，发现所有工作室室内墙壁上都张贴着该工作室的相关管理制度、组织架构以及核心成员照片等工作室基本信息，同时周围还陈列着工作室成员的一些技术专利成果、参加比赛获得的名次和证书，以及成员的工艺成果等。

贝克尔认为，技能是生产力提高的必要条件，对于一个国家经济增长具有核心作用。[②]同时，技能的形成与传递也并非仅由个体掌握，而是需要依托在一个更加宽广的、由国家与企业等多元主体共同构建的制度体系之中。20世纪90年代，一些学者在研究国家和地区在技能形成中的作用时，认为对于政府而言，通过制定有利的战略引导，并增加公共投入对促进社会与企业的技能形成具有重要作用。[③]一个国家占主导地位的技能形成制度可以根据它自身的发展历史以及国家的特殊体制结构、资本和劳动力的运行方法，尤其是工作组织和它生产的真实水平来体现。[④]技能大师工作室作为企业内技

---

① 2019年12月对SY工作室领办人的访谈，编号SY20191218-01。

② Becker, G.S. Investment in Human Capital: a Theoretical Analysis [J]. The Journal of Political Economy, 1962, 70 (5): 9-49.

③ 李玉珠. 技能形成制度的国际比较研究 [M]. 北京: 社会科学文献出版社, 2018: 8.

④ 李玉珠. 技能形成制度的国际比较研究 [M]. 北京: 社会科学文献出版社, 2018: 13.

能形成与传递的重要平台和载体，是在国家主导下建立而成的制度，在制度构建方面，政府（在法定的各种专门职业的支持下）具有界定各种政治、经济行动者以及各种集体行动者的性质、能力和权利的特权①，政府的权威能够保证制度安排得以较好地运行。国家的介入使技能大师工作室正式成为一项全国性的制度，并开始在企业、院校等不同领域扩大它的建设范围，通过高度制度化的机制散布开来，政府在其运行的过程中起到创造和修订规范标准、进行资源配置、监督与评价运行之作用，促使工作室制度逐步发展和演进。

质的研究认为，任何事件都不能脱离其环境而被理解，对部分的理解必然依赖于对整体的把握。因此，了解某一现象的发生和变化则必须将其置于所在的社会环境之中，并理解其与整体中各个部分之间的互动关系。循着这样的研究思路，笔者在本章中考察了技能大师工作室诞生的社会制度背景、企业实践及工人个人等不同层面的行动者对这一新生事物的影响及作用。经济转型发展、产业优化升级对高技能人才的迫切需求是技能大师工作室产生和发展的内生动力，现有高技能人才培训模式存在的能力上的短板为技能大师工作室制度的产生提供了现实需求，不同地方和企业的实践积累为其推出提供了经验基础，国家的介入与政府的主导为其发展起到了强有力的助推作用。

组织社会学理论认为，正式组织的存在延伸了人类自身能力的不足，当外在环境的需要使个人努力、速度和耐力达不到客观要求时，正式组织便会应运而生。而组织作为能够有意识地协调两个或两个以上的人的活动或力量的系统，其力量远远超出了个体能力的总和。②现代社会技术的迅猛发展，个体能力在现代科学技术面前往往显得应对能力不足，为了应付环境的变化，只有将人们组织起来，才能够应对外在环境和技术变化对组织事物的

① ［美］W. 理查德·斯科特. 制度与组织——思想观念与物质利益［M］. 姚伟，王黎芳，译. 北京：中国人民大学出版社，2010：107.

② 于显洋. 组织社会学［M］. 北京：中国人民大学出版社，2009：15.

影响。在K厂，对工作室这种新的组织形式的探索同时也满足了成员的技能需求，这也是技能大师工作室之所以能够有效运转的重要因素。从事有关组织制度分析的学者普遍认为，新的制度并不会凭空出现，它们总是挑战、借鉴并不同程度地取代先前的制度。①青木昌彦曾提出，社会制度是一个极为富于变化的问题，是那些适应环境、社会变化的新结构不断被发现，而更为理想的结构被保存下来，即在所谓"适应性进化"的过程中产生的。②实际上，研究制度如何建立的学者们也十分关注新的规则、理解和相关实践的产生过程与条件。正如阿夫纳·格雷夫所指出的："从过去承袭的信念、规范和组织，将构成新制度产生过程的部分初始条件。"③

通过上述研究我们可以发现，从高铁技术沙龙、攻关小组、创新团队、金蓝领工作室到首席操作师工作站，组织形式从无到有、规模从小到大、性质从非正式走向正式的过程，是层层递进的，也具有路径依赖的特点。而这些经验和形式也为技能大师工作室的最终落成提供了实践经验基础及可能性的条件。胡萨音·勒布里比西认为，某些新实践在被重复使用的过程中，逐渐成为惯例，并随后获得一种规范性的特征，通过某些合法形式成为"制度性实践"④，为日后国家级技能大师工作室的成立奠定了基础。

①　[美]W. 理查德·斯科特. 制度与组织——思想观念与物质利益[M]. 姚伟，王黎芳，译. 北京：中国人民大学出版社，2010：103.

②　[日]青木昌彦，奥野正宽. 经济体制的比较制度分析[M]. 魏加宁，等译. 北京：中国发展出版社，1999：10.

③　[美]W. 理查德·斯科特. 制度与组织——思想观念与物质利益[M]. 姚伟，王黎芳，译. 北京：中国人民大学出版社，2010：103.

④　[美]W. 理查德·斯科特. 制度与组织——思想观念与物质利益[M]. 姚伟，王黎芳，译. 北京：中国人民大学出版社，2010：111.

第四章

企业环境与技能大师工作室制度体系的构建

组织社会学研究普遍认为，由于组织根植于更大的社会系统之中，所以组织所处的环境对于组织的运行十分重要。技能大师工作室的有效运行，是企业内外部制度共同支撑下的产物，除了国家在制度框架上的推动与规范作用以外，企业内部的制度体系也发挥了重要的作用。我们发现，技能大师工作室作为一种非行政建制性制度，本质上是服务于生产的，是技能传递的融合性平台，并作为一种柔性制度嵌入于企业内部既有制度体系中，也就意味着其有效运行与企业既有制度体系密切相关。自格兰诺维特提出"嵌入性"概念以来，制度研究者尤其是历史制度主义学派对"嵌入性"的研究集中强调"制度的关联性特征"。可以说，技能大师工作室制度与企业既有制度体系互为补充、互相促进并与其融合共生：一方面，技能大师工作室作为集技能培训、技术攻关等多种功能于一身的技能提升平台，其嵌入有助于厂内既有劳动力市场功能的发挥，因为内部市场主要基于技能等级分层与提升而进行差异化激励；另一方面，技能大师工作室作为一种非行政建制性制度，本身缺乏足够的激励与奖励机制，需要嵌入既有制度并与组织内部分配问题、升迁问题及职业流动等问题，关联后才得以发生最大效用，由此内部劳动力市场也一定程度上弥补了技能大师工作室内部缺乏有效劳动激励的局限，有效激发了工人群体的积极性与参与热情，提高了大师工作室的制度活力与影响力，在适应总体制度的过程中使得双方均得到了整合与升级。

第一节　企业对技能大师工作室的制度管理

作为一种具有创新性与常规性的制度安排，技能大师工作室制度的有效运行，是落实到企业并嵌入于企业既有的制度体系环境中的，由企业对其进行具体的管理，从这一意义上，笔者在本节旨在主要介绍技能大师工作室制度的功能以及企业对其进行的管理有哪些，以期把握技能大师工作室运行的企业制度环境。笔者在梳理K厂针对工作室相关规定的基础之上（包括《Z集团深入推动"金蓝领工作室"建设工作指导意见》《Z集团K厂操作师工作站管理规范》以及《Z集团K厂劳模创新工作室管理规范》等），对其进行整理与概括，笔者认为，K厂对工作室的制度管理主要表现在以下三个方面：①将工作室视为非行政建制性的工人工作团队，工作室并不具备行政职能，在行政隶属关系上也并不从属于某一既有体系，所有成员在身份上属于"跨界兼职"；②将工作室作为技能传递的融合性平台，集技能培训、技能攻关、成果交流等功能于一身，具有功能复合性与嵌入生产的属性，与生产环节紧密结合；③对于技能大师工作室的柔性激励机制与弱退出机制。

一、性质定位：非行政建制性创新团队

技能大师工作室作为国企内部新出现的一种现象，自其诞生之日起便具有着多重的属性与内涵。首先，从物理空间层面来看，技能大师工作室可以指代一种具体的活动场所，即是承载工人尤其是工作室成员进行办公、举办培训等活动的实体性空间。在笔者走访的过程中，K厂技能大师工作室多设在车间生产现场旁的特定空间中，占地面积约一百平方米左右，工作室内摆设着电脑、投影仪、成员专利成果等实物，是一个物理意义上的存在实体。

其次,从组织角度而言,技能大师工作室是一种新型的工人技能创新团队,作为一种特殊的组织模式,其组织结构主要包括技能大师、工作室成员及相关辅助人员三个类别,并以技能大师为核心展开带徒传艺、技能攻关等活动,具有职能式的组织架构。最后,从制度角度而言,技能大师工作室是由国家作为对技术工人技能水平形成与培养的重要制度而推出的,并在这一制度框架下规范与制约着相关行动者的行为。

K厂对技能大师工作室的管理是在国家和政府的制度框架下,根据《国家级技能大师工作室建设项目实施管理办法(试行)》以及《J省首席操作师工作室管理办法(试行)》等相关文件的要求,在企业层面上进行的更为详细的规范。在K厂,对工作室的管理主要由企业人力资源部和工会负责。根据《Z集团深入推动"金蓝领工作室"建设工作指导意见》及《Z集团K厂操作师工作站管理规范》等相关规定,工作室在本质属性上属于在既有行政体系之外而生成的工人技能创新团队,本身并不具备行政功能,所有成员在身份上也都属于"跨界兼职",即在需要完成自己本职工作的基础上,开展工作室的相关活动。《Z集团K厂操作师工作站管理规范》第一条规定,"本法所指的工作室是以公司内优秀的技能领军人才为核心、依托高技能人才的特殊技术优势,承担公司生产一线操作领域的带徒传技、难题攻克、技艺传承、技能推广、工艺优化和技术创新等任务的非行政建制工作团队"。[①]

在K厂,这一工作团队的人员构成主要分三类:第一,技能大师,同时也是工作室领办人,全面负责组织、指导与协调工作室的各项活动。第二,工作室成员,由各中心(分厂)的高技能人才(通常为技师及以上级别)构成,其任务是在领办人的组织和指导下,参与或独立完成工作室分配的相关任务。第三,其他相关人员,主要包括两类。其一,一般为厂内工程技术人员、技能操作人员等,其任务是根据工作室的需要,帮助完成攻关方案研究、专业知识更新、新技术学习、辅助加工和检验等临时性具体工作;其

---

① 参见《Z集团深入推动"金蓝领工作室"建设工作指导意见》及《Z集团K厂操作师工作站管理规范》的文件。

二，有时厂内技术专家和相关领导可作为工作室的顾问参与工作室的相关工作。每个工作室因所涉及工种或生产情况等不同条件的需要，K厂技能大师工作室人数存在二十余人至七十余人之间不等的情况，但其基本架构都主要包括这三个方面。

工作室的非行政性体现在它是在既有正式行政体系之外建立而成的，以一线生产工人为主体的组织，无论是领办人还是普通成员，都不会因具有工作室成员的身份而获得额外的行政职务，类似于"跨界兼职"。而这种非行政性不仅体现在成员的身份属性上，还体现在工作室活动开展的性质上，《Z集团深入推动"金蓝领工作室"建设工作指导意见》规定，"工作室成员应在完成本职工作的基础上，充分利用工余和业余时间开展活动。必要时，经所在基层单位领导同意，可临时抽调专题开展活动"[1]。我们发现，组织成员进行活动多集中于正常工作时间之外，一般不具有像班组这种作为行政生产单位在一定规定时间内完成生产的条件，而多是利用工人的业余时间开展活动以辅助生产，是在工人本职工作之外的一种团体活动。一位工作室负责人谈道：

工作室没有专职的，来到工作室所有人都是兼职的。都是大家利用业余时间、工余时间来做，成员都有自己本职的工作，都有生产任务的，但是像我来讲，考虑到工作室的发展，我的工作会偏重工作室多一点。我们所有成员本质上都还是工人，只是说成了工作室成员以后，有啥任务或者难题找到了工作室，那你得站出来帮着解决一下。[2]

对于工作室的非行政性质，从其命名方式与规则中可以为它提供最为直观的印证，C市某政府官员说道：

---

① 参见《Z集团深入推动"金蓝领工作室"建设工作指导意见》文件。
② 2019年12月对GS工作室领办人的访谈，编号GS20191220-01。

在设立大师工作室的时候，绝没有给它定位成在行政上有任何领导职能，这个本身就没给它定。因为作为企业来讲，我们政府部门不能给它按级别来对待或者来定，我们的初衷就是让企业真正发挥以师带徒、技术传承、技术研发、攻坚克难，调动企业内部职工这种学习、相互之间提升的作用。包括我们命名的时候，都是以工人个人的名字命名的，你看我们的牌子，某某某大师工作室，我们定大师工作室的时候都是先选人，看你这个人具不具备领军人才的这种作用，这是首先最重要的，而不是先定级别。[①]

这种非行政建制的组织属性赋予了工作室与厂内既有组织结构形式的明显区别，同时也使其功能的发挥更具灵活性。

二、平台组织：技能大师工作室的功能复合性与生产嵌入性

（一）功能复合性

技能大师工作室有别于企业的技术研发部门，也不是单纯的培训机构或技师协会，而是多种职能的融合体。《Z集团K厂操作师工作站管理规范》中的第六条规定，"工作室应在公司生产经营活动中围绕转型升级、提质增效、开源节流、发展市场、人才培养等方面进行活动"，具体而言主要有以下四个方面。

1. 攻坚克难

要积极发挥高技能人才所持有的技术优势，开展生产、技术难题攻关和技术革新活动，推广企业产业升级和技术成果转化，促进企业生产质量、效益和效率的提升。

2. 技艺传承

要积极开展以职业培训，特别是以岗位攻关项目（课题）为载体，以职

[①]　2019年9月对C市人社局某官员的访谈，编号RS20190924-01。

业技能和职业态度提升为主要内容的新人培养、技术技能培训、技能领军人才培育等技艺传承活动，凝聚和带动一线操作员工，特别是生产骨干为企业发展真学勤练、争做贡献。

3. 人才孵化

要积极发挥领衔技师的主动性、创造性，在组织、领导和协调工作室全面工作的过程中，让他们锻炼、成长为素质更高、能力更强、业务更全、作用更优、既能带头攻坚又善团队管理的优秀人才。要积极开展绝技诀窍、技能操作法、技术创新成果的总结、提炼、申报活动，让工作室成为促进高技能人才由技能型向更高智慧的知识技能型转变的孵化站，引导一线操作员工注重技术技能创新和理论素养提升，不断提高自身综合素质。

4. 交流学习

要积极开展源于岗位或员工发明、技术创新等技术技能的展示与交流活动，积极扩大工作室创新成果的影响力和凝聚力，促进企业技术工人队伍整体素质的提升。要注意根据企业战略发展的需求，组织工作室成员对外交流学习，积极开阔眼界、广泛汲取经验、提升自身素质，提高工作水平。①

通过分析工作室的功能我们可以发现，工作室其实是作为一种技能传递的平台而存在的，并融合了培训、攻关、交流等不同功能于一身，这种平台性质主要体现在技能的"传"与"承"两个方面。

第一，以技能大师为核心的高技术水平工人群体发挥自身高技能资本，技能大师工作室功能的发挥是以技能大师本人的技术特长为基础的，在设计工作室功能时，也是以技能大师本人的技术为原则。高技术水平的工人通常经过长期的实践与积累磨炼出绝技绝活，但由于既有技能传递的范围相对狭窄，导致很多有用的技艺无法继续传播。因此，通过为他们成立工作室，使得他们的技术有了得以传播与推广的渠道和平台，为技能的扩散提供了制度性与平台化的保障，而同时这一平台的出现也意味着是对工人在技艺传承与

---

① 参见《Z集团K厂操作师工作站管理规范》的文件。

攻坚克难方面主体性与特殊作用的发挥与强调。

第二，如果说工作室为以技能大师为核心的高技术水平工人群体技能的施展提供了平台，那么同时，工作室也为普通工人的技能习得提供了平台，事实上它是集传艺带徒、技术攻关、推广交流等功能于一身的平台，具有功能上的复合性。在K厂，工人们称工作室为"工人的博士后工作站"。这种将不同功能融合于一身的机制使得它更具一种平台化的属性，这种平台化的属性使其不同于以往的班组、工段或车间，其是相对封闭的一种生产组织，具有非常灵活的功能。

（二）生产嵌入性

事实上，这种功能复合性的本质目的在于服务于生产，其功能也只有在具体的生产与劳动过程中才得以体现。应当承认，这一制度具有与劳动过程密切相关的嵌入生产性，这一点可从每一个技能大师工作室内部的具体管理制度中更清晰地加以理解。虽然每个工作室都具有各自不同的特点，但依旧具有极强的共性，笔者以K厂典型的技能大师工作室JH为例，对其工作室内部的具体制度进行分析。在调研的过程中，笔者了解到该工作室内部共有九条管理制度，分别为：①成员档案保存制度；②工作室每月会议制度；③自主维修制度；④改善创新工程制度；⑤工作室测评制度；⑥绩效管理制度；⑦技艺传承制度；⑧难题解决制度；⑨现场服务制度。下面笔者这其中几条主要管理制度的内容进行归纳与概括。

第三条：自主维修制度

工作室在册人员需负责所在工位内的设备、工装、工具的维修工作，在维修前将维修物品的实物状态进行拍照并填写自主维修单，在自主维修单中填写实物损坏情况。在维修后对修复后的实物状态进行拍照，在自主维修单中填写修复过程。[①]

---

① 参见《JH国家技能大师工作室、劳模和工匠人才创新工作室管理制度》文件。

一位工作室成员介绍：

工作室就是配合生产，跟日常生产是融在一块的，你该干啥还是干啥，只是除了正常的那一部分以外，你还得多承担一些。比如哪个件儿坏了或者机器不转了，你懂这一方面你可能就得去瞅瞅，能修就给修上。包括我们修东西是得填维修单子的，自主维修单，电子版的，修之前和之后用手机拍个照，存工作室电脑里，后面由核心成员归档。[①]

第四条：改善创新工程制度

工作室在册人员（主要指工人）在日常生产工作中，发现有助于车间各项管理建设的改善项目，可以通过此工程进行改善创新。此工程对于思路成熟，拥有独立改善能力的人员可以进行自主改善，将整个改善过程填写在中心编制的改善模板中并将资料留存在工作室专用电脑指定文件夹中，由工作室指定人员进行归档留存。对于自主改善人员将改善成果归属到改善人身上并记录在个人档案中，对于申报改善人员，将改善成果同时归属到申报人和改善人身上，分别记录在各自的个人档案中。[②]

一位工作室成员谈到此工程制度的具体细节：

有的工人他在生产中遇到难题了，他脑子里有点想法，他想解决，但暂时没有这个能力改善，那么他就可以把他的想法带到工作室里来，让成员给他分析分析，分析完确定你这个想法到底有没有啥改善的意义，如果做完你那玩意没啥大改善，那就建议你别在这上面再浪费时间了，要是值得改善的课题，我们工作室就可以给他安排人了，谁谁谁可能在铆工这方面比较在行

---

① 2020年1月对JH工作室成员的访谈，编号JH20200122-03。
② 参见《JH国家技能大师工作室、劳模和工匠人才创新工作室管理制度》文件。

的，你俩过来合作一下，是做个小工装还是怎么地解决一下。^①

说白了就是给工人发明创新提供更多的机会了，你以前想搞发明、搞创造，没有人帮你，我自己还有生产任务呢是不是，我凭啥利用我的时间帮你解决攻关啊，很多人都会这样，但是现在有了工作室，有了这种制度，那么我们就可以合作一下，我也需要成果，你也需要成果，那么我们何乐而不为呢，那么就可以在这个平台上一起合作，改善完的成果，是你自己一个人解决的，那就归你一个人，我们出点子的就不要了，要是合作完成的，那改善成果同时属于你和跟你一起合作的成员，分别记录在档案里。^②

第五条：工作室测评制度

工作室在册人员在日常生产工作中，对于产品质量的要求更加严格，确保自己做出的产品质量合格。对于出现质量问题的，成员将质量问题记录在个人档案中，对于连续出现质量问题的人员，由工作室领衔技师进行谈话并填写谈话记录单。^③

第九条：现场服务制度

工作室根据中心高技能人才现场服务活动方案，对工作室在册人员进行分工，将工作室高技能人才分配到车间重点工区进行现场服务，经工作室审核后车间领导签字，最后到工艺部门签字。^④

一位工作室成员介绍道：

因为生产中肯定会遇到难题的，一般是车间遇到技术难题需要技术攻关

---

① 2020年3月对JH工作室成员的访谈，编号JH20200323-01。

② 2020年3月对JH工作室成员的访谈，编号JH20200323-02。

③ 参见《JH国家技能大师工作室、劳模和工匠人才创新工作室管理制度》文件。

④ 参见《JH国家技能大师工作室、劳模和工匠人才创新工作室管理制度》文件。

的时候，JH（领衔技师）就在微信群里发这是一个什么样的攻关课题，大家就开始自由报名了，在群里申请，但是也得看这项课题需要多少人，都需要什么工种的，这个一般就是JH提前定的，以前一般铆是铆焊是焊，现在一般铆焊结合了，报完名以后也是他最后确定最终人员名单，你一看微信，好，这个活有我，那我就参与这个课题攻关了。[①]

比如咱仨负责这个铝合金打磨，其实稍微有点不干净是不影响焊接的，但是难题来了，怎么能打磨得干干净净，解决问题啊，那咱仨就聚到一块琢磨了，保证打磨的那个砂轮啊，与型材表面的夹角是15°～25°，深度不超过型材厚度的2%，效果比较好。研究完了跟JH一汇报，满足工艺要求，符合施工标准，加1分，我们有业绩考核。[②]

工作室制度是在基本生产之上，对于更加困难的问题如何解决的有效制度安排，对于生产具有密切的嵌入性与结合性，弥补了一般生产过程中无暇专门顾及特殊难题的不足。技能大师工作室的出现，在服务生产、专门解决难题方面起到了有效的作用，也是其本质意义所在。除第三、四、五、九条制度以外，其他制度可以归纳为以下几个方面：第一，工作室日常会议制度等制度，主要目的是规范工作室成员行为；第二，提供技能培训制度，且这种制度要求工作室成员承担比非工作室成员更大的责任；第三，对工作室成员的绩效考核制度，工作室内部有自己的打分与评价制度，通过这个绩效管理，可以促进工人在生产、技术攻关等环节的技能进步，从而在公司技能晋升测评中取得成绩。

①　2020年3月对JH工作室成员的访谈，编号JH20200323-02。
②　2020年1月对JH工作室成员的访谈，编号JH20200122-03。

三、对技能大师工作室的柔性激励与弱退出机制

（一）柔性激励机制

对于技能大师工作室的激励主要来源于以下两个方面：①根据国家及省、市相关规定，一次性给予工作室相关费用用于工作室的建设，如培训用品、设备设施的购置、创新研发的费用等等。据笔者了解，国家一次性向国家级技能大师工作室投放10万元启动资金，J省对每个国家级技能大师工作室投放20万元；②K厂拨款10万元用于建设，除了第一笔启动资金以外，K厂还会根据工作室的目标完成情况，进行一定奖励。《Z集团K厂操作师工作站管理规范》第七条规定，对于技能大师工作室的激励政策主要表现在以下三个方面。

1.在不影响工作的前提下，工作室首席操作师（领办人）年休假纳入公司年度劳模休假一并安排。

2.公司及时掌握首席操作师的健康状况、思想动态，每年组织首席操作师参加体检、培训、考察、咨询等活动。

3.各工作站完成年度创新目标，由评审小组对完成效果进行评定，经领导小组审批后，由公司向完成效果突出的工作站授予"优秀工作站"荣誉称号，且将其完成成果纳入公司管理创新成果中，并参照公司级管理创新成果奖励办法进行奖励。[1]

一位工作室成员在谈及工作室的奖励机制时说道：

工作室是没有给你特别的钱的，像计时工资那种的，没有。就是刚成立

---

[1] 参见《Z集团K厂操作师工作站管理规范》文件。

的时候给了一笔建设经费，那也是在企业那里，不会到工人个人或者是工作室手上，主要是用在建设上了。但是成员们通过在这里搞发明创新，他们的成果有的是可以卖钱的，它靠的是这种激励机制。[①]

通过如上描述，笔者认为，企业对于技能大师工作室的激励主要表现为一种"柔性"激励，这主要体现在以下两个方面：①对于工作室领办人给予休假、体检、培训与考察机会等形式的奖励，而非对其进行直接的物质化奖励，且对于完成年度考核目标的优秀工作室主要给予一定精神奖励，通过颁发荣誉称号的形式对其进行表彰，也并非直接给予经济奖励；②对于工作室的成员以物质奖励，主要是通过其完成的创新成果来实现的，而这种创新成果的奖励是K厂既有的制度，也就是这种奖励是需要靠企业内另一套激励政策共同配合来实现的，具有间接性。由此我们发现，企业对于工作室绩效方面的激励并非是直接给予一定的经济奖励，而主要是以精神奖励或依靠企业既有的其他相关政策来实现的，体现出一种"柔性"激励的作用。

（二）弱退出机制

技能大师工作室的设立并非一劳永逸，经考察若出现严重违反劳动纪律、违反工艺纪律或工作态度消极等现象时，可视情节轻重给予留用察看、解聘等处理。值得注意的是，由于技能大师工作室是由国家进行授牌的，因此，这种退出机制主要还是由政府相关部门来负责。根据规定，对于工作室的评估一般两年展开一次，对连续两年不合格的工作室，则按规定要求退出并给予摘牌处理。根据笔者的调查，到目前为止，K厂的技能大师工作室并未出现这样的退出情况。据此可以看出，对技能大师工作室的管理虽然是落实在企业人力资源部和工会这两个部门，但是这两个部门主要负责的是日常化的管理与评估，而工作室的退出仍需要层层上报并最终由政府来决定，笔

---

① 2016年9月对WJ工作室成员的访谈，编号WJ20160901-02。

者将其称为企业管理制度上的"弱退出机制"。

通过以上分析我们会发现，技能大师工作室具有非行政性、功能复合性、嵌入生产环节、柔性激励等主要特点，是集传艺带徒、技术攻关等功能于一体的制度。而这样的制度属性对于工作室来说，主要产生两方面的影响：第一，作为工人活动的团体，其活动更为灵活；第二，缺乏行政性意味着缺少足够的约束与奖励机制，组织成员活动存在一定困难，这需要企业从治理机制上对其进行管理，就这一层面而言，K厂的内部劳动力市场起到了支撑其运行的关键作用。

第二节　制度关联：内部劳动力市场与技能大师工作室的运行

一个企业中的制度体系通常是一个完整的系统，其中的元素是各项制度彼此之间具有或独立，或耦合，或互斥等不同类型的相关性。[1]技能大师工作室的有效运行离不开其背后制度体系的支撑，本节试图从制度关联的视角对大师工作室现象加以研究和思考。如上所述，技能大师工作室属于一种非行政建制性工作团队，在这一制度下，往往需要工人利用自己的工余、业余时间进行活动，且由于该制度本身并不具备硬性的约束与奖励机制，无法为成员直接提供经济利益，因此一定程度上导致其本身缺乏足够的激励机制，容易走向形式化。然而，通过笔者对K厂的调研发现，技能大师工作室不但得到了良好的运行，而且显示出极强的生命力与活力。笔者认为，企业内部劳动力市场及相关制度体系起到了关键的作用。内部劳动力市场是相对于传统的外部劳动力市场而提出的概念，是以企业长期雇佣为主要特征，流通于企业内部的各种劳动合约与就业安排的制度总和，它对于企业工资激励、人

---

① 张旭昆. 制度系统的关联性特征[J]. 浙江社会科学, 2004 (3): 79-84.

员晋升、职位流动等起到了关键作用，也与技能大师工作室功能的发挥具有极高的关联性，本节将从这样的角度展开分析与研究。

一、分层与晋升机制："操作师"与"技能专家"评聘制度

（一）K厂十二级技能等级评价体系

对于工人的技能等级及相应的经济待遇分层，自新中国成立以来，便成为各大国有企业内部普遍遵循的一种重要企业管理制度，在K厂，自1954年建厂起至今，经历了不同的发展阶段，应当承认，K厂目前的技能评价体系有着自身独特的历史与发展脉络，笔者在此主要采用二分法的分类方式，分别对计划经济时期和改革开放以后的技能评价制度进行研究。

1.计划经济时期

计划经济时期以八级工资制度最为典型。八级工资制度是为了区别不同工种技术上的差别，而按照生产劳动的复杂程度和技术的熟练程度将工资分为八个等级。自1950年起，东北地区率先开始实行了按劳分配的八级工资制，对改善职工生活起到了积极作用。K厂作为"一五"计划时期重点建设的156个项目之一，也遵循着八级工资制的原则。

2.改革开放以来

自20世纪80年代中期开始，由于国家经济体制和经济结构发生的重大变化，八级工资制度下工人技术等级与工资等级挂钩不紧密、工资计划管理束缚了企业执行的灵活性等弊端日益暴露，八级工资制度不再适应企业的发展。1985年，政府进行了第三次全国工资改革，国务院发出《关于国营企业工资改革问题的通知》，接着劳动人事部门拟定国有大中型企业工人工资标准，从此，长期奉行的全国统一的以工人技术等级为基础的八级工资制被打破。[1]

---

① 李唯一.中国工资制度[M].北京:中国劳动出版社,1991:22-23,112-121.

从1994年开始，国家推行职业资格证书制度，包括社会从业人员、农村剩余劳动力等各类群体均可以在完成相应培训后参加职业技能的鉴定，符合相应等级标准者即可获得资格证书。1995年，参考国际经验，政府的人力资源和社会保障部①印发《职业资格证书制度暂行办法》，建立了"国家职业资格证书制度"，打破了原来的八级技术等级的制度，并由各地人力资源开发局职业技能鉴定部颁发职业资格证书。该证书共分成五级，级别从低到高分别为初级工、中级工、高级工、技师以及高级技师。在K厂，初级工一般为从事一些辅助性工种的工人群体，中级工为能够独立完成一部分具有一定难度的生产任务的工人，而高级工不但需要有熟练的技术，有时还需要懂教学。1996年，K厂开始实行技能工资制，根据不同的岗位、职务对劳动技能的要求和职工所具备的实际技术业务水平和工作业绩，经考试、考核而确定工资。②

此外，1984年10月，中共中央通过了以企业为中心环节的城市经济体制改革的决定，企业自主权不断增强，成为自主经营、自负盈亏的生产主体，其内部所遵循的技能等级也相对有了较大的自主性与灵活性。在这一背景下，笔者在K厂的调研发现，在K厂及其所隶属的Z集团内部，对工人的技能分层具有较为细致且复杂的结构，主要由三部分构成：①普遍实行国家制定的从初级工、中级工、高级工到技师和高级技师的五级分类标准③；②在遵循国家颁布的五级技术评价体系的基础上，K厂在技能阶梯上又延伸出"操作师制度"，K厂内实行的操作师评聘制度从低到高分为三级操作师、二级操作师、一级操作师以及首席操作师四个不同的操作师等级；③操作师制度是K厂内部的技能等级评价制度，但是在其所隶属的Z集团④范围内，在这种操作师评价制度之上，又延伸出来"技能专家"制度，该制度分为三个不同

---

① 当时为人事部印发，人事部现已并入人力资源和社会保障部。

② 张巨才，等.K厂年鉴（1996）[M].长春：吉林人民出版社，1996：321-323.

③ 即职业资格证书评价标准。

④ 如前所述，2015年经国务院同意，国务院国资委批准，K厂与另外一家轨道交通装备企业合并为Z股份有限公司，也就是说，K厂为Z公司集团下属的企业之一。

的技能等级，从低到高分为技能专家、资深技能专家和首席技能专家三个层次，其中首席技能专家为Z集团系统内最高的技能等级席位。这样一来，构成工人在技能阶梯分层上从初级工到Z集团首席技能专家共12个不同的技能等级阶梯，其具体关系如表4-1所示。[1]

表4-1　K厂技能阶梯等级表[2]

序号	考评机构	技能等级
1	Z集团层面	首席技能专家
2		资深技能专家
3		技能专家
4	K厂层面	首席操作师
5		一级操作师
6		二级操作师
7		三级操作师
8	国家层面	高级技师
9		技师
10		高级工
11		中级工
12		初级工

　　值得注意的是，这一"技能阶梯"上的晋升具有"破格提拔"的功能。也就是说，并非所有人都需要一步一步按部就班进行"攀爬"，对于极其优秀的工人来说，可以进行"等级"跳跃，一位工人介绍道：

---

[1]　需要说明的是，国家的五级分类标准强调的是职业资格，而K厂和Z集团操作师、技能专家制度是公司内部的一种评聘方式，两者在性质上有所区别，但是根据K厂技能等级评价"阶梯"中的相关规定，在此将其看成同一个系统。

[2]　参见《K股份有限公司核心人才年度考核管理办法》《K股份有限公司人才发展通道人才年度考核奖励机制》《K股份有限公司操作师管理规范》《高速动车组中心铝车体二车间高技能人才晋级方案》等文件，表格经笔者整理而成。

对于技师来说，他本来应该再往上评就是高级技师，但是有的因为他实作比较厉害，确实解决了生产中的重大难题，可能总是理论上差那么一点，那么他可能就有机会越过高级技师的评比，直接评三级操作师了。[①]

比方说我现在只是首席操作师，按理说我想再往上评，那我只能评技能专家了，往上上一级，但是事实情况不是这样的，因为它是可以跳级的，只要你成果足够，你也可以跳过技能专家，直接评资深技能专家，但一般只能隔着跳一级，你首席操作师评不了首席技能专家。[②]

这一技能等级制度及其所具有的灵活性与跳跃性，主要给K厂带来了两方面的影响。

第一，延伸了工人在技能等级上的跑道，强化了技能分层与等级制度。在一个工厂内部，需要较高的技能分层来实现组织的有效运转。技能等级的细致化分层，可以明显有简单劳动操作与复杂劳动操作上的差别，同时，延伸了上升的路径，拓展了技能等级提升的空间，K厂工人老李告诉笔者：

这就改变了一个以前存在的弊端，以前往往你技能人才走到一定程度没有路了，因为你技能等级就那么几层，一旦干到顶级了，你再想升，没空间了，那你可能就转（岗位）了，当中干去了。[③]

第二，不同的层次不仅代表着技能等级的差异，同时还意味着工资与其他福利待遇上的不同。在这一意义上，晋升对于工人在追求技能上的动员能力更强了。在K厂，据笔者了解，一般工人的工资是按照工时计算的，在此基础上，对于拔尖人才和操作师会给予特殊的待遇和津贴。一般而言，技师

---

① 2020年3月对非工作室成员的访谈，编号JH20200323-03。
② 2020年4月对SY工作室成员的访谈，编号SY20200418-01。
③ 2016年10月对K厂退休工人的访谈，编号TX20161012-01。

津贴100元/月，高级技师津贴200元/月，三级操作师津贴900元/月，二级操作师津贴1 400元/月，一级操作师津贴1 800元/月，首席操作师津贴2 400元/月，而资深技能专家、首席技能专家等顶级人才实行年薪制，资深专家通常是公司人均年工资的3.5倍，首席技能专家通常则是公司人均工年资的5倍。由于"技能跑道"的延伸，使得技术工人比以往任何时候都更需要提升自身的技能，以便在这个"跑道"上不断提升自己的"名次"，为了不断提升自己的技能等级，以便获得更好的等级职位成为工人们的普遍选择。几位工人师傅对于这样的制度发表了自己的看法：

这个人才通道很厉害，就好比是跑步，1 500米，如果你前面就剩10米了，那你可能就减速了，但是你前面如果还有500米呢，那我还得加油跑。所以说这个通道很"可怕"，很厉害，为什么K厂人现在干劲这么足？因为有动力，就是因为这个。最可悲的是你现在上班就是你以后的样子。因为我们还没干到头呢，我现在47岁，还有奔头呢，更何况年轻人了，在这个通道上去奔吧。①

以前工人干到40来岁，当了劳模以后，那你到车间当主任去吧，因为你待遇提升的空间不大了，那就去当领导吧，肯定比工人挣得多点。但现在就不一样了，现在领导说你们去当个中干吧，我们不去，因为我们还有上升的空间啊，我们工人干自己这块那干得好的（工人），可能比中干挣得还多。在我们自己最擅长的行业中干活多好啊，那我们为啥要拐弯，去干别的啊？干好了还有机会挣得比领导多，是不是？②

（二）技能分层评价的具体指标——以操作师的评价标准为例

《K厂操作师管理规范》规定，在K厂，所谓"操作师"主要是指在操

---

① 2020年4月对SY工作室成员的访谈，编号SY20200418-02。

② 2020年4月对SY工作室成员的访谈，编号SY20200418-03。

作岗位上工作，具有较高的技术技能水平，取得突出成绩的操作岗位员工。操作师实行任期制，每年评聘一次，任期两年，并根据个人的业务能力、技术水平、工作业绩等情况进行评聘，其中通用条件主要包括：①在生产制造岗位上工作，具有较强的创新精神、较高的思想政治素质以及良好的职业道德；②具有较高的技术技能水平、丰富的生产实践经验，能解决本工种的技术难题；③按时完成生产任务，无质量、安全责任事故，绩效考核成绩优秀。此外，更具差异性和评比性的条件则在于对评选每一层级操作师的不同要求，申报三级操作师的条件一般为：

原则上应具有技师资格：
（1）在公司级技术技能竞赛中，成绩优秀者；
（2）在产品开发、制造、技术引进、改造、攻关、售后服务，以及复杂设备安装、调试、检验等生产活动中，工作业绩显著；
（3）具有很好的传授技艺、培训技术工人的能力，在任技师期间，应为企业培养出1名及以上具有高级工职业资格的技能人才。[1]

申报二级操作师的条件一般为：

任三级操作师满两年，具有高级技师资格（或在K厂职业目录中最高级别设置为技师的各工种）：
（1）在集团公司（或C市）级技术技能竞赛中，成绩优秀者；
（2）在产品开发、制造、技术引进、改造、攻关、售后服务，以及复杂设备安装、调试、检验等生产活动中，工作业绩突出；
（3）具有很好的传授技艺、培训技术工人的能力。在三级操作师期间，应为企业培养出1名及以上具有技师资格的技能人才；或在高技能人才操作技

---

① 参见《K厂操作师管理规范》。

能培训岗位工作，作为骨干培训教师发挥了重要作用，并取得显著成效。[①]

申报一级操作师的条件一般为：

任二级操作师满两年，具有全蓝领资格：

（1）在省、部级技术技能竞赛中，成绩优秀者；

（2）在企业产品开发、制造、技术引进、改造、攻关、售后服务，以及复杂设备的安装、调试、检验等生产活动中，工作业绩突出，能解决生产中的重点、难点问题，技能水平和创新能力是同行的领军能人；

（3）在专业理论方面成果突出，应有一篇具有一定实用价值的学术论文；

（4）具有很好的传授技艺、培训技术工人的能力，在任二级操作师期间，应为企业培养出1名及以上具有高级技师职业资格的技能人才；或在高级技能人才操作技能培训岗位工作，作为骨干培训教师发挥了重要作用，并取得显著成效。[②]

申报首席操作师的条件一般为：

任一级操作师满两年：

（1）在国家级技术技能竞赛中，成绩优秀者；

（2）在集团公司内，有被同行公认的"绝招绝技"，在新产品开发、质量攻关、技术创新、技术改造等方面贡献突出，在吸收国内外先进技术，安装、调试、操作及维修先进设备等方面做出显著成绩，取得较大经济效益，总结出的先进操作技术与方法在集团公司推广应用；

（3）在专业理论方面成果突出，具有一定学术实用价值，在公司级及以上刊物发表一篇学术论文；

---

① 参见《K厂操作师管理规范》。

② 参见《K厂操作师管理规范》。

（4）具有较强的传授技艺、培训技术工人的能力。在任一级操作师期间，应为企业培养出1名及以上具有高级技师职业资格的技能人才，或在高级技能人才操作技能培训岗位工作，作为骨干培训教师发挥了重要作用，并取得显著成效。[①]

而符合下列条件之一者可以破格申报：①代表公司参加国家部委、省（市）和集团公司组织的技术技能竞赛，并取得优异成绩的，可以按《K厂技术技能竞赛奖励办法》申报；②对在某一专业领域有特殊专长、成绩显著、贡献突出、具有专业带头人的能力、达到上述同等水平的人员，经公司领导小组批准，可不受年限、技职资格的限制破格参加操作师评选，并最后根据参评人提报的材料、述职、业务答辩等情况进行打分，表4-2为对各级操作师进行技能分层评聘的主要考核标准。

表4-2　K厂操作师选拔评审考核简表[②]

姓名		性别		出生年月	
参加工作时间		评聘等级		职业工种	
项目		具体内容	标准成绩	实得成绩	
①本职工作情况			15分		
②应用四新知识情况			15分		
③解决生产难题情况			20分		
④提质降耗情况			15分		
⑤技术特长绝招情况			10分		
⑥团结协作带徒传艺情况			10分		
⑦合理化建议情况			10分		
⑧获奖情况			5分		
单位领导意见：_____				领导签字：_____	

[①] 参见文件《K厂操作师管理规范》。

[②] 参见文件《K厂操作师管理规范》《K厂技术技能竞赛奖励办法》。

　　由此可见，带徒和技能攻关创新是技能等级评价的两个重要面向。这种技术分层制度体现出技能劳动的差异性特征，表现出简单劳动与复杂劳动之间的区别，李强在谈及产业工人队伍问题时指出，与过去简单的技能等级制相比，多样化技术分层更有利于工人追求高层次、高水平的劳动技能，更能激发一线高水平劳动者的劳动自豪感，更强的社会地位差异感，可以促使人们更积极地去追求更高的技术地位。[①]由于技能分层制度的存在，使得工人想要进一步提升，就不得不努力寻找能够完成上述标准的渠道，但事实上，这样的渠道在K厂并不多见：其一，在于班组制度培训与技能攻关的能力较为薄弱，班组作为工厂内部最基本的生产单元，其主要功能在于完成生产任务，而生产任务之外的诸如技能拔高式培训或是技能攻关等活动一般只在少数有能力的工人身上发生；其二，班组以外虽然存在企业培训中心、人力资源部等行政组织，它们会组织工人进行相关培训与学习，但这样的形式并不足以满足解决工人在生产中频繁发现的问题与对于技能攻关及时性与灵活性的需要，而往往只是进行一般化或基本的培训。但由于技能大师工作室制度的出现，不仅有效弥补了上述制度存在的缺陷，也同时成为满足工人提升自身技能及等级愿望的重要渠道，这也成为工作室能够有效运行并保持着极高的吸引力与活力的重要原因。应该承认，K厂的技能分层与评聘制度在为工人拓展上升的空间，带来了更大的动力的同时，也为工人带来了更大的压力，使得工人不得不寻找进行创新与传艺带徒的方式，而这又与技能大师工作室的功能产生了显然的关联性与互补性。

二、激励机制与导师带徒绩效化

（一）工资制度

　　如前所述，技能等级、工资等级是内部劳动力市场的关键要素，也是

---

① 李强. 为什么农民工"有技术无地位"——技术工人转向中间阶层社会结构的战略探索［J］. 江苏社会科学, 2010（6）: 8-18.

促进技能大师工作室能够有效运行的关键制度。经济学家曾从激励的角度对企业内部的等级制度提出了一种解释框架，即等级制度下的晋升过程和评估对人们的行为提供激励。自新中国成立以后，我国在工业化发展的过程中经历过几次对技术资格证书制度的改革与调整，应该说迄今为止还处于改革之中。新中国成立初期，国家曾一度实施供给制，到20世纪50年代初进行了第一次工资改革，在企业层面实行了以技术等级标准为基础的八级工资制度，用"考工定级"或"考评结合"的办法确定工人的工资等级。在此后的较长一段时间里，这种八级技术等级的制度，得到企业工人和全社会的普遍认可。1985年，全国第三次工资改革实施，年初国务院发出《关于国营企业工资改革问题的通知》，接着劳动人事部门拟定了"国营大中型企业工人工资标准"，90年代中后期，国有企业改制后，各种不同的企业更是奉行各自的工资制度。在K厂，据笔者了解，一般工人的工资是按照工时计算的，在此基础上，对于拔尖人才和操作师会给予特殊的待遇和津贴，一般而言，技师津贴100元/月，高级技师津贴200元/月，三级操作师津贴900元/月，二级操作师津贴1 400元/月，一级操作师津贴1 800元/月，首席操作师津贴2 400元/月，而对资深技能专家、首席技能专家等顶级人才实行年薪制，资深专家通常是公司人均工资的3.5倍，首席技能专家通常是公司年人均工资的5倍。相关研究证明，劳动者获得专业资格认证可以显著提升其就业质量和工资收入。[1]研究者曾利用5家制造型企业共21个生产车间的调查数据，考察了国家职业资格证书对工人的技能水平和年收入的影响。研究显示，国家职业资格证书存在显著的收入效应，与无证工人相比，初级工和中级工证书能够带来约9.5%的收益，高级工证书能够带来约11%的收益，而技师以上证书所带来的收益显著上升到24%左右。还有研究显示，这种收入效应产生的原因在于职业资格证书有效提高了工人的技能水平，从而增加了工人的年收入。[2]

---

① 李雪,钱晓烨,迟巍.职业资格认证能提高就业者的工资收入吗?——对职业资格认证收入效应的实证分析[J].管理世界,2012(9):100-109,119,188.

② 苏中兴,曾湘泉.国家职业资格证书、工人技能水平和收入效应——来自5家制造型企业21个生产车间的经验证据[J].经济理论与经济管理,2011(6):94-102.

　　我是咱们K厂的老员工，我是（19）58年进厂的K厂第一代职工，建厂那时候我就参与了，我（当兵）之前已经在K厂干了一段时间了，但因为当时年龄太小，就走了，复员以后我又到工厂，当时垒大墙，给你一块地，让你开始垒，挖地基。从建厂、垒墙、砌砖开始干，连续七年的老劳模、C市劳模，后来全厂焊接大赛我得了个第一，奖励半级工资，我们那代人好像没挣上多少钱。[①]

　　现在跟过去那阵不一样了，现在的工资差距很大，像我们的首席操作师，一个月除了工资，公司还给津贴2 400元，额外还有高级技师的（津贴），车补油补都给，所以一个月能多得2 000～3 000元钱，那么工人就看到了，企业对人才比较重视，另一方面是对工人的激励，学技术才能提高生存能力。所以大家也都是在慢慢地往上爬，你技能越高，待遇就越高。[②]

---

① 2016年10月对K厂退休工人的访谈，编号TX20161012－01。
② 2016年12月对K厂工会领导的访谈，编号GH20161012－01。

表4-3 在K厂技能等级的基础上发展出人才通道制度①

通道等级	角色定位	专业管理通道		市场营销通道		工程技术通道		技能操作通道	
		子通道	等级称谓	子通道	等级称谓	子通道	等级称谓	子通道	等级称谓
L0	愿景引领者		—		—		科学家		工人院士
L1	领军人物		首席管理专家		首席营销专家		首席设计/工艺技术专家		首席操作师
L2	学科带头人	财务会计	资深管理专家		资深营销专家		资深设计/工艺技术专家		资深操作师
L3	本专业领跑人员	党群管理	管理专家		营销专家		设计/工艺技术专家		主任操作师
L4	本专业核心人员	行政管理 技术管理	资深主任管理师	海外营销	资深主任营销师	研发技术	资深主任设计/工艺技术师		操作师
L5	本专业关键人员	人力资源	高级主任管理师	铁路营销	高级主任营销师	工艺技术	高级主任设计/工艺技术师	直接生产	高级技师
L6	本专业重点骨干	风险控制 生产运作	主任管理师	城铁营销	主任营销师	支持技术	主任设计/工艺技术师	辅助生产	技师
L7	本专业业务骨干	战略管理 运营管理	高级管理师		高级营销师		高级设计/工艺技术师		高级工
L8	本专业业务人员		管理师		营销师		设计/工艺技术师		中级工
L9	入职人员		助理管理师		助理营销师		助理设计/工艺技术师		初级工
L10	入职人员		实习管理师		实习营销师		实习设计/工艺技术师		实习操作工

---

① 此人才通道制度与K厂工人技能等级制度基本相同,不同点在于工人技能等级制度侧重的是其技能分层下的具体等级,而人才通道制度强调工人的职业生涯发展及其在K厂内的地位问题。虽然二者在技能等级分层上略有差异,但实质上是一致的。

表4-3展示的为K厂现行职能部门与生产工人群体不同阶段的发展路径，K厂将其取名为"人才通道"。该通道制度体系包含专业管理人员、市场销售人员、工程技术人员以及技能操作人员在内的K厂职工的职业生涯发展渠道。在每一个通道内部均存在11个不同级别，由低到高分别为"L10""L9"直到顶层"L0"。值得注意的是，K厂规定不同通道内的员工在相同层级上待遇与地位相同，这从侧面印证了工人在工厂中的待遇与地位一定程度上得到了提升。而在L0这一水平层级上，仅有工程技术通道和技能操作通道，而专业管理和市场营销并不存在此通道，这也反映出K厂对技术的重视，和政策对技术人员与技能人才的倾斜。笔者认为，企业工资多元化及技术等级分层制度对于企业发展具有重要的推动作用的同时，也使得工人对技能提升的追求更为迫切，而工作室作为帮助其提升技能的重要平台，这意味着加入工作室参与活动的积极性和主动性也更高。可以说，正是由于企业内部的技能等级分层、职业晋升及相关工资待遇制度的存在，为工人积极参与工作室活动，努力学习技艺提供了重要的制度性支撑。

现在每一个级别的待遇都是一样的，那我为啥要拐弯啊，就可以从头干到尾，我们工人有11级通道，从低到高是L10到L0，L0是工人院士，工人院士在等级上就等同于科学家了。而工程技术人员呢也是从一级到十级，还有L0，这个L0只有工程技术和技能操作这两个通道有，其他两个没有。我们现在都还没有到天花板，那我们就在自己的通道上干，学习技术，也可以有跟管理人员一样的效果，包括待遇啊、地位上等等。①

一位普通工人对笔者阐述了他对于此制度的看法：

我们现在处于高级工这一层，那么看到了我师傅也好，包括工作室负责

---

① 2019年12月对SY工作室成员的访谈，编号SY20191218-02。

人也好，他们的位置和他们已经得到的待遇，我说的待遇不仅仅是工资方面的，包括房补、车补这些，都算是很好的了，那么我们学好技术，也能达到他们那样的高度，或者是永远也达不到那样的高度，但是始终给人一个奔头吧，学技术就是能多挣钱，这个是永远不会变的。①

拉桑尼克指出，管理者必须寻求规制工作努力和工资报酬之间关系的适当的组织制度和管理方式，使工人付出足够的努力以实现因投资于新技术而产生的生产率潜力。当工人的技能和努力与资本投资结合起来时，将会创造出足够的价值让劳资双方都得到更大的收益。可以说，管理的社会功能是通过限制和激励而使个人自由服从组织目标的过程来取得更高的生产率。②应该承认，相比于国家与工人的政治关系，国企的经济绩效越来越决定工人的"饭碗"和收入水平，也导致工人对技能提升的追求更为迫切，在缺乏一定内部培训制度、技能攻关与交流制度的前提下，意味着工人更需要积极和主动地加入工作室。可以说，正是由于企业内部的技能等级分层、职业晋升及相关工资待遇制度的存在，为工人积极参与寻找令自身技能得到提升的方式，努力学习技艺提供了重要的制度性支撑。

（二）师傅带徒绩效化

如上所述，技能大师工作室具有技能培训的任务，而这一任务中的师带徒正好与企业操作师评聘中的带徒标准具有高度的契合性，也就是说，工作室带徒与技能等级评价制度下的带徒基本上是一致的，师徒合同都基本上以一年一签的短期化合同为主，不同的是技能评价制度中的师带徒其绩效化目的更为明显，工作室师带徒对徒弟有一定的要求，即一般而言徒弟为技师以上水平。师徒制是在工业生产中直接培训后备技术工人的一种制度。通过师傅带徒弟的方式，经过一定时期的实际生产劳动和训练，使徒弟逐步掌握生

---

① 2019年9月对非工作室成员的访谈，编号WJ20190910-03。

② 路风. 国有企业转变的三个命题[J]. 中国社会科学，2000（5）：4-27，204.

产技能，成为熟练的技术工人。[①]这种方式在新中国成立之后对于培养新工人，满足企业生产对技工的需要起到了非常重要的作用。传统师徒制的结对方式主要采用行政负责人口头分配的方式进行，其期限相对较长，K厂也曾经存在传统师徒制的形式，但随着改革开放的深入发展，K厂进行了师徒制改革，其主要原因在以下几点。

第一，师徒制技能传承质量较差。一位老工人谈道：

因为在这个企业不断发展的进程中也发现了，啥样师傅他带啥样徒弟，那师傅不咋地的，带出来的徒弟也不行，但有的时候这个分配无论你是师傅还是徒弟，你没法选。假设说你现在这个班组一共有十个人，你来了二十个徒弟，你咋整，是不，那你就得一个人带俩，你作为徒弟你也没法选择，就打这个比方。所以，那就有的师傅不咋地，那带出来的徒弟跟师傅一模一样。[②]

第二，师徒间劳动政治没有得到有效缓解。

有的师徒间感情不好的，那尤其是师徒间年龄差不了几岁的，那真可能你教会了他，他就超过你了，教会徒弟饿死师傅啊，所以确实有的师傅不愿意教你。[③]

由于工人自身有晋职称的需求，因而要完成公司对其进行的考核，考核内容除了技术专利、论文等成果外，还明确包括"导师带徒"这项，在这里，导师带徒变成了工人向更高级别职称进军的必要条件，因为自己要进行考核，要完成公司的考核，这种现象笔者将其概括为师傅带徒"绩效化"，即徒弟是师傅的"绩效"，导致工人无论是否愿意带徒，想要晋升，带徒是

---

① 祝慈寿.中国工业劳动史［M］.上海：上海财经大学出版社，1999：540.
② 2016年9月对WJ工作室成员的访谈，编号WJ20160901-03。
③ 2016年10月对WJ工作室成员的访谈，编号WJ20161011-01。

必须完成的任务。有学者指出，随着国有企业市场化改革的不断深入，师徒结对在实践过程中产生的劳动政治会使其无法有效承担技能传承的任务而最终被淘汰。①通过笔者的调查发现，缓解师徒间技能传承危机正是企业内部劳动力市场中蕴含的以技能等级评聘制度为典型特征的市场性因素，形塑和维持着师徒制的存在，使得师徒制不仅没有销声匿迹反而在技能形成过程中发挥了巨大作用。一位工人谈道：

> 徒弟是我的业绩，因为他如果没上升一个档次（这里指技能等级），那属于我的考核也没合格啊，操作师评价制度里有一条就是一定得带徒。徒弟带好了，我才能上升一个档次，这是考核指标。所以我培养出来的徒弟已经成为高级技师了，他超过我了对我也是有好处的，我就可以再往上走。②

一直以来，企业师徒制技能培训都面临行动困境，主要原因在于师傅不愿意教，所谓"教会了徒弟，饿死了师傅"的心理，导致工人在一个企业难以有持续的上升空间，其职业生涯很难走到比较高的层级。

> 如果一个老工人把你的技术都交给了年轻人，那你不就失业了吗？那么他就不会去传承这种技能，但是现在是我徒弟厉害，那才证明我厉害。③

在公司的考核机制、梯次里，有技能传承这一项，就是这些人也需要收徒弟，那么这时候就需要把这些徒弟吸纳进来。他们有这样的合同，我需要把你培养成什么样的层次，你完成几个成果，它是有指标的，这合同是一年一签，一年以后这个合同就没有效了，就完成既定任务了。但是虽然合同

---

① 王星. 技能形成的社会建构——中国工厂师徒制变迁历程的社会学分析[M]. 北京: 社会科学文献出版社, 2014: 322.

② 2019年12月对GS工作室成员的访谈，编号GS20191220-02。

③ 2019年12月对GS工作室成员的访谈，编号GS20191220-04。

到期了，大家还都认这个关系，只是从公司管理的这个角度来说就已经不是了，因为合同已经到期了。就是制度上解除了，但情感上的关系还有，所以说为啥徒弟越来越多，就在这儿。①

而这种制度带来的直接后果是K厂的师徒制内涵和效果与以往产生了很大差别。当笔者向工人询问当前K厂存在几种形式的师徒制时，他回答道：

现在不存在这种意义上的了，都是在"再提升"的这个状态下。老师傅带的那种我入厂的时候还有呢，1990年入厂还有。当时跟师傅有签有没签的，因为我是技校毕业的，所以就不签，就厂子人力资源部这块就不给你安排师傅，那种传统的，我进厂的时候还有呢，1990年。②

从严格意义上讲，已经没有传统那种师徒形式了，因为我们现在招的工人，是职业院校毕业的，他来的时候本身就是高级工了。以前是啥呢，你连初级工都不是，你是学徒工，需要有老师傅带，那个师傅是有钱的，师傅每年挣这个钱的，教他，到时候考核，然后转正，变成初级工，开始一点点（走技能之路）。现在先招生，后就业，给企业减负。③

我们要求带徒必须得把徒弟的技能提高一个层次，他原来已经是高级工了，那我带他就必须得把他带成技师水平。因为传统意义上的师傅和徒弟之间就是教会你实用岗位工作那点东西，就完事了，所以再拔高他可能能力有限，而我们这种带徒就必须把徒弟拔高了。④

---

①　2019年12月对GS工作室成员的访谈，编号GS20191220-03。

②　2019年12月对SY工作室成员的访谈，编号SY20191218-04。

③　2019年12月对SY工作室成员的访谈，编号SY20191218-03。

④　2019年10月对ZQ工作室成员的访谈，编号ZQ20191014-04。

（三）徒弟短缺：过度带徒化与师傅集团垄断现象

如前所述，技能大师工作室通常与厂内既有的内部劳动力市场相关联，有助于工人技能水平的提升，而这种提升通常是通过考级、评级制度体现的。但是，由于考级、评级每年都在发生，一些技能水平等级较低的工人逐渐被评聘为技能水平较高的技师、高级技师或更高层级，能作为徒弟的工人在不断减少，因此导致存在"师傅找不着徒弟"带的弊端，也就是说车间内存在师傅作为技能的供给方其数量大于技能的需求方，且带徒要求在原则上不能重复带，一定程度上导致"过度带徒化"倾向，一位工人师傅向笔者介绍道：

车间里每个想评职称的你都得找徒弟带啊，自己去找，这就存在问题，有时候师傅找不着徒弟。就拿工作室成员来说，现在70多人，但凡想往上爬一格的，都得找徒弟，但是车间一共四五百人。今年就有想报操作师的找不着徒弟了，因为这个，评职称的硬性条件他就不够，带徒的硬性指标你没完成，你就得放弃了。[①]

由于K厂近十年来没有大批引进新工人，既有工人在这样的带徒制度下每年都在成长，这样的结构性矛盾被认为是导致过度带徒化和师傅集团垄断现象的主要原因，一位工会领导谈道：

因为我们公司这几年没新进人，但是公司评级要求必须带徒弟，带过的还不行，不能说我今年带过他你终身总带他。公司应该每年零星地进些人，这样给师傅创造条件，我还能带新人，现在就是师傅在下面找不到徒弟，因为可能都变成师傅了，别人带过的往公司系统里面录，录不进去了。[②]

---

① 2019年10月对ZQ工作室成员的访谈，编号ZQ20191012-04。

② 2018年8月对K厂工会领导的访谈，编号GH20180828-02。

由于公司决策导致的大批进人，现在人员多处于饱和状态。

因为2009（年）干高铁，给了公司很多订单，但是车间人不够，所以K厂进了将近4 000人，一次大批进人所以现在一直不进人。本科都不让进，必须研究生起步，不招工。现有的这些人到了一定年龄也不行了，体力越来越差。有生命力的话应该是每年十个八个地往里进，这是最好的效果，现在是十年没进人，这些人的身体状态和十年前肯定是不一样的。但是你还得继续做。但是如果你进来十个小孩的话，你一分（配），小孩一来有生命力啊，这也是一个问题。[①]

由此可见，能成为徒弟的工人越来越少，一定程度上导致师傅后继乏人，出现师傅集团垄断的局面。不同的解释逻辑可以对同一现象提出不同的解释视角，客观地看，技能大师工作室确实为工厂培养高技术水平的工人提供了良好的平台与途径，但是由于K厂近年来员工流动性较低等原因，这种与工厂既有技能等级评价体系相适配的制度，也存在因带徒量过大而导致的徒弟短缺的潜在风险。

K厂的"人才通道"政策产生了工人技能传承的一种互惠行为，这是因为，一个工人想要晋升的前提是他需要分享技术。企业作为功利性组织，无论是作为独立行动者的企业，还是企业中的成员个体，获取利益都是主要的行为动机。路风认为，由于一个企业的结构条件，如产品构成、设备和技术、地点和供销渠道等是在计划经济下由官僚机构所做决定的，它们通常不适于企业在市场竞争下的需要。从计划向市场过渡的每一步都要求在企业层次上的组织创新。[②]除产权外，国企改革也在操作层次上进行了变化。计划经济时期围绕完成国家计划指标而组织的劳动和生产过程，在性质上非常不同于围绕贯彻企业市场竞争战略而组织的那些过程。一个企业为了能够在市

---

① 2018年8月对K厂工会领导的访谈，编号GH20180828-01。

② 路风. 国有企业转变的三个命题［J］. 中国社会科学，2000（5）：4-27，204.

场上具有竞争优势，它的管理层必须实现对生产过程和劳动过程的控制，创制更精巧的激励机制，并在以后逐渐发展出来。

经济学对内部劳动力市场（internal labor market）理论的论述已经相当丰富，凯尔、多林尔和皮奥里等人逐步发展出了一套较为完整的内部市场理论。[①]内部劳动力市场理论将劳动力市场分为内外两个部分，企业内部劳动力市场更多地受到行政规则的支配，例如正式的工资等级制度和非正式的职业晋升规则等。而外部劳动力市场更多地受到经济因素的支配，服从传统自由竞争的经济规律。[②]内部劳动力市场理论认为，职业和工作的特殊化使劳动者的技能变得独一无二，即使是最简单的工作也包含着独特的技巧和经验。[③]同时，内部劳动力市场一个最大的特点就是劳动力价格等因素是由劳动者所处的组织决定的，而不受组织之外的外部劳动力市场控制。组织内部有清晰的职业阶梯，劳动者地位晋升不受外部劳动力市场因素影响。[④]通过上述分析我们可以看到，无论是企业内部的技能等级评价制度、职业晋升制度还是工资等级制度均需要工人在技能等级上的提升，而这一提升过程大多数情况下是在技能大师工作室内完成的，客观上为技能大师工作室的运行搭建了一套稳定的制度体系。如果说技能大师工作室的运行与宏观的制度体系有着密切的关联，那么企业内部相对微观的、具体的制度则是其有效运转过程中不可或缺的另一重要面向。在制度生成与发展的过程中，政府起到了主导作用，是自上而下地推动，但与此同时，企业作为微观经济行为主体，同时具备自下而上地进行一种制度变迁类型探索的能力，企业行为主体因为发

① 严维石. 内部劳动力市场中的互惠行为与技能外溢效应：基于经济社会学视角[J]. 浙江大学学报（人文社会科学版），2012（3）：191-197.

② PETER B DOERINGER, MICHAEL J PIORE. Internal Labor Markets and Manpower Analysis [M]. Washington: Manpower Administration, 1970: 7-24.

③ PETER B DOERINGER, MICHAEL J PIORE. Internal Labor Markets and Manpower Analysis [M]. Washington: Manpower Administration, 1970: 28-40.

④ GLEN G. CAIN. The Challenge of Segmented Labor Market Theories to Orthodox Theory: A Survey [J]. Journal of Economic Literature, 1976, 14（4）: 1215-1257.

现潜在获利机会而有制度诉求。[①] 可以说，技能大师工作室制度作为新出现的制度嵌入进了厂内既有的内部劳动力市场及相关制度当中，与企业既有制度体系互为补充、互相促进并与其融合共生：一方面，技能大师工作室的嵌入有助于厂内既有劳动力市场功能的发挥，因为内部市场需要基于技能等级分层与提升为基础的差异化与激励机制；另一方面，内部劳动力市场也一定程度上弥补了技能大师工作室内部缺乏有效劳动激励的局限，促进了大师工作室的制度活力与影响力。

第三节　关于技能大师工作室有效运行的讨论

一、一种"柔性制度"：对技能大师工作室制度属性的理解

技能大师工作室作为国企内部一种非行政性建制组织，与既有科层化的组织相比，它首先在结构层面更具有一定的柔性与灵活性，可以根据生产需要随时调整与变化组织形态，这也证明了工作室制度具有服务于生产的制度属性，这与工厂既有的刚性生产管理制度存在较大区别。其次，由于其本身缺乏一定的物质激励机制，之所以能得以有效运转，实则是与企业既有的激励机制相关联，从而解决了激励问题、团队合作以及员工参与的积极性等问题。再次，工作室组织作为劳动模范的集合体，还在精神层面上具有引领示范与符号象征的意义。

第一，就工作室组织形态而言，技能大师作为工作室的领办人即最高组织者，虽然对于工作室的管理有着很高的职权，但是与工厂正式行政体系相比，工作室负责人的身份还是在其之外的，并不会因为领导与负责工作室

---

① 郭冠清. 文化、技术与企业制度变迁 [M]. 北京：中国经济出版社，2006：76.

的相关工作而被赋予一定的行政头衔和职位。此外，工作室成员也全部是以"跨界兼职"的身份进入工作室的，在需要完成自身生产工作的同时，遵循工作室的相关规范。与此同时，工作室作为一个在既有体系以外，将优秀的工人进行再选拔与再组织而形成的工作团队，其本身具有一定的非行政性与灵活性，其内部通常会依据不同的生产情况，挑选适合的工人灵活地组成各种攻关小分队解决生产难题，是一种根据生产任务或攻关任务的不同可以随时调整内部组织形态的开放性系统，具有一定的"柔性"作用，而在这一制度规范下的组织也不是封闭的，而是流动的，从而弥补了既有刚性制度的边界性与封闭性，体现出一定的灵活性。

第二，技能大师工作室服务于组织内部市场和技能等级晋升制度。经济学和社会学在研究组织内部时都关心两大问题：组织内部工资的分配和晋升。经济学从成本和效率的视角出发，认为等级制度下的晋升对工人的行为起到激励作用。在K厂，由于技能等级评价制度的存在，使得工人在竞争性的市场中不得不为了自己的技能晋升之路而努力，而由于工作室具有技艺传递、技术攻关等功能，一定程度上有利于加入其中的工人提升自身技能，以便在技能分层的"人才通道"上继续"攀爬"。因此，从本质上看，工作室是服务于工厂既有制度的，这种服务性意味着它并不是作为企业的硬性生产制度而存在，具有服务性制度的特点。

第三，技能大师工作室的柔性制度属性还体现它也是作为工厂中的一种文化与规范因素而存在。由于工作室内部成员通常是由经过工厂技能选拔的技能突出者而组成的，这类技能突出者往往是不同等级（包括厂级、省市级、国家级）的劳动模范和技能先进的生产者，其身上具有突出的当代生产工人所具备的精益求精、敬业勤业的劳模精神与工匠精神，因此可以将其看成一个优秀典型的集合体和共同体。将这些工人聚集起来使得工作室制度具有在精神层面的示范与符号象征作用，包括技能大师在内的这些优秀的工人不仅在技能传递上发挥了重要作用，同时在思想层面上也影响着普通生产工人的行为选择，而这种具有文化与规范因素的制度属性对于组织生产有重要影响。

二、与企业技能晋升制度关联：由"身份性报酬"到"行为性报酬"

从交换理论的观点来看，大师工作室成员这一身份标签实际上并不能给工人带来直接的报酬和福利等经济资源，由于工作室具有非行政建制的制度属性，并不隶属于工厂既有的正式科层体制，也不具备发放经济报酬的功能，因此从形式上看，工作室活动与工人之间并不存在直接经济利益关系，成员进行攻关发明、技术创新的活动也并非工厂例行下发的生产任务，往往是为了辅助与服务于正式生产活动而进行的，多数是由工人利用业余时间完成的，其成员也都是"兼职"身份。因此，一个工人是否是大师工作室的成员并不能够直接影响工人每个月究竟能得到多少工资，也就是说没有任何的直接性"身份报酬"，而真正的报酬来源主要是由工作室成员的行为表现决定的。蔡禾认为，"身份性报酬"一般是指一个人根据其在组织中的正式资格，而不是以行为表现而获取的资源，如国有企业中的固定工与临时工因不同的身份属性导致报酬上的明显差异。虽然在多数组织中存在身份区隔的现象，但这种身份必须是以一个人在组织中的行为表现来维护的。从这个意义上讲，它也变成了一种行为性报酬。[①]

由此我们可以认为，真正有助于工人获得差量性分配资源的是工人在企业中的行为表现，而工作室为这一行为性报酬的获取提供了最直接且强有力的平台与渠道。通过工作室的活动，为工人提供发明创造的智力资源、设备资源等条件以提高其技术攻关的能力，是激活其技能发展的一个"跳板"与"平台"，促进工人在企业中的行为表现，而这一机制与企业的"人才通道"制度相匹配，按照工人对企业的贡献大小来差量分配报酬。换言之，并非工作室成员的身份能够使工人获得直接的利益，而是将这种身份性通过工作室的平台转化为了行为性报酬。当然，行为报酬性资源不仅仅包括经济奖

[①]　蔡禾. 论国有企业的权威问题——兼对安基·G.沃达的讨论[J]. 社会学研究，1996（6）：17-24.

励，如奖金、奖品等，同时还包括荣誉称号的授予、提干等。德国技能形成的成功来源于"高技能平衡"路径，所谓"高技能平衡"路径，即采取了高技能、高价值与高工资之间的动态平衡，也只有在三者之间达到平衡时，技能才能有效地形成与传递。技能大师工作室作为主要由工人群体构成的非行政建制的工作团体，其本身缺乏一定的有效的物质激励机制，其之所以能得以有效运转离不开将这种缺乏组织激励的现象与企业既有的激励机制相关联，从而解决了激励问题、团队合作以及员工参与的积极性等问题，也再次印证了，其与企业技能晋升制度的关联性，成员因其行为而非身份获得报酬。

三、企业的技能提供制度：国企与国家在培训上的同一性

美国学者威廉姆·邦维利安等人曾指出，劳动力和工程培训是先进制造业发展的重要基础，先进的制造知识在很大程度上属于隐性知识，隐性知识需要"师徒传授"，因此培训是技术传播的重要方式，这是先进制造业必须承担的关键任务。[1]技能大师工作室是理性设计出来的制度，如果说国家力量为其制度的设计与运转提供了动力，那么不断起到推动与运行的则是企业在生产过程中所提出的一系列能够与之适配，并充分激活其运行的制度规章。技能形成方式主要包括外部培训和内部培训两种，而技能大师工作室无疑属于后者，是将技能培训职能"内在化"的典型表现。对于工人的培训，它不仅是国民教育体系中的一个重要组成部分，国家人才培养的一个重要方面，同时也是企业劳动管理的一项重要内容，是提高产品质量与劳动效率，完成企业经营目标的前提条件。[2]

如果从企业与国家关系的视角出发则会发现，由于政府的职能是多方面的，包括公有财产的管理、营运和增值等，因此，政府必须以委托人的身

---

① ［美］威廉姆·邦维利安, 彼得·辛格. 先进制造——美国的新创新政策［M］. 沈开艳, 等译. 上海: 上海社会科学院出版社, 2019: 409.

② 祝慈寿. 中国工业劳动史［M］. 上海: 上海财经大学出版社, 1999: 532.

份将公有财产的经营管理委托给某一具体部门，形成职能部门与独立法人之间的委托—代理关系，使得企业以独立法人的身份来代理公有财产。长期以来，虽然在整个社会中没能形成清晰的产权关系，但企业作为政府意志的执行机构，企业是实现与完成政府倡议的重要组织。计划经济时期的国有企业对作为报酬提供给职工的资源，实际上有相当一部分并不真正拥有控制和支配权。这是因为在计划经济体制下，国有企业不是作为一个独立的经济组织存在的，相反，企业生产计划的制订、固定资产的投资、原材料的购买、产品的定价、劳动力的雇佣规模等方面均是由国家负责。企业盈利不能自由支配，企业亏损也不会减少职工作为国有企业一员应得的那份利益。在这种体制下，企业对相当一部分作为报酬给与职工的资源没有真正的占有、支配、处置的权力。比如，职工的工资标准、晋升工资的时间和条件、职工的主要福利项目和水平等，都是由国家各行政部门制定与颁布的。在社会主义改造完成以后，企业是国家的企业，工人是国家的工人，企业的自主招工由国家统一分配替代，统一的工资制度、技工师傅和学徒之间的工资级差造就了新的就业安全。技能的投资、供应和使用又全部归为国家所管。因此，企业与政府之间就技能投资与供应的博弈也被"改造"了，形成了企业与政府的"同一性"。①从计划到市场的过渡要求国有企业经历一个巨大的学习过程，以学会如何在新的条件下进行生产经营活动。这个学习过程是具有改造和重构性质的，涉及创造新的概念框架甚至新的精神状态。产权的改变，经济学家从产权或剩余控制权的角度，认为这种权力可以赋予企业家以激励因素。由于工人不可能仅仅依靠个人的本领和经验来达到工作标准，因此企业必须承担培训工人技能的责任，训练和指导工人工作、对技能水平不够的职工进行培训都是企业的责任，并同时负责工人因培训不够所造成的技能差异及后果。②

　　有学者认为，企业家是那些愿意承担风险并创造新组织的个人。创造各

① 李玉珠. 技能形成制度的国际比较研究［M］. 北京：社会科学文献出版社，2018：148.

② 路风. 国有企业转变的三个命题［J］. 中国社会科学，2000（5）：4-27，204.

种新的组织或新的产业，从事那些需要结合新技术的任务，同时设计新的组织形式和日常程序。①事实上，企业及管理层更像是工程活动的投资人。如果说工程活动是伴随着资金流的活动，那么，投资者就必然是工程共同体至关重要的一员，成为工程活动的发动者。②管理层作为工作室的监督与管理者，影响和决定着工作室的构成与规模等，而技能大师以及普通工人都类似于被雇佣者。也就是说，无论是技能大师还是工人，都必须对投资者也就是企业负责。管理层作为项目管理者都是处于不同层次和岗位上的领导者或负责人，如果说技能大师是从技术与技能上保证工作室的工作顺利开展，那么管理者则主要是从组织制度上来统筹安排人力、物力和财力，以解决工程活动中各种需求，由于大师工作室并不具有发放工资的功能，可能导致在开展培训的过程中，很多工人因生产任务过重或自身精力不够而无兴趣参与，而管理层的意向为工人技能的增长提供了必要的激励，企业管理者的首要职能是组织和监督工作室制订的工作计划。

① ［美］W. 理查德·斯科特. 制度与组织——思想观念与物质利益［M］. 姚伟，王黎芳，译. 北京：中国人民大学出版社，2010：106-107.

② 张秀华. 工程共同体的结构及维系机制［J］. 自然辩证法研究，2009（1）：86-90.

第五章

技能大师工作室
场域下技能传递的
组织形态转换

在理解技能大师工作室及其作用的过程中，我们不仅需要追问和回答宏观制度环境对形塑其生成产生了怎样的影响，同时还应从微观层面上注意到，技能大师工作室并非工厂内部传统意义上的工人工作团队，而是一种具有极强整合能力与平台性质的组织结构，并与既有厂内结构形式发生着复杂的关联。自新中国成立以来，国企工厂普遍实行以"车间—工段—班组"为主要模式的纵向垂直结构对工人进行组织与管理，这种组织方式同时也成为工人技能培训与形成的基本组织结构，导致技能传递主要是在一定的行政生产单元内进行的，技能资源相对单一，传递边界较为封闭。2010年前后，以技能大师工作室制度的建立为背景，企业内既有的技能传递的组织模式发生了重要转变，形成了"班组+工作室"的重层结构模式。值得注意的是，这种技能传递的复合组织结构，并不是班组元素与工作室元素的简单相加过程，而是充满了复杂性，主要表现在：第一，大师工作室是将原有一线高技能工人按照技师及以上级别进行筛选与重新组合，其选择范围跨越了班组、工段甚至是车间，打破了既有的纵向垂直范围，有的工作室还吸纳专业技术人员、科研院校等相关主体加入其中，其着眼点在于在不同主体之间建立起密切的生产联结关系，使模式更具多元主体性的特征；第二，从技能传递方式上看，大师工作室作为一个高水平工人的团体，不同于以往单一的培训方式，不仅能够对一线工人进行"拔高式"的培养，而且能够以工作室的名义承接工厂重要的技能攻关项目、帮助行政部门举办技能大赛，以持续性团队攻关的方式培养工人技能；第三，从组织属性上看，该重层模式是将带有行政性质的纵向结构与带有非行政性质的工作室有机结合，使传统的纵向体系逐步转化为纵横联合的、具有交叉性的复杂格局，这种模式相比于以往的组织形式的最大突破在于，通过多方资源引入与重组生成了一种具有平台性质与整合能力的组织，作为一种"技能共同体"，同时也使得工人的自主性与主体性在技能传递中明显凸显，具有典型示范的意义。

第一节 班组制：国企技能传递的传统组织形态

现代化大机器企业的生产强调专业化，其中包括专业细致的分工、复杂多层次的协作以便更加有效地实现企业生产的经营目标。班组作为企业生产经营活动的基本环节，企业的生产、技术、经济、政治等活动最终都要通过班组来实现。进一步来说，就技术层面而言，无论是企业的技术改造还是引进和消化新的技术，虽需要企业内部各个层次的共同努力，但技术进步与技能攻关的许多具体工作最终都要落实到班组。因此，企业的技能产生与传递也最终必须依靠和通过班组才能得以实现，这就导致班组成为技能传递的一种重要的组织形态。

一、班组制下技能传递的具体形态

班组是工业企业中最基层的组织形式，是企业在劳动分工的基础上，把生产和工作过程中直接协作或从事同样劳动的有关人员，按照管理的需要而组织起来的生产单位，它不仅是车间或工段的组成部分，同时也是职工从事生产经营活动的重要场所。[1]孙守仁认为，企业班组是工厂制度体系下最小的生产组织单元，"人类社会生产力发展集合了劳动群体，劳动群体的协作创造了社会大生产，社会大生产产生了班组"[2]。对此进行进一步解读，我们会发现，在现代化大机器生产强调分工与协作理念的背景下，作为企业组织中最基层的生产和工作单元，班组不仅是一种典型的"投入—产出"的生产系统，同时也是职工最集中的地方，企业培养和造就工人队伍、进行思想

---

① 王洪恩. 班组管理 [M]. 北京: 经济管理出版社, 1992: 1.

② 孙守仁. 企业班组建设 [M]. 沈阳: 辽宁大学出版社, 1991: 10.

政治工作、选拔和培养基层干部等活动都要通过班组来进行，甚至在生产过程中发生的原材料、设备、工具的磨损或消耗等问题，其解决也必须依靠班组内职工付出一定的劳动和智慧来进行技能攻关和创新探索才行。因此，班组不仅仅是出产品，也是技能传递的重要载体。作为这种传递的重要组织载体，在班组组织模式下的技能传递存在着多种表现形态，其中包括班组会议制度、班组内部互助小组、具体培训及政治动员等不同方式。

（一）建立班组会议制度

一般情况下，班组通过举办生产会议、民主会议等日常例会的方式，针对生产过程中出现的技术难题进行沟通与培训，会议一般由班组长召开。此外，除了日常化、常规化的会议制度以外，班组内还存在因特定生产需要而举办的临时性会议，如举办"技术碰头会"等。在K厂，常规性会议通常在班组成员每天上班前或下班后发生，会议内容除了公布当天的生产任务计划与要求以外（此种会议一般多为班前会），还会针对生产过程中需要注意的事项进行强调。而班后会则主要是针对在生产上出现的问题和难题进行讲解，并动员工人对问题进行思考。技术碰头会则是针对生产过程中出现的特殊难题，将有相关经验的工人召集起来，共同思考、讨论，寻找破解之道。华尔德在对共产党社会的工业组织进行研究的过程中曾指出："当工厂或车间领导想要解决某个全厂范围内不断出现的问题——往往是质量问题或原材料浪费——时，他们也会鼓励人们在工厂或车间范围内举行这类会议。领导这时总是积极地让工人提意见，因为有生产经验的工人对日常生产中的问题最有发言权。"[①]K厂某铝车体车间班组长谈道：

我们班组将近60人，我们是班前站会和班后站会，每天上班之前，一般是提前10分钟，列队集合讲讲生产任务，班后会讲讲生产难题，奖勤罚

---

① ［美］华尔德. 共产党社会的新传统主义：中国工厂中的工作环境和权力结构［M］. 龚小夏，译. 香港：牛津大学出版社，1996：115.

懒……像是在疫情期间，那你就还得在会上着重强调防疫的问题，不能因为疫情影响班组的生产质量和技术。按照节前的生产计划呢，我们是1月28号正月初四，瓶颈工序的技术加工就复工了，所以那时候你就得强调"全副武装"……班前站会上那距离都得隔得挺开，反正我们厂房大，地方多，从前门站到挺老远。但是复工两天以后，又暂停了，延后复工。但不管什么样，只要你上班，那这个制度就不会变，每天都开，因为生产你每天都得完成。①

每天开个早会和晚会，遇到无法解决的问题，不明白的再问你班组长，要是班组长也解决不了，那就得向车间反映，要求配合，找车间的调度和段长。②

除了上述两种形式的会议制度外，班组也往往会以月度为单位举办"讲评会议"，对技术好的工人进行表扬，并决定其是否应该得奖金及奖金的级别，对技术差的进行批评，有时候班组也会找其进行私下谈话。

（二）成立内部互助小组

1. 传统的互助小组

社会主义企业管理的双重性，决定了班组管理的双重性：它既是进行社会化大生产的必要条件，又是社会主义生产关系的具体体现。从管理的自然属性来看，班组作为企业管理的基石，是将不同的劳动者、不同性能的设备按一定空间和数量的比例合理地组织起来以实现均衡生产的组织；而从其社会属性上来看，班组是为了维护社会主义的生产关系，表现为同志式的互助合作的集体劳动关系。③

从历史上来看，自新中国成立以来，班组在生产经营的过程中便出

---

① 2020年3月对JH工作室成员的访谈，编号JH20200323-01。
② 2020年3月对非工作室成员的访谈，编号JH20200323-03。
③ 王洪恩. 班组管理 [M]. 北京：经济管理出版社，1992：4.

现了丰富的以技能传递与培养为主要形式的组织性活动，例如"技术研究会""技术互助责任小组"等形式。"一五"计划时期，在本溪煤矿曲福明生产小组里，班组长按照成员工种不同细化为四个小组，并在小组内部实行"分工负责制"，以小团体的形式进行技术学习与传递。这样一来，在生产中遇到的问题首先在小团体内部被讨论和分解，在一个小范围却联系密切的群体中展开了技术交流与学习。东北工会于1950年在沈阳召开的先进小组代表会议上，曾推广马恒昌班组的"三人互助制度"，即一个人的问题放在一个小团体中进行讨论，在解决生产难题的过程中总结先进的生产经验。[①]

2. 线上交流互助小组

除了以面对面的现实互助方式进行技能传递以外，受科学技术的进步对人与人之间沟通方式的影响，在班组内也成立了相应的线上组织群体，如以通过建立微信群的方式进行互助。在笔者对K厂进行调查的过程中，一些工人表示：

我们手机都是无限流量，因为我们都有微信群，你遇到啥问题了，拍张照片，发到班组群里，班长一看，告诉你怎么整，班上懂这种操作的师傅也都能偶尔提提意见，再不明白的，再放到会上解决解决，一般小的问题在群里就可以解决掉了。工友之间也可以相互教，互相学习。[②]

（三）依托班组举办培训

通常来讲，在工人进入生产岗位后，为了能够加强协作、提高工作效率，培养一专多能的素质，班组往往通过岗位培训的方式针对现场中的所有作业内容和工作方法进行培训，使员工都能熟练地从事每一项工作，成为多面手，必须依靠班组来组织实施，通常包括以下几个方面。

---

① 东北工业建设通讯选编委会.东北工业建设通讯选［M］.沈阳：辽宁人民出版社，1954：77-84，1-4.
② 2020年4月对SY工作室成员的访谈，编号SY20200418-04.

1. 班组轮训

在维持正常生产的情况下，班组组织职工分期、分批参加中短期技术培训，在让一部分工人进行日常生产的情况下，让另一部分工人去学习和训练技艺，以促进其达到相应的等级要求。工人老李在访谈中介绍道：

现在我们不能永远停留在，以前员工那种就干自己的工作岗位上的那点活，所以就要去班组轮训，要全体员工练技术，还不能耽误生产，所以就今天让他练，明天让他练，别耽误生产，叫轮训。我们现在轮训，我都得把料推到人跟前，完了现场练习焊接，练完以后我们再收回来，都这样，条件比我们那时候好太多了。[①]

2. 其他培训班

科技水平越先进，往往对操作者的技能要求就越高，以班组为依托进行的组织化的培训以短期性、临时性的训练方式为主，是根据岗位需要进行的有针对性的培训。据了解，K厂举办"周末大讲堂""职工课堂"和"技术加油站"等培训活动，通过现场教学、举办讲座等形式进行培训。

1999年吧，也是通过了考试，我当上了咱们机械手班的班长，但是一个难题就来了，因为咱班成员虽然都是公司给选拔出来的手工焊尖子，但是手工焊靠的是手法，它跟机械手那是两码事，因为机械手必须靠指令来控制焊接，你得会开发程序才行，所以当时我们班所有人都必须从零起步开始学。那最难的是啥呢？就是外语和计算机，因为大家都是工人啊，以前在技校的时候也没咋好好学，那么我就在班组设了个"英语角"，把班组成员分成不同的小组，让他们学编程语言，当时还建立了"学习交流日"、接力培训，经常搞培训。[②]

---

① 2016年10月对WJ工作室成员的访谈，编号WJ20161011-02。
② 2016年9月对YL工作室领办人的访谈，编号YL20160923-01。

2014年，那时候我们公司要年产转向架7000多台，但是那时候全球都还没有哪家公司有这样的生产能力，但是我们班组必须在一年内完成将近20000个转向架的自动焊接任务，当时又因为啥呢，得支援公司其他岗位，所以我的机械手班又走了一部分人，只剩21个了。但是你身为班组长，你就必须带领班组进行攻关，带着班组调试焊接程序、改焊接工装，举办"周末大讲堂"还有"技术加油站"，通过大家的努力，咱们机械手设备每天能用到7小时，以前那4个小时就得放下了，当时我们班组被誉为啥呢，"千个水箱无泄漏，万米焊缝无缺陷"[1]。

（四）班组政治动员

任何生产的过程，都是由两个基本要素——人的要素和物的要素结合而成，其中人的要素是主导的、起主要能动作用的要素，而由于企业的各项生产工作任务都是通过班组来实现的，班组内职工日常生产、工作在一起，人与人之间思想和行动自然相互产生影响。事实上，班组有着极强的思想政治动员能力，而这种动员既包括遵守劳动纪律的意识，也包括对工人思想觉悟、政治理论的动员。田毅鹏等人认为，单位组织与一般性的现代组织的重要不同点在于，其组织结构中所具有的经济与政治的复合性特征，企业既是生产机构，又是一个政治动员的场所，且在政治生活与生产劳动的复合性场域中。[2]回顾新中国成立以来企业思想政治工作的历史，计划经济时期，在班组内部经常进行思想政治动员。例如，在马恒昌小组内，工人经常进行思想交流，包括举办诉苦回忆会，每天以读报小组的形式宣传时事政治，教育工人提高社会主义觉悟、激发生产积极性等。[3]

---

① 2016年9月对YL工作室领办人的访谈，编号YL20160923-01。

② 田毅鹏，刘凤文竹. 单位制形成早期国企"典型动员"的类型及评价[J]. 福建论坛（人文社会科学版），2015（8）：172-178.

③ 苗培时. 马恒昌小组[M]. 北京：工人出版社，1952：10-12.

在K厂调研的过程中，笔者发现，现阶段K厂班组政治动员活动主要表现在以班组为单位进行的"双培"活动上，即按照K厂党委组织部的要求，把班组成员按"党员""骨干"和"党的积极分子"进行划分，并要求"把骨干培养成党员，把党员培养成骨干"。根据相关规定，"把党员培养成骨干，要着力提高党员的知识层次、专业技术水平，适应岗位要求的劳动技能以及带领群众改革创新的能力"，与此同时，"把骨干培养成党员，要着力强化理想信念教育，坚持用党的最新理论成果武装头脑，坚持压担子培养，强化党性实际锻炼，使之达到吸收入党的条件"①。一位班组长向笔者介绍：

有时候我也给他们上上政治课，包括传达党的路线、方针、政策等等。班组是麻雀虽小，但它五脏俱全，很全面。因为我们公司现在有一个啥活动呢，叫"双培"，就是说把骨干培养成党员，把党员培养成骨干。因为在生产的过程中也发现了，一些技术水平高的，他不一定觉悟也高，可能他政治觉悟一般，对党的认识不够，因为可能以前他们很少接触这一块，那不行啊，作为一个好苗子的话，你得培养他，吸纳他入党。那么有的工人他是党员，但是他技术不如别人，那么班组也得培养他。②

"双培"活动意味着引导与动员工人在政治觉悟和技术水平两方面积极行动，鼓励工人"通过自学成才、参加培训等形式，接受党的基础知识学习、生产、安全、工艺、设备、管理知识的教育，达到职称晋级"，同时要求"每名党员在本工序要解决两项技术难题，每名骨干每季度要参加两次党课学习，且上交一份学习心得，并以季度为单位对'双培'活动人员进行评价"③。

---

① 参见《K厂G中心铝车体二车间"双培"活动方案》的文件。
② 2016年9月对YL工作室领办人的访谈，编号YL20160923-01。
③ 参见《K厂G中心铝车体二车间"双培"活动方案》的文件。

一个班组里不可能人人思想水平和技术水平都一样，有的人又是业务骨干又是党员，那么就得动员他起到模范带头作用，但是有的人他是政治觉悟一般的业务骨干，我有个徒弟，技术是没问题的，但是也是年轻吧，下了班总去玩老虎机，再不就打扑克，也输了不少钱，我听说了之后找到他，通过班组的"双培"这种形式教育他，向组织靠拢，有的人可能技术差点，那么就鼓励他们参加大赛，去锻炼技术。①

在K厂，班组的政治动员能力还体现在微小的细节之处，以让党员工人佩戴党徽的形式进行动员：

你看我们班组现在要求啥呢，可视化党建，也是配合公司的精神，我们班组的每个员工，你要是党员的话，要求你必须在工作服上佩戴你的党徽，时刻提醒着你，你是个党员，那么平时在班组干活的时候，一些偷懒的行为也好，那么这个小小的党徽就能起一定的作用，有这个党徽激励你、约束你。那班组天天低头不见抬头见，人家一看你是党员，那你要是没好好干，你面子上也挂不住是吧，所以别小看这一枚小小的党徽，也能起到动员和激励的作用。②

二、班组权力结构、动员能力与技能传递

如前所述，班组作为工业组织系统内最为基本的微观单元，既是国企单位对工人群体实施管理的组织依托，同时也是企业组织与动员工人参与技能创新、进行技能传递的主要场所，作为最基本的工业组织单元，在这一组织空间内发生的技能传递也有其自身独特性，主要表现出以下三个特点。

---

① 2016年9月对WJ工作室领办人的访谈，编号WJ20160901-01。
② 2019年12月对GS工作室领办人的访谈，编号GS20191220-01。

（一）班组长权威与班组权力结构对技能的影响

周雪光认为，一般情况下，日常工作中的隐形动员机制建立在卡里斯马权威化的组织系统之上。[①]而这种权威的生长点通常来自班组长身上。班组长是班组工作的组织者和指挥者，是社会化大生产不可缺少的重要岗位。作为不脱产的管理人员，班组长的领导作用主要表现在负责组织贯彻执行企业、车间下达的各项指令，组织和研究解决生产工作上的难题等问题。由于班组长有权根据班组的实际情况和生产经营管理的需要来制定本班组的规章制度，也有权推荐本班组优秀职工学习深造、提拔和晋升，同时在班组职工的技术、业务学习与考核，以及定级、晋级等工作中，向上级提出建议，因此作为班组骨干的核心，其素质直接关系着班组内技能传递情况。

班组长不仅在行政上有一定职权，同时也是技术熟练的工人，其多年积累的生产技能以及在工作中带头肯干的精神，使得其必然对技能传递带来影响。对于班组长在班组权力结构中的作用，一位工人就此谈道："他（班组长）既是大哥，又是班长，也是师傅。"[②]这样的多重角色强化了班组长作为班组内部的权威地位，在技能传递中发挥不小的作用，一位班组长谈道：

我25岁就当班组长了，那时候在K厂那算是最年轻的了……2004年，公司引进高速动车组，我们班组负责侧梁焊接，当时攻关存在的难度挺大，加上长时间电弧刺激，那眼睛眼泪直流，但你得起表率作用啊，你身为班组管理者，你不先做谁先做啊，这样你说话别人才听，那么努力了两个多月，差不多吃住都在车间，终于整出来了15种自动焊程序，解决了公司几乎所有车型的侧梁焊接难题。[③]

---

① 周雪光. 运动型治理机制：中国国家治理的制度逻辑再思考［J］. 开放时代，2012（9）：105–125.

② 2020年4月对非工作室成员的访谈，编号SY20200418–05。

③ 2016年9月对YL工作室领办人的访谈，编号YL20160923–01。

（二）班组动员能力与技能传递

现代工业组织与传统农业生产方式的个体性和松散性不同，其突出特点在于工业组织的组织结构是基于技术协作而建立起来的密切关联的组织体系，而班组作为企业组织中最基层的单位，是连接企业与工人的中枢，具有极强的动员能力，在技能传递中发挥着重要作用。[①]其技能传递的结构模式有着"典型人物+劳动工人群众"的特点。许多优秀班组均以小组中最为先进的模范带头人物的姓名来命名，形成了典型人物带动下凝聚力极强的组织共同体。[②]具体而言，在生产过程中，相互协作的工人通过频繁的互动，逐渐形成班组内特有的制度规范、价值理念及行为准则，并通过典型经验的推广，这些经验被提升为企业甚至整个行业的制度规范。马恒昌小组通过创建"三人技术互助制""头品检查制"及"五条劳动纪律"等，动员成员明确各自的劳动分工、提高生产效率。[③]通过建立这样的制度将任务落实到每个基层员工的身上，其对生产负责，由此成功调动了工人们的生产积极性与责任感。由于广大职工的工作热情被激发，以班组管理为形式的动员活动广泛开展，同时也促进了技术传递。同时，重视典型与一般的结合，探索生产管理制度，注重技术经验积累是典型班组的共同特征，并通过党和政府有组织的宣传，使更多的班组创造与分享了这些优秀经验。[④]基于这一特点，班组技术传递往往以激发工人共产主义大协作的精神为主要目标，表现为培养同志式的互助合作的集体劳动关系，体现出工人阶级的集体主义精神。这往往与服从纪律和牺牲精神紧紧连在一起。

---

① 田毅鹏，刘凤文竹. 单位制形成早期国企的"技术动员"及评价[J]. 江苏行政学院学报，2019（4）：45-55.

② 田毅鹏，刘凤文竹. 单位制形成早期国企"典型动员"的类型及评价[J]. 福建论坛（人文社科版），2015（8）：172-178.

③ 上海总工会调查研究室. 开展马恒昌小组竞赛运动[M]. 北京：劳动出版社，1951：112-115.

④ 田毅鹏，刘凤文竹. 单位制形成早期国企"典型动员"的类型及评价[J]. 福建论坛（人文社科版），2015（8）：172-178.

（三）班组技能传递的组织边界限制

应当承认，班组式的组织化技能传递具有整体性、规模化的特点，在组织工人群体技术练兵、参加劳动竞赛以及技术协作等活动中起到了重要作用，但是班组技能传递仍然存在一定局限性，具体表现为以下几点。

第一，由于始终受到班组的组织边界限制，其边界较为固定且封闭，导致技能的传递与习得始终被禁锢与锁定在一个相对固定的空间范围内，往往仅限于班组成员所熟悉的领域中，难以扩展到班组以外。但是，生产过程的日益复杂化通常需要多个复杂的工种或不同技能的互相配合才能够完成，这就要求劳动者在进行技术攻关等过程中要不断掌握不同种类的技能，然而班组培训的灵活性不足，存在僵化、覆盖面小等问题，难以满足生产的实际需要，使得工业组织需要进行新的技能传递方式的探索。

第二，技能传递缺乏人才、物质等资源支持。班组缺乏足够多的具有高技能水平的工人作为技能传递者的角色，同时缺乏技能传递的针对性，导致工人学的技术内容存在很大程度上的相似性，培训的水平可能差不多，某些班组工人真正需要的学习内容无法充分提供，一定程度上导致技能传递的重复性和低效性。应当承认，在计划经济时期的国营厂矿企业中，班组具有较强的培训功能，一些重要的培训方式，如互助小组、集体培训班等基本在班组和车间内完成。改革开放以后，随着技校普遍成立及企业承担的培训风险较以往更大等原因，班组的培训能力有所弱化，其生产功能被反复强调，导致班组内多以上岗前培训为主，亟须一种行之有效的方式来促进培训和技能攻关的提升。

第二节 "班组+工作室"模式：国企技能传递的"重层结构"

　　如前所述，从生产组织的特征视角展开分析，是我们深入理解国企技能传递形态的重要途径。2010年前后，伴随着"首席操作师工作站""技能大师工作室"等类工作室模式的相继成立，一种新的技能传递的组织形态开始在国企中流行起来。技能大师工作室是在班组的基础上，以高技术水平工人为主体建构起来的非行政建制性工作团队，工作室成员主要包括领办人（通常为技能顶尖的工人）、高技能水平工人（技术水平通常在技师以上）以及其他相关人员（其中包括工程技术人员等）。与既有的纵向垂直体系相比，工作室可以跨越班组、工段、车间生成横向联合式的组织模式，使工作室模式具有很强的跨度性与延展性，是在对高技能水平工人重新进一步选拔与组织化而形成的全新结构，具有极强的整合性与开放性。此外，从技能传递方式上看，工作室模式在班组培训内容的基础上，通过发挥高水平工人团体的作用进行"拔高式"培养，承接工厂重要攻关项目和推广等，对传统方式进行了尝试性转型，由此形成了与既有模式兼容、共生的开放式关系，也形塑了生产过程中技能传递的"班组+工作室"的重层结构模式。这里所说的"重层结构"主要是指：在企业内既存在着班组制模式，又存在着技能大师工作室，但并不是两者的简单相加，而是具有动态的互嵌式关系，构成了纵横联合的结构模式。那么二者之间的关系是如何产生的？这种双重模式带来了哪些影响？对上述现象的理解和分析，是我们深入考察国企技能传递组织形态的关键所在。

一、技能大师工作室的多元主体结构

技能大师工作室是一个具有多元主体的复合型组织结构。笔者认为，欲理解技能大师工作室的构成要素，我们可以主要从两个层面进行解读：一是从狭义上来看，其组织成员主要是指在工作室内部工作的一线生产工人，其中主要包括技能大师和工作室其他成员两个部分，从身份上看，他们都是从生产班组选拔出来的具有技师及以上级别的一线工人群体；二是从"利益涉及者"（stakeholder）的视角来理解大师工作室的人员构成，西方社会学中曾提出"利益涉及者"理论，认为凡是和该组织发生关联，其利益受到组织影响的人都算是组织的成员。也就是说，一个人或组织只要在这个公司中有利益，即成为"利益涉及者"，都应该被看作是该组织的一部分而纳入组织研究之中。[1]从这一角度出发理解工作室，则会发现除了技能大师工作室内部成员以外，其利益相关者还涉及了与工作室活动有关的专业技术人员、公司客户等群体，这一视角扩展了工作室组织构成的内涵。尽管工作室可以有个性化的特点，但其正式结构和运行模式基本一致。

（一）技能大师及其角色分析

一间工作室的成立，其主要目的在于发挥高技能工人的技术优势来促进工人技能的提高，也就是说，高技能人才是工作室成立的第一要素，没有高技能人才及其身上的高超技术技能，工作室的建立便无从谈起。如前所述，技能大师主要是指"某一行业（领域）技能拔尖、技艺精湛并具有较强创新创造能力和社会影响力的高技能人才，在带徒传技方面经验丰富，身体健康，能够承担技能大师工作室日常工作"。那么对于技能大师的角色、功能和地位的分析则成为我们进入理解技能大师工作室组织形态和结构的重要一环。

技能大师作为工作室的负责人，通常具有多重复合型的身份角色：

---

[1]　周雪光.组织社会学十讲[M].北京：社会科学文献出版社，2003：9.

①此类技能大师往往首先是一名一线生产工人，需要承担一定的日常生产任务，而能成为技能大师者，必须具有高超的技能和精湛的技艺，能够高效地完成生产任务，往往是获有较高荣誉的劳模，他们通常是由某一领域或行业中技艺精湛、贡献突出、群众公认且在生产实践中能够起带头作用的技师及以上级别的工人充当，有的获得过"中华技能大奖""全国技术能手""首席技师"等称号，或有过突出贡献、享受政府津贴的专家；②是工作室活动的组织者与管理者，技能大师作为工作室的领办人，在需要完成自身生产任务的同时，也需承担工作室的日常管理工作，主要包括组织管理和人员调配及使用、带领团队技术攻关、进行培训与交流等，在这一过程中，技能大师占据主导地位，且需要为成员做出示范并进行指导；③作为拥有高技能水平的生产者，技能大师通常肩负着带徒弟的师傅角色，且具有一定的培训经验。在人才培养方面，技能大师需要负责"选徒"和"带教"两个环节。

此外，在对K厂调研的过程中，笔者还发现，有的工作室的技能大师在担任工作室领办人角色的同时，也是其所在班组的班组长，具有一定行政角色。但无论是否具有行政职务，概言之，作为技能大师工作室的负责人，技能大师在承担自身生产任务的同时，还承担着工作室的管理等多重任务。一位技能大师工作室负责人在谈及技能大师身份属性的问题时说：

> 作为团队的凝聚者和组织者，你就得顶得起锅盖，怎么能把他们动员起来，我们这个工作室相对而言是走在全国前列的，全国那么多工作室也不是说都能办得风风火火，也总有人问我，ZQ师傅，为啥我这个就没人来呢，得给技能大师一个官职，咋也得给个处级。我说那成啥了，这就需要你得有一定的动员能力。我连班长都不是，但我说话工人都听。这就是考察你领办人个人能力也好，还是性格也好的时候。首先你技术得过硬，让别人服你，其次你得有团队管理能力。①

---

① 2019年10月对ZQ工作室领办人的访谈，编号ZQ20191014-01。

　　从社会学层面上来看，技能大师所展现出来的身份具有明显的精英属性，在经典精英理论研究中，曾给精英赋予"选择"和"被挑选"之意[①]，后来特指处在非常顶尖、非常有能力的群体。[②]帕累托将精英界定义为"最强有力、最生气勃勃和最精明能干的人"。[③]从精英理论审视技能大师的身份内涵，我们会发现，其身上不仅具备超高技能与技艺，远超普通工人，在生产中占据重要位置，是生产层面上的技术精英，同时，他们还具有一定的管理能力，在工作室的日常管理中具有一定话语权，并具有良好的社会形象，是生产型技术精英与韦伯权威类型意义上的技术权威的典型表现。在此基础上，本书提出"生产型技术精英"的概念来对技能大师及其身份进行解读。技能大师由于出色的技术技能与政治道德素质等特点，被单位组织培养、提拔成为具有技术水平与理论知识，兼具一定管理能力的技术工人群体中的佼佼者。这一精英群体具有自身极强的特征。首先，他们的技能水平和生产经验远超于普通工人，在生产中占据关键位置，是一定的技术权威。其次，他们通过单位特殊的选举制度被赋予了地位的合法性，获取了一定的资源同时享有一定的权力、财富和声望。他们在当代并非国企传统的那种统治者或管理者，但常常是生产过程中更高层次构想与决策的领航人。他们不处于中高层的管理阶层，但更直接地为掌权者出谋划策。他们的声望依据"宣传机器"的传输，有着良好的社会形象，具有一定社会影响力。不同于班组长等有行政级别或是作为工厂行政体系上的中间人，他们没有因成为工作室负责人而拥有额外的行政职位，甚至有的工作室负责人连班长也不是，但在工作室活动中，技能大师被分布在整个活动过程的不同环节，在工作室目标的制定环节，技能大师作为培训活动的设计者，为拟进行的培训活动绘制蓝图，围绕着要达成的目标，制定师徒合同、寻求可能方案；在攻关创新的过

---

①　[美]哈罗德·D. 拉斯韦尔. 政治学：谁得到什么？何时和如何得到？[M]. 杨昌裕，译. 北京：商务印书馆，1992：4.

②　[英]巴特摩尔. 平等还是精英[M]. 尤卫军，译. 沈阳：辽宁教育出版社，1998：1.

③　[意]维尔弗雷多·帕累托. 精英的兴衰[M]. 刘北成，译. 上海：上海人民出版社，2003：13.

程中，技能大师作为活动的组织者、方案的提供者、阐释者，并起到决策参谋者的作用，他们不仅自己提供方案而且也能理性地协助其他共策者，在比较中选择更好的最终方案。同时，在这种劳动组织制度下，技能大师是成员与企业两者之间沟通的中间环节。从"典型"的研究视角出发，技能大师还是一种"典型"人物，具有一定的精神象征，他们通常为劳动模范或先进生产者，能够将精神与普通群众的日常生活有机地联系起来，即增加了精英文化在日常生活中的能见度。冯仕政曾指出，"树典型"的核心技术是抓取群众在日常生活中非常熟悉的个人、组织、行为或话语，对这些事物进行重新定义和诠释，将其升华为符合政治权威意愿的意识形态符号，用以表达各项方针政策的内涵和期望。这样巧妙地将精英话语灌注到日常生活中，潜移默化地改变着群众的价值取向和认知框架。[①]由此可见，技能大师具有重要的象征与示范的角色属性。

（二）工作室准入机制与成员身份获得

根据国家和K厂相关规定，除技能大师以外，能够进入技能大师工作室成为其正式成员者，主要分以下两类。

1. 高技能水平的工人群体

工作室原则上从各个相关班组吸纳技能水平达到技师及以上标准的工人进入工作室正式成员名单当中，并向其发放聘书。一般情况下，一个工作室成员以同一工种的工人居多，但也存在由于特殊生产条件的需要，由不同工种工人组合成的多工种工作室，存在跨班组、工段和车间参与工作室技能传递活动的情况。作为除技能大师以外的技能工人，他们通常具有双重角色：①工作室活动的参与者，是技能大师的合作伙伴，这些人员掌握一定技术经验，且对技术有着浓厚兴趣和追求，通过他们体力和智力的付出，使工程行动方案最终落到实处；②工作室的培养对象，具有一定的发展潜力，有的也

---

① 冯仕政. 典型：一个政治社会学的研究［J］. 学海，2003（3）：124-128.

是技能大师的徒弟。对于成员来说，加入工作室不仅仅是完成任务，还需要接受一定的培训。

我的这个工作室是焊接机械手操作工的一个工作室，在我们的队伍中都是技师及以上级别的人，给他们纳入咱工作室，具体包括技师、高级技师和各种操作师。成员都是同一工种的，都搞转向架机械手焊接。一共有28个人。[1]

我这个工作室比较宽泛，凡是在K厂搞电的，符合正式成员资格的，都可以来这里。平时各个工作室之间完全可以组织在一起研究一个东西，在不同的平台上。技术研发你非得用领导强硬的命令手段吗？用不着。工人自发地就去想办法，平时要有学习啥的，有的都得偷着去听课。[2]

2. 专业技术人员群体

除了工人以外，有时根据生产的需要，工作室还需吸纳工程技术人员或是与技术研发相关的其他人员，在K厂这类人员主要包括与高铁动车组相关车型研发有关的专业技术人员。据笔者调查，根据工作室具体条件的不同，有的工作室还会聘请车间或工厂以外的成员加入工作室，如与科研院校、铁路局等主体建立联系。

我们工作室第一你不给他开工资，第二也不给他行政上的职位，他们在工作室也是为你付出做这件事，我请了好几个大连D大学的来我们工作室，他来因为他能写，写方案，而我们能做，用工作室申请一些专利，科研，这是他们得到的。他们自觉自愿的，工作室能把这些人拢到一起，能在一起做事，能研发出一些东西。选人的话，高校教授、副教授，企业里的工程师，因为有了这个级别你才能共同一起研究事儿嘛。[3]

---

[1]　2016年9月对YL工作室领办人的访谈，编号YL20160923-01。

[2]　2019年10月对ZQ工作室领办人的访谈，编号ZQ20191014-01。

[3]　2019年10月对ZQ工作室领办人的访谈，编号ZQ20191014-01。

　　根据ZQ的介绍，工作室在人员构成上并非只是单纯技术工人的集合体，根据不同工种的特点和工作室领创人的思路，还存在着混合型、异质性的工作室共同体。以ZQ的工作室为例，除了本工种高技能人才以外，还包括公司专业技术人员、行政管理人员，甚至公司外部的科研院校和铁路局等客户单位，由此形成了一个复杂的、异质性的共同体。见图5-1。

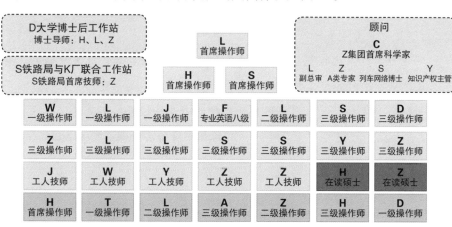

图5-1　K厂ZQ技能大师工作室正式成员组织架构图[①]

　　光靠工人群体，我们工作室的作用可能不能发挥这么多，我还拉来了强有力的"外援"。一方面，我们邀请来了Z集团首席科学家C博士，做工作室首席顾问，同时还有大的主管设计师、科技管理部的知识产权的负责人来支持我们，强援让我们得心应手，这是公司里面，走出大院我们与D大学联合，让他给我们讲一些理论知识，另外我们工作室跟S铁路局还有联系，我们跟他们有联合工作站，也可以说是我们的分站，这个站主要是用来解决产品在运行过程中需要解决的问题的，也拉近了和用户的关系。我们厂普通的高级工，她英语专业八级，看中了这个特长，就加入了进来，能为我们工作室的国际化发挥作用。所以不是我们车间或者我们工种的，我也把他们纳入进来，实际上是带动了全公司。[②]

----

① 资料来源：K厂ZQ技能大师工作室内部管理资料。

② 2019年10月对ZQ工作室领办人的访谈，编号ZQ20191014-01。

（三）工作室非正式成员

值得我们注意的是，工作室在原则上一般由上述三类人员构成，但在其实际运行过程中，情况则更为灵活多样。事实上，在工作室的正式成员之外，通常还存在着大量的非正式成员，他们一般多为一线生产工人中对技术感兴趣、热爱钻研者以及部分暂时没有加入工作室的工程技术人员等。他们的名字虽然不在工作室正式的花名册上，但却经常参加工作室举办的培训或技术攻关项目等活动，因此也在事实的实践层面上成为工作室技能传递的承接者或传授者。对于非正式成员参与工作室活动的现象，一位技能大师工作室负责人向笔者介绍道：

这25人是纳入工作室名单中的，没纳入的也有不少，这其中包括技术人员，以及一些比较爱学习的青年员工，虽然在名单上没有他们，但是他们也积极参加活动。也就是说，正式的和非正式的（成员）都可以参与活动。你比方说，你看我们这不老多书了吗，都是焊接专业方面的，其中也包括一些关于软件的书，所有工人平常都可以到工作室这里来学习。[1]

一位参加工作室活动的非正式成员说：

我不是工作室成员，但因为想积极向工作室靠拢，我也经常参加活动，比如他们举办青年夜校的时候，我就报名了。这方面他们也不会限制你，说你不是成员就不能参加，没有那一说，甚至很多活动也是为了我们普通员工准备的。我们现在虽然不是那么高的大工，但是我们也有想要上进的愿望，想去的我看工作室都还挺欢迎，只是我们的名字不上墙，上墙的都是他们的核心成员。[2]

---

[1]　2019年12月对SY工作室领办人的访谈，编号SY20191218-01。

[2]　2019年12月对非工作室成员的访谈，编号GS20191220-05。

二、作为"平台"的组织：技能大师工作室对班组模式的突破与创新

帕森斯曾指出："在高度分化的社会中，组织的产生和发展，为我们实现那些仅凭个人力量根本不可能实现的目标，提供了重要的机制和手段。"[①]在此前的分析中，笔者就技能大师工作室作为一种管理制度，简要分析了支撑其有效运行的社会环境与企业制度背景，并介绍了工作室的基本功能。下面将从组织内部的研究视角出发，进一步分析技能大师工作室的功能复合性与多面性，并分析其在何种程度上对既有班组形式进行了突破与创新。人力资源和社会保障部在颁布的《国家级技能大师工作室建设项目实施管理办法（试行）总则》第五条中，对国家级技能大师工作的主要功能进行了如下规定："技能大师工作室的主要功能是发挥高技能领军人才在带徒传技、技能攻关、技艺传承、技能推广等方面的重要作用，面向企业、行业职工及相关人员开展培训、研修、攻关、交流等活动，将技术技能革新成果和绝技绝活加以推广。"笔者认为，大师工作室主要是从资源引入与典型示范两个层面对班组模式进行突破与创新的。就资源引入方面而言，工作室是在融合了师带徒、班组培训等多种形式的基础上形成的技能传递平台，通过这个平台不仅吸纳了高技能人才资源，同时也通过政府、企业相关配套资源的引入，强化了其带徒传艺与技术攻关的功能，具有极强的吸纳与整合功能。此外，作为一个高技能水平人才的集合体，与班组相比，工作室还具有极强的典型示范的作用，在带领团队进行攻关的过程中，向劳动者不断传达了劳模精神与工匠精神。

---

① ［英］D. S. 皮尤. 组织管理学名家思想荟萃［M］. 唐亮，等译. 北京：中国社会科学出版社，1986：209.

（一）资源引入

1.集合工作室成员高技能资源展开培训

技能大师工作室作为技能传递的新载体，具有平台和窗口的作用。通过这样的组织获得资源，这些资源是组织发挥功能的重要要素。

工作室跟之前的工作小组、创新团队以及工作站相比，它的重要变化一方面是使资源更加丰富了，因为工作小组以前是车间组织，创新团队是（转向架）中心成立的，工作站是公司层面成立的，力度都没有现在这个大。因为咱们这个工作室被聘为技能大师工作室以后，能吸引来的资源也更多了。[①]

对于高技能人才的培养，是工作室的核心任务。通过工作室高技能成员的技术经验组织培训，主要分为两种组织形态：①针对工作室内部成员进行"高对高"形式的技能传递，大师工作室在对劳动者进行技术训练方面不同于企业的培训中心，培训重点不是初级工，而是高级工及以上的技术骨干工人，以"高师带高徒"的形式进行"精雕细刻"式的培养；②工作室成员作为高技术劳动者的集合体，以团队的形式对普通工人展开培训，具体的方式包括师带徒、辅导参与大赛等。

问：咱们工作室里的师带徒与传统的有什么区别？

答：师带徒是一个广泛的概念，具体你怎么带，这里面活动有很多，比如辅导他参加劳动竞赛，那可能你提前三个月就得准备。2016年，当时公司举办大赛，车间布置成比赛场地，从海选到预赛再到决赛一共进行了3个多月，从几千人最后选20人进决赛，比方说你要比赛接线，那么就得指导你怎么在模拟高铁列车的环境下，很快速地接线，你可能得需要40多个工具来完成，

---

① 2016年9月对WJ工作室领办人的访谈，编号WJ20160901-01。

下了班就得叫他们练习，比赛的时候接好了身后的彩灯一亮，就完成了。①

工作室作为一个高技术水平工人的共同体，不仅对其组织内部成员进行培训，同时也作为技能传递者，向普通工人开展培训与技能传递。在K厂某技能大师工作室内，成立了"高铁（城铁）工人讲师团"及"高铁工人的'黄埔军校'"两种品牌活动，工作室成员作为老师向一线生产工人授课。

问：以工作室名义举办的培训有哪些？

答：我们工作室有"高铁工人讲师团"，也包括城铁的，讲师团成员是工作室成员，这伙人厉害，优中选优的，也是放在重点培养对象里的人。如果你是老师的话，你明天给学生讲课，你是不是得提前备备课，把所有东西都弄得一点问题没有了才行，因为万一哪个学生调皮捣蛋问你个问题，你答不上，那人就不服你，所以你得准备一桶水你才能讲一杯水，那么说是就把他们无形中也提高了，所以对讲师团里的成员要求很高。

问：讲师团具体是哪些人？

答：都是工人，具体级别都是调试岗位的操作师。

问：讲师团的授课内容是什么？

答：自立课题。②

K厂也存在"企业内训师"的培训，对作为技能传递者的工作室成员在其培训能力上进行培训。

讲师团现在有十来个人吧，以前七八个人。这种人才比较难得，因为你光会这个技术还不行啊，你技术高你还得能讲透。有的人只会干活，但是他讲不明白，有时候倒给你整蒙了。所以公司就制定了，讲得不行就再培训

---

① 2016年9月对WJ工作室领办人的访谈，编号WJ20160901-01。
② 2019年10月对ZQ工作室领办人的访谈，编号ZQ20191014-01。

他，叫培训师的培训，企业内训师的培训，让他们去学，我们也在辅导，逐渐培养。他们在技术上都没问题，都可以在某一方面独挡一面的。[①]

此外，工作室的培训者除了有由工人组成的授课团队以外，也有除工作室以外的其他人进行集体授课的情况，包括企业内技术人员、企业外院校老师等。而除技能外，工作室也会对工人的文化水平进行针对性培训，在田野调查的过程中，笔者了解到有的工作室会对工人的文化水平，如英语能力进行培训。

高铁工人讲师团就是我们工人组成的，但我工作室也会请外面的人来讲课，请技术人员。[②]

工作室（成员）也得学英语，找人教一些基础的"How are you?"（你好吗？），主要是管生存的，比如你到国外去调试车，那过海关、坐地铁、吃东西你得会一点啊。这个英语课由工人自己来讲，因为我们工作室中有一个工人她是英语八级水平的，就由她根据生活和工作场景来讲，工作现场你需要啥就教你啥，不能从基础语法来讲。[③]

有了大师工作室以后，工作室还具有与相关行政部门联合举办培训的功能，据笔者走访，ZQ工作室负责承办了由K厂团委组织的"青年夜校"培训班，一定程度上拓展了这一平台上的既有培训形式。

我们工作室一直在坚持做这个"高速青年夜校"，当时是高速中心团委给我们挂的牌子，以团委的名义组织活动。可能大家觉得现在没有夜校

---

① 2019年10月对ZQ工作室领办人的访谈，编号ZQ20191014-01。
② 2019年10月对ZQ工作室成员的访谈，编号ZQ20191014-02。
③ 2019年10月对ZQ工作室领办人的访谈，编号ZQ20191014-01。

了，但现在还有夜校，因为高速（动车组制造中心）这块，就是我们这个大院里，有大量的年轻人，可以说青年人是最多的（一个群体），他们平时工作特别忙，不可能耽误正常的工作时间来学习，这怎么办，就是用夜校的方式，形式就是业余的。这个夜校是我组织的，还有好多工作室成员来讲课，因为有团队嘛，大家分摊各个不同的部分和环节来授课。[①]

而谈到工作室与夜校之间的关系时，ZQ师傅告知：

夜校与工作室的关系，就是青年团组织把夜校建在工作室这个平台上，用我们工作室的师资和场地，组织青年员工来学习，之前也有"党员匠心工作室"，就找党员来学习，但夜校的受众主要是青工，无论是哪些群体来上课，都用的是我们的资源嘛。就像我刚才说的似的，有些东西可能不是大师工作室自己组织的，是公司为了培训也好或是其他的目标，给大师工作室派一些任务，说你组织一些人搞培训啊，比如组织一个什么岗位培训了，这些都是大师工作室的一些任务。这些任务有些是工艺的，就是技术部门，再有的就是培训部门的，这些任务必须得完成。[②]

2. 利用工作室平台引入攻关项目

攻关的课题一般来自企业新产品研制或成型产品的质量缺陷攻关，攻关成果的表现形式一般为试制出合格的样品或总结提炼出先进的工艺方法等，以保证企业生产技术含量和产品质量。在K厂，这种技术攻关主要分为两种形式：一是由工厂自上而下委派的攻关项目，由工作室来承接，并围绕生产进行技术攻关、创新；二是工人在生产过程中自觉发现生产难题，将其带到工作室的平台之上进行集体攻关，也就是自下而上地进行技术攻关与创新。

[①] 2019年10月对ZQ工作室领办人的访谈，编号ZQ20191014-01。

[②] 2019年10月对ZQ工作室领办人的访谈，编号ZQ20191014-01。

我们工作室有两种方式，一个是自上而下的项目，另一种是自下而上的项目。自上而下就是公司交给我们工作室要完成的任务，比如公司要举办个竞赛，那我们工作室就负责组建一个竞赛现场团队，我们开始搞比赛。我就开始选人建立个团队，公司的任务需要哪种方面的人才，他行，我们这个人才队伍里有，那就拿出来用就可以了。像人才储备库，公司经常问，有点难活儿了，你那儿能不能干，他首先问工作室里的人。因为这种呢有一个好处，是有领导批文的，是需要工人从岗位上抽出一段时间来，专门干这个事，类似于突击队，而且是有资源的，奖金我是单独给申请的。[①]

也就是说，工作室根据公司交给的任务项目即时组织建立攻关团队，人员不固定，根据需要随时吸纳成员。而关于自下而上的项目占比更多，一般为工人在工作中遇到了生产难题，寻求解决。

自下而上，是更多的一种。这个工人啊他在工作中遇到点问题，比如，领导让我3个小时干完，但是我紧着干还干不完，质量还总保证不了，总扣钱，那怎么办，我想发明个小东西，用这个小工具干得就快了还标准了，但是我这个能力还发明不出来，于是带着问题来到工作室了，这时候工作室变成啥了，变成一个孵化器了，因为工作室有这个技术储备啊，搞个三维设计，弄个3D打印、编程等，教他，变成了一个他自己的成果。我最后还用上了，我还评奖了，我还得奖金了，我晋技师我还用上了。这个是不占用工作时间的。[②]

也就是说，工作室能够利用雄厚的技术储备为员工在实际工作中遇到的难题或为了提升自我技能遇到的问题随时提供平台，对其进行帮助。

我们是作为第一代高铁工人，公司在打造高速动车品牌。新时代的劳模

---

① 2019年10月对ZQ工作室领办人的访谈，编号ZQ20191014-01。

② 2019年10月对ZQ工作室领办人的访谈，编号ZQ20191014-01。

不仅要会埋头苦干，也要能抬头创新，这是我们新的使命。因为你仅仅埋头苦干是完不成我们现在高端装备的任务的，应该结合产品和生产制造过程，无时无刻都得有创新的理念。①

工作室的平台能组织人才进行创新，我们创新都是围绕生产在做，不会离开主线。像量产车现场的技术支持、调试，工作室现在一直在做，用技术攻关去保证所有动车组安全可靠地出厂，稳定地运行。②

我这个工作室奇人异士还是比较多的，有三维设计比较强的，有Java编程厉害的，包括手机App都是我们自己开发的，动手能力强的就自己做小工装③，都是多面手，三国时期的门徒你都听过吧。④

另一位技能大师工作室负责人介绍道：

我们这个工作室最大的特点就是承担了所有程序的编制，按理来说它应该是由工艺人员来做的，但是咱K厂的特点就是所有程序的编制都是由咱一线工人来做。拿我们机械手焊接工来说吧，因为机械手它是一种智能化的设备，预先得设置程序，因为工件不同，想让那个机械手手臂按照咱们的制造要求来进行焊接，你得先对它设置一些程序。现在的一线工人不仅需要体力，更多的是动脑的能力，而且咱们国家也有一个宏大的目标，就是推行智能制造，"智能制造2025"嘛，包括德国工业4.0，我感觉咱们离人家的差距还很远，但是咱们这里的智能化焊接比照国内其他工厂还是先行一步，也是一个比较前沿的技术。⑤

---

① 2019年12月对GS工作室领办人的访谈，编号GS20191220-01。

② 2019年10月对ZQ工作室领办人的访谈，编号ZQ20191014-01。

③ 所谓工装，主要是指工艺装备。

④ 2019年10月对ZQ工作室领办人的访谈，编号ZQ20191014-01。

⑤ 2016年9月对YL工作室领办人的访谈，编号YL20160923-01。

3.既有技术交流渠道的扩展

技能大师工作室通过举办讲座等形式分享技术经验，促进先进技术的传播。[1]与班组制相比，这种技术交流与传播具有极强的覆盖性与拓展性，交流的形式时常跨越班组、工段、车间甚至工厂，有时在工作室与工作室之间也展开技术交流。谈到工作室的交流问题，这种技术交流也带有一定技术输出的性质，不仅局限于工人之间，还包括与铁路局建立联系，一位工作室的负责人向笔者介绍：

去年是青年节那会儿，纪念五四一百周年，我们工作室与工作室之间交流，因为高铁工人很多也是青年人，我带着我们工作室的成员到WJ、YL、GS、WH他们四个那儿，还有质子软件工作室开展交流，因为我们工作室主要是铆焊工，YL（工作室）焊接机械手比较强，GS他们那儿激光焊和搅拌摩擦焊比较强，那我们就去他们生产现场看，铝合金车体应该怎么焊，不锈钢车体怎么焊。[2]

公司派我们工作室的一些人去外面，包括去铁路局进行技术支持。我们是高铁医生，帮助他们解决关键的问题。[3]

我认为成立工作室对我们最大的帮助就是能够集中优势搞这个创新和立项攻关。虽然说以前没有工作室的时候也可以，但是你没有资源，我说的这个资源，资金是一方面，另一方面就是平时你想号召一些人一起去攻关，但每个人都有一份生产任务，如果有的人他生产上遇到难题了，他也没法说拿到哪个层面上来（解决），每个人都有每个人的一块事儿是不是？所以说有

---

①　中国职工教育和职业培训协会.技能大师工作室建设指南［M］.北京:中国劳动社会保障出版社，2013: 14—15.

②　2020年1月对JH工作室领办人的访谈，编号JH20200122—01。

③　2019年10月对ZQ工作室领办人的访谈，编号ZQ20191014—01。

了工作室，就可以拿到这里来问、来讲。所以说就是给咱们一线员工搭建了一个特别好的平台，能让大家一起去攻关，谁在哪方面擅长，就拿过来一起解决了。[①]

这样的功能与职业院校的大师工作室存在一定区别，在笔者对C市某工业技术学校国家大师工作室的领办人访谈的过程中，他谈道：

我跟K厂的不同是，他在企业，我在院校，企业培养工人，我这儿的院校是培养社会的技能人才，我在学校是能培养更多的人，让更多的人掌握这个东西，让他们去服务于企业。我培养的学生，企业都是跟着要的。我的工作室，有很多企业你是不掌握高水平的，你不一定掌握新方法、新技术，我们作为学校，政府给了我们好多政策，让我们去了解新技术，我们了解这些新技术以后传递给企业，因为工作室嘛，为社会负起责任，我们给企业培训是没有任何的费用的，你来我这儿训练就行，我教他们，就是让企业站在这个平台上，了解这个平台。我们有时候能承担啥呢，比如说你们有个公司，你要研究一个项目，但是你这个企业承担不了，而你是骨干他也是骨干，你俩可以借助我的大师工作室，你俩可以上我那儿去，组织一个团队，共同就帮你研发了。但是研发不是最终目的，而是给他制作出来应用于生产实践，创造效益才是最终目的。[②]

（二）典型示范：一个"典型"的集合体

自20世纪70年代中期以来，组织研究者不再仅仅将组织视为一种只进行"投入—产出"转换的工具性生产系统，开始慢慢注意到了更为广泛的社会与文化因素，视其为一种社会与文化系统，强调组织由文化系统构建并受其制约。技能大师工作室是一个由高技术水平工人构成的共同体，其中不乏劳

---

① 2018年6月对YL工作室成员的访谈，编号YL20180629-01。
② 2019年9月对C市某工业技术学校国家技能大师工作室领办人的访谈，编号GY20190924-02。

模与先进典型，使其具有了一定的符号象征性，其成员在生产中展示出来的劳模精神与工匠精神，一定程度上也作为象征符号的文化在厂内传播。由此可以看出，工作室在发挥工匠精神与示范效应方面起到了一定作用，在普通工人与企业之间架起了一座桥梁，用一位工作室领办人的话说，这叫"磁石作用"。

工作室其中一个重要作用就是模范作用，劳模就在你身边，你有个样子，年轻人能看到。我印象最深的是小胡，这个小孩脑子天马行空，很好使，干工作也很厉害，但是他开心他才干。2015年我来了（高速中心）之后，他改变了不少，因为他说以前听劳模事迹我都不认可，我没见着什么样，我也不知道，但是罗师傅来了之后我们知道了应该咋干，我们的未来是啥样。他就收心了，后来评上了C市工匠，2016年也是特等劳动模范等等。就是模范在身边，我看你咋干，那我也这么干，我将来也能像你一样，非常现身说法，起引领作用，身边的榜样，很直观。①

我2010年被评上的全国劳模，这些大师就像我们心目中的明星一样，那天天"追星"，但是这种追星就是现实生活中，你能看得见摸得着的。我特别不喜欢名气，淡泊名利，你就把自己的活干好就行，你不能想着我要得五一劳动奖章，你去做，那你得不上，反倒徒增烦恼，你就把自己的活干好，剩下的就是领导操心的事儿，你想着因为要得奖才干活，那你永远也干不好。②

计划经济时期的八级工不仅能够享有在工人中最高等级的劳动报酬，更成为人们心目中技艺精湛、精工细作的顶尖工匠的代名词。K厂一位退休的老工人提道：

---

① 2019年10月对ZQ工作室领办人的访谈，编号ZQ20191014-01。
② 2019年10月对ZQ工作室领办人的访谈，编号ZQ20191014-01。

当时不是有句歇后语吗，叫"八级工拜师傅——精益求精"，就是说他这种精神，你水平都最高了，你还要往上提升，还想着怎么能做到更好。以前八级工的精神是什么？就是视手艺为一生的归宿。现在的工人普遍缺乏八级工精神，那就当不了技术型人才，国外来了订单你都不敢接。[①]

技能大师工作室的成立给工人带来了一定的荣誉感，老杨师傅谈道：

另一方面，那就是在国家层面上被认可了，那在整个行业里都有影响力和效果。它是一个窗口，因为咱们可以通过工作室把好的做法和产品推广出去，前几天技能人才会，还专门给咱大师工作室设立了一个展位。要利用这个良好的平台，它特别贴近基层，特别通常的渠道，弘扬一些新的思想和理念。同时，利用这个平台传承技能，发现人才、培养人才。发挥引领作用，你掌握着领先于他人的技能，站在行业的制高点上，你就得带着大家向前走。作为高技能人才，你得在工作中起到示范作用和模范作用，你得发挥热点作用，就像是手机的Wi-Fi，把他们接入到我们的热点中来，传递劳模精神和工匠精神。发挥磁石作用，用软的实力，特别是年轻的技术工人，得把他们吸引到劳模创新工作室的平台上，要有吸引力。[②]

在工厂中工人最直接接触的每日与自己共同劳动的工友是劳模，工作室作为一个优秀典型的集合体，其所展示出来的劳模精神与工匠精神，具有强烈的示范与引导作用。

---

① 2016年10月对K厂退休工人的访谈，编号TX20161012-01。
② 2019年9月对WJ工作室成员的访谈，编号WJ20190910-01。

第三节　对工作室制度下技能传递组织形态转换的讨论

一、"跨界兼职"：技能大师工作室组织结构的多元性

技能大师工作室成员意味着一种特殊的组织身份，有学者将"组织身份"的概念界定为对关键的、持续的和独特的价值观的忠诚，同时这种组织身份给参与者提供了一套重要的规范性要素，使参与者能够围绕这些制度要素，来进行他们的叙事和意义构建活动。[①]应当承认，工作室是包含了众多要素的平台与融合体，作为一种新型组织，它不同于科学共同体或是技术共同体，因为后两者在结构上较为单一化，而工作室共同体则是一个多元化的结构，是一个包含了众多成员和要素的系统。

工作室作为一个技能的共同体，其结构的异质性往往是由攻关创新活动本身的复杂性所决定的，因为一项攻关创新可能涉及许多不同的专业知识和技能，同时也需要不同层次、不同工种劳动者的组合与互补，工作室活动的完成，通常是通过有组织、有计划的集体分工协作过程来实现其预期目标的，如任务的分配者、执行者等，这就在客观上要求由不同角色和职责的员工进行互动与配合。因此，工作室活动共同体的结构必然是多元的、异质的。在K厂，由于工人的能力和分工更为细致，决定了大师工作室内部分工更为精细，不同于具有同质性结构的科学共同体和技术共同体[②]，是"异质共同体"。

这种多元性与异质性还表现在，工作室的结构具有层级性。无论是攻

---

① ［美］W.理查德·斯科特.制度与组织——思想观念与物质利益［M］.姚伟，王黎芳，译.北京：中国人民大学出版社，2010：125.

② 张秀华.工程共同体的结构及维系机制［J］.自然辩证法研究，2009（1）：86-90.

关创新活动还是传艺带徒，共同体内部在组织方式和责任的轻重上是分层次、有差别的，主要表现在：第一，从管理与组织的层次上看，工作室组织内部权力关系明确，从上到下等级关系分明，有最高指挥中心——技能大师及少量核心成员，中间层次上则包括一般正式性成员，此外还有外围非正式成员，具有明确的等级原则；第二，从技术分层的角度看，工作室内部的工人成员往往具有不同的技术等级，一般从低到高为技师、高级技师、三级操作师、二级操作师、一级操作师及首席操作师等，是有着一个明确分层的结构；第三，从成员身份上来看，不仅包括一线生产工人，还包括以工程技术人员为代表的相关专业技术人员，以及工作室以外的高校、客户等联合运行的工作室。

与班组相比，工作室作为一个吸收与培养工人技能的非行政性建制组织，其属性决定了工作室具有超强的整合能力、延展性与跨越边界性，这主要体现在以下两个方面：第一，从技能等级层面上来看，根据K厂的相关规定，所有技能等级达到技师及以上水平的工人，都可以加入工作室，成为其中一员。也就是说，工作室在维持其基本架构的基础上，具有极强的吸纳人才的开放性和延展性；第二，从生产与工种上来说，根据生产的实际需要，有的大师工作室可以涵盖来自不同工种的技术工人，在组织上构成了新的结构，被编织在既有体制之中，管理跨度较大。

我们当时成立这个工作室的时候是20人，因为公司每年都进行新的技师评定，车间里新评上的技师也就纳入这个工作室了，所以这个结构不是固定的，人数每年都在变化。[1]

我们在搞创新的时候需要机械的、电气的、网络的等等，各种优秀的人才，那么我们都纳入工作室，是一个"多国部队"，在吸纳人才上我们工作

---

[1] 2019年10月对ZQ工作室成员的访谈，编号ZQ20191014-02。

室没有门槛，是很开放的组织。[①]

而这种超强的灵活性、流动性与整合能力不仅是工作室自身的制度性设置，其性质的有效发挥同时还与K厂技师评定制度相挂钩，正是因为K厂技术考评制度的存在，使得每年通过考评的高级工可以晋升为技师，从而获得进入大师工作室的资格。概言之，技师考评制度为技能大师源源不断吸纳高技术工人提供了制度保障。

二、从"班组制"到"班组+工作室"模式的转换及影响

（一）互相嵌入："班组+工作室"模式的运行特征

自新中国成立以后，国有工厂内形成了一套以"车间—工段—班组"为核心的刚性纵向垂直结构的工业组织运行机制，这一直是工业组织的基本治理体制，同时也是技能传递的基本结构。在传统的"车间—工段—班组"结构和体制之下，依靠行政力量组织工人参与培训是较为普遍的一种形式，在这一模式下，技能传递通常被限制在纵向垂直的体系范围内，甚至有时培训活动只在班组范围内展开，带有一定的单一性和封闭性。计划经济时期，以班组制为典型代表，对工人的技能培训往往被置于班组会议、班组内互助小组、针对特定岗位进行的小范围培训等方面。改革开放以后，这种纵向垂直的组织结构及其所形塑的技能传递模式被国有企业在一定程度上继承与延续。随着技能大师工作室制度的设立使这种单一垂直性的技能传递范围有了较大的突破，演变成从单一到互嵌的格局，组织运作与目标实现依赖于"班组+工作室"复合结构模式及运作机制。从组织属性上看，该模式将带有行政性质的班组与带有非行政性质的工作室有机结合，在行政起主导力量的基础上，非行政建制团队的力量在新的条件下得到强化，工人的自主性与主体

---

① 2019年10月对ZQ工作室成员的访谈，编号ZQ20191014-04。

性明显凸显。

在进一步考察技能传递所依托的社会性的过程中，需要明晰作为共同体的工作室其组织结构具有的重要作用。2010年前后，以技能大师工作室制度的建立为背景，企业内既有的技能传递组织模式发生了重要转变，形成了以"班组+工作室"的重层结构模式。在20世纪70年代以后，组织社会学在组织和环境之间关系的领域内出现了非常多的理论，但是在相当长的一段时期内社会学对于组织内部问题的关注度是不够的。技能大师工作室作为一种精心设计出来的组织结构，如果说为其提供制度动力的是顶层的国家力量，那么不断起到运转作用的则是生产过程中的结构与功能。如果说以往在企业层面设立的大师工作室一般将技术攻关创新放在其功能的首位，重点通过技能领军者解决产品制造与维修的工艺难题、疑难杂症，同时完成高技能人才的培养的话（如金蓝领工作室），那么升级为国家级技能大师工作室以后，在政府的支持下，这样的工人研究团体其功能也全面升级，内容更为丰富和完整。国家技能大师工作室将工人的技能形成与传递置于首要位置，由此带动技术的研究、创新。[1] 值得注意的是，这种技能传递的复合组织结构，并不是班组元素与工作室元素的简单相加过程，而是充满了复杂性和"互相嵌入"性，主要体现在以下三个方面。

第一，从组织人员上看，这种模式具有成员上的部分重叠性。工作室是将原有班组内一线高技能工人按照技师以上级别进行重新组合，其选择范围跨越了班组、工段甚至是车间范围，打破了既有的纵向性人员范围，一间工作室通常可以联合不同班组甚至车间的高技术工人进行联合攻关创新，且由于班组可以向工作室输送符合条件的工人参与活动，在工作室的帮助下提升技能，因此使二者之间构成了动态的具有互嵌性的复合型关系。在此基础上，工作室也联合了专业技术人员等群体，其着眼点在于在不同主体之间建立起密切的生产联结关系，从总体上看，强化了其主体多元性的特征。

---

① 中国职工教育和职业培训协会. 技能大师工作室建设指南[M]. 北京：中国劳动社会保障出版社，2013：13-14.

第二，从技能传递方式上看，工作室是对既有班组内培训方式的突破与创新，其中包括在班组培训内容的基础上，通过发挥高水平工人团体的作用进行"拔高式"培养，承接工厂重要攻关项目及推广等。在对传统方式进行尝试性转型的基础上，形成了与既有模式兼容、共生的开放式关系。通过上述研究我们可以发现，班组作为企业经营管理的最基本单元，是在企业进行技术改造、技能攻关的过程中，许多具体工作的最终落脚点，这也要求班组必须具备对职工进行教育和培训的功能，以提高班组成员的技术、业务和文化素质，以推动企业的技术进步。如果将以班组为主要的组织依托而进行技能的传递方式看成是垂直纵向的，那么工作室无疑是横向的，"班组+工作室"模式则形成了一种纵横联合、交叉的技能传递模式。

第三，从组织属性上看，该模式将带有行政性质的班组与带有非行政性质的工作室有机结合，在行政起主导力量的基础上，非行政建制团队的力量在新的条件下得到强化，使得工人的自主性与主体性明显凸显。在国家与企业的主导下，这种纵向垂直体系逐渐转化为"班组+工作室"的复杂格局，形成班组与工作室之间力量的相互渗透。

（二）两种模式的对比及影响

"班组+工作室"的最大特点之一在于工作室的资源引入，与以前对比，以前因为客观条件的限制，没有适合的活动地点，如没有厂房，工人难以集中，没有适当的教室及先进的教学器材，无法经常给工人上课。而技能大师工作室的建立为工人提供了另一种组织选择。工作室的成员告诉笔者：

以前工人在干活的时候也能产生一些点子，但是他没法进一步提升变成成果，那时候也没有这样的平台把大家聚起来开会啊、讨论啊。[①]

---

① 2019年10月对ZQ工作室成员的访谈，编号ZQ20191014-03。

以前班组不像现在，不可能有这么大的会议室，不可能有公司给你提供的额外的资源，有这个编程系统，所以这个工作室跟以前班组的区别就是在硬件上不一样了，以前班组没有硬件，遇到问题只能说是在现场给大家讲讲，你想要个教室都很困难，这就是一个区别，资源更多了。这个资源除了硬件上，也包括学习方面，如果说我有的东西讲不了，那我可以请示上级，找工会啊、人力资源啊，让他们请老师过来讲，以前班组不可能有这种形式。①

虽然以前班组也有开会，但是没那么普遍，一般都是领导给开，班组长、车间主任啥的，就生产，有的时候也有思想（方面），提一提要求，大师工作室随时可以就某些个问题，招来一些懂（该问题）的工人开个会，你们有什么想法都说说吧，大家畅所欲言，看看这个问题能不能解决，这样的话我觉得是一个技术研究团体的会了。②

要想出一个点子其实很难的，有时候你越是让员工拿出来一个点子，员工越畏手畏脚，但是工作室呢，是一个能帮你拿定注意的地方，有时候也是自己水平有限，你左思右想，就是想不出来怎么解决，你去找师傅们、去找工作室，人家说行，你过来给你研究研究吧。这还免费，你就算找到组织了，学习了，下次再遇到这个生产问题，那你不就能自己解决了吗？③

通过上述分析，我们可以发现，技能大师工作室作为服务于企业生产的创新工作团队，是以非行政建制性的组织特征而存在的。作为一种独特的组织结构，其特殊的组织性主要表现在以下两个方面。

第一，结构上的特殊性。我们应该看到，与以班组制为基点的工厂内原

---

① 2019年12月对SY工作室成员的访谈，编号SY20191218-04。
② 2020年1月对JH工作室成员的访谈，编号JH20200122-03。
③ 2020年1月对JH工作室成员的访谈，编号JH20200122-02。

有的纵向垂直的"车间—工段—班组"的组织体制不同，技能大师工作室的组织结构主要是以各层次高技术水平劳动者为主体，加之由专业技术人员、铁路局等相关部门的支持，其成员可以横跨班组、工段、车间，甚至延展到企业组织以外。因此，它不仅是一个高技术水平工人的实践共同体，同时也是一个横向联合的由复合的、多元化的主体而组成的组织形态，具有极强的异质性共同体的特征，是一个融合了多方主体的人才团队。现代大机器企业的生产往往需要各方协同配合以完成复杂的生产活动，而这样的意义在于有助于工人、专业技术人员、产品客户等不同行为主体之间的联系，有利于完善既有的组织体系和生产机制。

第二，功能上的灵活性。技能大师工作室是非行政建制性工作团队，这导致其具有一定的灵活性与边界扩展性，具有极强的整合与吸纳的功能。通常来讲，某项任务或解决方案一经确定，技能工作室中的小分队便会迅速形成，开始就问题展开行动。在项目实施的过程中，工作室通过提供并实施各种切实可行的技术和工艺手段以确保工程活动的工期、质量的最终完成乃至获得目标实现。技能大师工作室是一种培养实践者操作技能的组织性手段，技能大师工作室包括不同类型和级别的技能人才，技能共同体是高度组织化，具有利益相关性，通过攻关与培训交流所维系的集合体。工作室的培训是很灵活的，培训形式多样，包括现场培训、业余学习，根据生产和工人的需要灵活地采取多种多样的形式。工作室存在的目的主要是服务于企业的生产，因此工作室的培训内容也是围绕生产所需而展开的。

我们的培训形式是非常多样的，一般是组织现场培训，也包括夜校，因为团委也在我们这儿挂牌子了。①

我们就是生产中需要什么，我们就教什么，干什么就学什么，缺什么

① 2019年10月对ZQ工作室成员的访谈，编号ZQ20191014-01。

就补什么，这样呢技术工人他就能在最短的时间内收到学以致用的效果，而且因为在企业里不可能所有工人的水平都一样，包括理解能力、悟性都不一样，所以工作室就会根据不同的情况区别对待，你缺哪的知识，那你的师傅就带你补哪块。①

我以前在企业也做过领导，工人生产中遇到问题要想解决怎么办，你得先反映到领导那儿，以前得靠领导、靠行政手段，比方说领导负责召集人，一般找两个能研究事儿的，坐下来，给我出谋划策，领导不负责解决技术，得靠下面四个研发处，那时候都是各自单独研究完了之后组成一个团队，你负责焊接、你负责这个，你负责那个，然后整到一起，去研究，这是行政手段。或者找厂家来维修。②

三、工人主体性的发挥与"技能共同体"的营造

（一）工人主体性与工匠精神的体现

党和国家对于工人阶级主体性的强调自苏维埃时期起便已有之。③当时，这一话语的核心内容在于强调工人阶级既是国家的革命者，同时也是企业的主人，并动员工人阶级应该充分发挥自身的积极性与创造性，履行自己的权利与责任，自觉自愿地、有组织有纪律地改进业务，提高生产。④新中国成立以后，进一步塑造了工人阶级的主体性⑤，认为中国现代"工业无产阶级人数虽不多，却是中国新的生产力的代表者，是近代中国最进步的阶

① 2019年10月对ZQ工作室成员的访谈，编号ZQ20191014-01。
② 2020年4月对K厂某退休领导的访谈，编号RL20200418-01。
③ 邓中夏.邓中夏文集[M].北京：人民出版社，1983：179-182.
④ 游正林.主人翁话语的兴起（1930—1949）[J].学海，2020（1）：73-80.
⑤ 李静.瓦解与重建：当代中国工人阶级形象的书写（1999—2011）[D].上海：华东师范大学，2015：35.

级，做了革命运动的领导力量"①，并指出"人民民主专政需要工人阶级的领导。因为只有工人阶级最有远见，大公无私，最富于革命的彻底性"②。社会主义中国在面对推进工业化的过程中，必须借助组织和动员人民群众来完成建设，"一切职工都应该以主人翁的态度来对待自己的工厂"的意识进一步凸显，田毅鹏等人认为，在20世纪50年代发端的单位制早期组织制度建构的进程中，国营企业始终是作为一个具有标志性意义的核心部门被纳入社会动员体系之中的，国营企业的"参与性组织动员"以车间班组为单元，将工人纳入参与生产管理的过程中的改革，以切实激发工人阶级的主人翁意识。③事实上，在"单位"中，国家通过党政系统直接控制了生产，教育工人在掌握生产实践所必需的技术和文化的同时，将"劳动者的尊严感"注入到了工人的意识中，把工人对文化和知识的需求在一定程度上转化为工人阶级的"主人翁"意识，不仅培养了工人对国家和政党的认同，也建构出了社会主义工人阶级的主体性。④

　　但是，随着20世纪90年代末中国经济体制改革的不断深入，资本全球化和国内市场化的交织过程带来了中国工业结构和发展模式的转变和调整，在国企市场化改革的过程中，工人阶级承担了市场转型的风险和成本，使得传统工人阶级面临迅速"底层化"的局面。⑤然而，劳动者在社会生活和国家政治中的主体地位和自觉的创造仍是经济发展和企业发展的重要一环。如果说班组是在既有行政体制内进行技能管理与传递的行政化组织，那么工作室无疑是在这种行政体系之外独立存在的具有群众性的技能传递组织模式，每个成员既要完成自己所承担的生产任务，同时工作室的日常管理都由作为成

---

①　毛泽东.毛泽东选集（第一卷）[M].北京：人民出版社，1991：3-8.

②　毛泽东.毛泽东选集（第四卷）[M].北京：人民出版社，1991：1479.

③　田毅鹏，刘凤文衍.单位制形成早期国营企业的"参与性动员"[J].山东社会科学，2020（8）：60-68.

④　李静.瓦解与重建：当代中国工人阶级形象的书写（1999—2011）[D].上海：华东师范大学，2015：76.

⑤　沈原.市场、阶级与社会——转型社会学的关键议题[M].北京：社会科学文献出版社，2007：178-179.

员的工人自己负责，在这个过程中充分发挥了工人在技能传递与工作室管理中的主体性和积极性。

此外，从价值取向上来看，技能大师工作室成员通常由劳动模范组成，通过技术产品创新以及在创新过程中表现出的开拓进取精神，树立了先进的典型与良好的榜样，可以起到鲜明的示范作用，这种标杆也是激励其他员工积极向上的巨大力量，具有巨大的物质价值和精神价值。一种较为公认的观点认为，在共产党领导的社会主义劳动体制下，劳动模范是在劳动实践过程中涌现出来的劳动者群体中的杰出代表、英雄人物和先进典型，其身上体现着社会主义劳动伦理和劳动精神的基本原则。[①]我们可以看到，针对当下工业文化中存在的浮躁不踏实的不良态势，技能大师工作室的提出与建设，实际上是在回应工匠精神的缺失，并呼唤工匠精神的回归。工业文化作为工业软实力的核心内容，是工业发展与工人技能的灵魂，"工匠精神"的内涵十分丰富，既指代生产者对自己的产品精雕细琢、精益求精、追求完美的精神理念，也泛指以"精益求精、专注耐心、专业敬业、勇于创新"为核心的职业素养。[②]技能大师工作室其实是工业文化之工业精神的一种重要表现形式。伴随着《新时期产业工人队伍建设改革方案》《关于提高技术工人待遇的意见》等政策的出台，体现了工人阶级的社会地位与主体性得到进一步提升。技能大师工作室可以视为对劳动模范的另一种表彰，对于走技术路线的劳动模范的支持，同时技能大师工作室作为劳动模范的集合体，也是对劳模精神的建构。在推进技能大师工作室建设的进程中，劳模精神也被一步步地宣传。为劳模建构开辟了崭新的制度性的空间，工作室不仅能够体现出劳动模范的精神，还能"再生产"出劳动模范。这表现出对劳动者主体性的尊重，劳动者不再是被动的，而是并被赋予了在更大空间范围内施展技能优势的主体性地位。在新时期不断强调技术工人的社会地位、经济待遇与政治待

① 刘佳. 社会主义国家建设视野下劳模精神再阐释[J]. 内蒙古社会科学, 2019 (5) : 39-46.

② 工业和信息化部工业文化发展中心. 工匠精神——中国制造品质革命之魂[M]. 北京: 人民出版社, 2016: 引言2.

遇等话语下，工人阶级的主体性得到了进一步展现，也更加重视发挥其在生产与技能传授中的作用，通过为高技术人才设立工作室，给予一定建设经费，搭建平台，能够发挥出其在传艺带徒、带领团队进行立项攻关中的作用。技能大师工作室之所以能够发挥出工人阶级的主体性不仅在于其能够激发起产业工人阶级的劳动创造意识，同时还在高技能群体与普通工人之间建立了密切的关联，为技能的传递搭建了最为直接的平台，其实质是对工人阶级劳动创造性与主体性的承认，其实践直接为国企工匠精神的弘扬提供了最为直接的表达渠道。

（二）"技能共同体"的生成

苏联应用社会学家达维久克认为，组织社会学是研究组织的结构、活动和发展规律的科学，其主要任务是研究组织系统的结构和活动的原理，确定组织系统效率的标准，制定完善组织系统的方法，以及阐明个人与非个人组织因素及其个别与一般因素之间的相互关系，组织被视为"用以支撑对特定集体目标的追求"。[①]技能大师工作室的诞生与发展，促进了高技术水平工人的再组织化，由此形成了一种新的组织形式——技能大师工作室共同体。滕尼斯对共同体的概念进行了较为系统的阐述，他将共同体视为基于如情感、习惯、记忆等自然意识形态形成的一种社会有机体，指代那些有着相同价值取向、人口同质性较强的社会共同体，共同的生活环境以及持久的"共同性"成为共同体的重要维度。[②]在这一意义上，所谓技能共同体，是指在一定范围和领域中，由具有比较一致的价值观念、技能水平，并从事技能劳动且从事技术攻关创新、开发、生产等的高技能人才通过交流所维系的集合体。技能共同体有两层涵义：一是技能共同体的主体是从事技能、生产等的高技能人才群体；二是技能共同体通过技能交流维系其存在。事实上，对于

---

①　[苏]达维久克. 应用社会学词典[M]. 于显洋，等译. 哈尔滨：黑龙江人民出版社，1988：315-316.

②　[德]斐迪南·滕尼斯. 共同体与社会：纯粹社会学的基本概念[M]. 林远荣，译. 北京：商务印书馆，1999：63.

这一组织模式的类似探索在新中国成立以来的国营企业中能够找到一些早期经验，例如，1950年鞍山钢铁公司曾组织"技术研究会"，作为一种群众性组织，"吸收厂内工程技术人员、生产领导干部、劳动模范、先进生产者及优秀的技术工人等组成，目的在于发挥群众的智慧来考虑技术问题、集思广益，在要解决的技术问题方面提出完善而合理的技术措施"①。

事实上，这种特殊类型的"技能共同体"有两大目标：一是要进行技术创新与攻关，完成技术创新项目，提升企业的技术创新水平，共同体中的不同工人作为工作室活动共同体的人力资源库，随时为生产活动提供共同体成员，进而实现产业、行业的转型与升级；二是传承大师技艺，培养具有高超技艺的高技能人才，成为社会技术创新力量的主体。概言之，这一技能共同体有着自身的组织目标，它会根据系统工作目标需要，随时从外部引入各类人才或接纳新成员，并能够吸引参与者为其贡献服务与协调和控制这些贡献，这种共同体的结构具有一定的流动性与开放性，作为一个系统，能够与外界环境保持着互动与交流关系。可以说，技能共同体的概念是在技能传递与交流的意义上引入的，是以往的团体形式在组织规模、功能、持续性等方面的扩展。

---

① 鞍山钢铁公司教育处. 鞍山钢铁公司培训职工的几点经验 [M]. 沈阳: 辽宁人民出版社, 1955: 98-102.

第六章

技能大师工作室场域下
技能传递关系形态的展开

21世纪以降，随着市场化改革背景下国有企业自主能力的不断增强，在面对技能型劳动力短缺与企业内部培养能力不足的巨大矛盾时，国有企业进行了对厂内技能形成与传递模式的诸多创新与探索。作为企业内一种特殊类型的组织，技能大师工作室的出现使得劳动者之间、劳动者与管理层之间在既有关系的基础上呈现出了多种新的互动形态，使工厂内原有的技能传递关系更为复杂化，其中师徒制改革下师傅与徒弟之间的互动关系最具代表性。从表面上看，师徒二人的关系似乎是通过技能的"传"与"承"建立起来的，但事实上二者之间的关系并不仅仅局限于这样简单的范畴，而是具有较为复杂的互动内涵，主要表现在以下几个方面：①其间有建立在利益互酬关系上的"吸引与亲和"；②有由于师徒合同短期化带来的"浅关系"；③有由于徒弟数量膨胀导致传递关系上的"差序格局"化；④也有从工作室工作角度而产生的师徒间领导与被领导关系。此外，工作室与企业管理层之间双向互惠与博弈并存，而工作室外普通一线生产工人对于工作室的"不参与"与"积极联系"也成为企业内部互动关系的重要方面。上述多面向的关系互动和态度取向构成了工厂内真实的关系形态，不仅使得技能形成与传递被编织在一张复杂的社会关系网络之中，同时也对企业技能传递关系的治理产生了复杂的影响。

第一节　国企内部技能传递的关系变迁

自2010年以后，以国家人力资源和社会保障部出台关于建设技能大师工作室的相关政策为背景，中国国企开始逐步走上了建立与发展工作室制度的道路，使得长期以来国企内部缺乏对工人特殊技能进行培训与传递的现象由此发生了重要转变。从企业内部关系的视角审视技能大师工作室现象，我们会发现，作为由国家、企业、工人等多方主体共同构建的技能传递平台，工作室的存在是多种元素和关系相互融合交错的结果，它使得劳动之间、劳动与管理之间的互动变得更加多维且复杂。从学界近年来围绕着大师工作室所展开的研究来看，研究者业已注意到了对工作室作为工人技能培养场所的功能分析，同时也注意到了对其运行、建设及考评机制进行宏观性的探索。但值得注意的是，在以工作室为视角考察工人日常生产实践活动时，既有研究对工作室建立所带来的不同行为主体间关系的改变及其特征分析至今尚未系统展开。也就是说，既有研究在一定程度上忽视了工作室有效运行背后多样化的关系基础与互动形态，对其研究存在着简单化的倾向。在工作室日常生产与互动的实践过程中，以师徒关系绩效化、短期化，工作室与企业管理层之间互动为中心的国企内部不同关系类型及互动对技能的传递产生了哪些影响？工作室场域下不同角色在技能形成过程中又起到了怎样的作用？笔者认为，关注和研究技能大师工作室的有效运行机制必须从破解上述具体的关系类型及结构开始。在此前的研究中，笔者从宏观层面上就工作室运行的社会制度背景与企业环境条件展开了较为系统的分析，那么如何在微观层面上从关系的视角探讨和考察大师工作室场域下技能传递的关系形态及特征，成为笔者进一步深入理解大师工作室的关键所在。

一、国企内部技能传递的传统关系

（一）传统师徒制及基于伦理关系的技能传递

在以往有关国企工人研究的著述中，谈及工人的技能形成与传递问题时，学界往往倾向于使用"师徒制""集体培训制"和"技工学校制"等概念加以分析和描述。相关资料显示，在"一五"计划时期对熟练工人的培养过程中，运用师徒制方式进行培养的工人人数一度达到43.9万，占总比例的48%左右；各类企业采用举办集体训练班的形式进行培养训练的工人一共有36.2万人，约占总数的39%；而采用技工学校的培养形式培养毕业学生并使之成为熟练技术工人的共有11.9万人，约占计划总数的13%左右。[1]应当承认，传统师徒制在经历了社会主义改造以后，成为国有企业组织内部最为典型的技能传递模式。工人之间依托于师徒制度建立起来的关系往往是长时段，甚至是终身化的互动关系，"师徒之间的关系一旦确立，就是不可更改的，这种关系将两个人的生命历程密切地联系到一起"[2]。但是，仅仅将这种师徒制度视为一种技术传授的形式是远远不够的，师徒制还表现为一种"伦理关系"，而从某种程度上来说，这种伦理关系还促进了技术的传授，如果将原来的师徒关系淡薄了甚至割断了，则反而是不利于技术传授的。[3]进一步而言，师徒二人之间的互动范围既包括在生产过程中所形成的从"技能输出"到"技能习得"的技能转移关系，也包括师徒二人基于日常生活的密切交往所衍生出来的"拟家化"的非正式关系，由于其生产活动与生活轨迹具有高度的重叠性等原因，师傅对徒弟的言传身教不仅局限于生产过程中，师傅和徒弟的生活在一定程度上也是捆绑在一起的，导致师带徒具有一种"家长式"管理的特点，从而在师傅和徒弟们之间形成了类似于一家之长

---

[1]　当代中国丛书编辑部. 当代中国的劳动力管理 [M]. 北京: 中国社会科学出版社, 1990: 194-195.

[2]　傅春晖, 渠敬东. 单位制与师徒制——总体体制下企业组织的微观治理机制 [J]. 社会发展研究, 2015（2）: 1-21, 242.

[3]　薄一波. 若干重大决策与事件的回顾 [M]. 北京: 中共中央党校出版社, 1991: 450.

和诸多子女的关系[①]，这也普遍构成了工人之间互动的关系基础。

对于计划经济时期师徒之间情同父子、"拟亲人"式的关系，在笔者进入K厂进行调研的过程中，不断听到工人们用"一日为师，终身为父"等类似的语言进行描述，一位退休劳模师傅对此有着更为深切的体会：

> 那时候就像小孩似的，师傅叫干啥就干啥，也不知道辛苦，听话，班上跟师傅学点手艺，下了班收拾床子，扫地，给师傅的也扫了。平时还得伺候师傅，晚上给师傅打洗脸水，打洗脚水，给师傅洗洗，师傅说你去给我买盒烟去，那就屁颠屁颠去，就那样。那时候也不觉得累，年纪小啊，就是父子关系似的，师傅说啥你都得听，那真得尊敬师傅啊，当时跟师傅住在一起，多好啊。[②]

> 那时候我师傅是带了我和师弟两个（徒弟），那时候困难哪，但是每次逢年过节我俩都得去师傅家送点东西，自己舍不得吃也得孝敬师傅，要是自己家有点啥好东西了那都得让媳妇先拨出来给师傅留着，再送他家去，就像是尊敬老父亲一样去看望。师娘去世了以后，我和师弟那是更要一直照顾师傅，每次过年他家都少不了我俩，唠唠嗑也好，送点东西也好，就跟亲人似的了，要是听说谁混蛋跟媳妇干仗了，师傅那上手揍呢，就真跟爸爸管儿子一样。[③]

师徒二人之间除了工厂中正式的技能传递关系以外，还存在着一层浓重的伦理关系，甚至伦理关系成为师徒间关系更为主要的面向，而上述特征构成了传统师徒制技能传递的关系基础，并具有极强的持续性，尤其在缺少竞

---

① 傅春晖，渠敬东. 单位制与师徒制——总体体制下企业组织的微观治理机制[J]. 社会发展研究，2015（2）：1–21，242.

② 2016年10月对K厂退休工人的访谈，编号TX20161012–01。

③ 2016年10月对K厂退休工人的访谈，编号TX20161012–01。

争机制和其他外部选择的条件下，这种师徒情结逐渐走向强烈。尽管经历了大跃进、"文革"等历史进程的冲击，但师徒之间依托于正式关系和私人情感关系交织在一起建立的技能传递模式，在一定时期内一直是国企内部最为典型的技能传递形态。但遗憾的是，在市场化改革及单位制逐渐消解的影响下，这种传统的师徒关系的弊端逐渐暴露，不得不面临着转型与重建。

（二）"集体训练班"模式下的团体化技能传递关系

工业组织中的技能传递既注重个体，也注重团体，如果说师徒制强调的是工人之间个体对个体的、"一对一"式的技能传递模式，那么集体训练班制度则主要强调集中性的、规模化的"一对多"式的技能传递。事实上，企业举办技术训练班是自新中国成立以来国企对于工人技能养成的另一重要方式。新中国成立以后，周恩来在第一次全国人民代表大会第一次会议上所作的政府工作报告中指出："各个企业应当用大力开办技术训练班和各级业余技术学校，组织企业管理人员、技术人员和工人认真学习技术，研究和推广苏联的先进经验。"[①]相对于师徒制长期而稳定的技能传递关系，各种不同类型的训练班则是一种较为短期化的组织形式，目的是在较短的时间内速成工人的技能以满足特定的生产需要，基本内容是对工人进行专业基础课、工艺课以及操作技能的教育和培训，主要由企业教育部门和有经验的资深工人负责业务和技术培训，这种方式在改革开放后得到了延续。在笔者进入K厂进行调研与访谈的过程中，一位工人师傅介绍道：

我们在生产任务不忙的时候是定期培训的，以前是每周四下午的四点半，有一个小时在楼上上课，针对生产当中容易出现问题的接头啊、焊缝啊，老师会拍照片总结完了在课上讲。[②]

---

① 国务院法制办公室. 中华人民共和国法规汇编1953-1955（第2卷）［M］. 北京: 中国法制出版社，2014: 284.

② 2020年4月对K厂非工作室成员的访谈，编号SY20200418-07。

当然这种组织化、团体化的培训具有多种不同的形式，但本质上都是依托于组织而进行的。在K厂，同样存在着多种形式的"一对多"式技能传递，例如岗前培训、"周末大讲堂""职工夜校""技术加油站"等不同名称和种类的集体式培训，涉及内容不仅包括生产亟需的操作技能，如铝合金、不锈钢焊接培训等，还包括计算机编程、日常英语以及项目管理等业务培训。K厂一位曾担任过"职工夜校"老师的一线工人介绍道：

> 那时候我们办了职工夜校，这个是利用业余时间（进行的），因为当时动车组面临大批量生产，所以说人员明显不足，那咱公司就招收了不少青年工人，但是他们中很多都没有接触过，甚至连机械手焊接是啥都不知道，那时候上了很多的课。[①]

另一位担任过多次技能培训班教师的工人就集体培训回忆道：

> 一般是在班组进行，也有召集一些别的地方的人来听的，我们有一个屋当教室，那么我就把这么多年的焊接经验，挑焊、立焊怎么整啊，一些站位如何站，一些细节的东西，一般书本上没有的东西给他强调出来，甚至有时候跟课本上讲的是相反的，因为课本也是鱼龙混杂，而且在学校学的那点东西在企业里用不上，但是我们举办培训班是针对生产的，直接培训完就上岗，少走弯路，包括材料、时间都节省，学完以后回去就用，不白瞎这段时间。[②]

（三）以"厂办技校"为典型的学校制

企业开办各级技术学校、脱产学校，招收具有一定文化程度的青年并将其培养为后备技工是自新中国成立以来企业培养技术工人的重要方式之一，其中以厂办技校最为典型。1950年2月，毛泽东等人在视察哈尔滨车辆工厂

---

① 2016年9月对YL工作室领办人的访谈，编号YL20160923-01。

② 2016年9月对WJ工作室领办人的访谈，编号WJ20160901-01。

时指出："工厂办技校培养技术工人是一个好方法。"①刘少奇从教育制度应与劳动制度相结合的视角，提出了"两种教育制度、两种劳动制度"，采用"两条腿走路"，即教育部门与业务部门办学并举，中央办学与地方办学并举，国家办学与厂矿企业办学并举的方针②，由此厂办技校兴盛一时，有着其他办学形式难以企及的校企合一的体制优势，培养出以王崇伦、倪志福等著名劳模为代表的生产型技术精英。

但是随着国有企业经营机制的转换以及"精干主体、分离辅助、剥离后勤"政策的实施，开始将生产辅助单位和后勤部门逐步推向市场③，导致依靠企业自收自支的厂办技校普遍面临淘汰或停办。学校校舍场地、设施更新，教师待遇以及经费生源等情况每况愈下，部分由政府接管，部分面临技校自办或退场。④在K厂，实行了对教育中心等进行分离的方式。⑤这使得在厂办技校背景下企业与企业"准工人"之间的技能供给与习得关系随之弱化甚至消退。

无论是传统师徒制、集体训练班制还是厂办技校制度，都是以为培养技术工人并进行技能传递为主要目标，都是企业内部技能形成的方式。所不同的是，师徒制的技能传递关系主要发生在工厂内个体与个体之间，在形式上是一对一的传递关系，而集体训练班制度则是以规模化、团体式的培训为主要手段，在形式上主要表现为一对多的传递关系，而厂办技校实际上是在工作现场外部由企业与其所要招聘的"准工人"之间在技能上的供给与吸收关系。在面临市场化改革冲击，尤其是国企内外部制度的巨大变迁时，并非所有关系都具有很强的延续性，不同形式的技能传递方式因其自身特点有着各自不同的命运和发展轨迹。

① 许守祐. 1868—2010中国铁路教育志稿 [M]. 成都: 西南交通大学出版社, 2013: 576.
② 曾璧钧, 林木西. 新中国经济史 (1949—1989) [M]. 北京: 经济日报出版社, 1990: 214.
③ 中国铁路机车车辆工业总公司年鉴编辑委员会. 中国铁路机车车辆工业总公司年鉴 (1996) [M]. 北京: 中国铁道出版社, 1996: 86.
④ 李明华. 厂办技校与企业"剥离"的思考 [J]. 中国培训, 1999 (1): 24-25.
⑤ K厂年鉴编纂委员会. K厂年鉴 (1999) [M]. 1999: 171.

二、技能大师工作室场域下技能传递关系的变动

伴随着国企改制及新时期国家对于技术工人相关政策的出台，国企内部不同类型的技能传递关系不可避免地发生了一系列复杂的变动。对此进行总结与概括我们会发现，盛行于计划经济时期的传统师徒制、厂办技校制因缺乏与之相匹配的社会宏观制度而面临转型或消解，虽然集体培训班制度在以往经验的基础上得以存续和发展，但其培训力度无法有效满足面临产业升级的国企对技能型劳动力的巨大需求。事实上，国企中存在着一批技术精湛、培训能力极强的高技能型生产者，但如何利用这样的资源发挥其在技能传递中的优势一直是困扰着企业的难题。近十年来，一种更具有创新性的技能大师工作室制度在这样的特殊背景下应运而生，在与企业相关技能等级评价制度等机制相互融合的前提下，改变着国企内部传统的技能形成与传递关系，同时也出现了一些值得我们注意的新的关系。

（一）传统师徒制的改变

计划经济时期，在接管公、私营企业的过程中，中央政府劳动部以及各级政府的劳动局都曾大力推行传统师徒制，以满足工业生产对技能劳动力的大量需求，但此时国营企业内部技能形成方式基本上还是延续了民国时期师徒制的特征与轨迹。[①]后来，随着社会主义改造的完成，师徒制也经历了转型，师傅与徒弟之间形成了平等的社会主义同志关系，也为一段时间内国营企业培养了大量的技术工人。自20世纪80年代以来，以改革开放为背景，中国国企开始走上了市场化的道路，随着劳动用工制度和工资福利制度的改革，长期以来非契约框架锁定下的师徒关系由此发生了巨大变化，师徒之间

[①]　王星. 技能形成的社会建构——中国工厂师徒制变迁历程的社会学分析 [M]. 北京: 社会科学文献出版社, 2014: 180.

的竞争关系明显加强，出现了"师傅不愿意教"的劳动政治现象。[①]由于K厂企业激励制度中将工人的技能职称晋升与带徒传艺相结合，使得带徒弟成为工人晋升技能等级及获得相应经济待遇的必要的硬性条件，导致师徒间关系朝着绩效化、短期化的方向发展。

从K厂的情况来看，这种现象主要是在2010年以后发生的。如前所述，由于意识到既有技能等级评价制度对于工人晋升技能的规制力和拉动力不足，2010年K厂决定实施"操作师评聘制度"，规定在国家制定的初级工、中级工、高级工、技师和高级技师五级评价标准的基础上，延伸并扩展工人的技能评价层次，从低到高设置三级操作师、二级操作师、一级操作师及首席操作师共四个不同的评价等级，其中区分度较大的一条参评条件是规定参评工人必须具备"导师带徒"的成果，即需要将所带徒弟的技能等级提升一级是完成技能等级晋升的硬性条件。在此背景下，"找徒弟"和"找师傅"成为工人们在生产之外所需要考虑的重要问题，同时也改变着传统师徒制的技能传递模式。根据不同的等级要求，作为师傅的工人一般需要一年带徒1~2人，在徒弟考评合格后，师傅才能晋升自己的等级，这导致师傅与徒弟之间为了能够晋升自身等级并享受相应的经济待遇，彼此之间形成了"吸引与亲和"的关系，而由于考评每年都在发生，从而使这种结对较以往来说呈现出明显短期化与绩效化的倾向，不具有较强的可持续性，同时也致使师徒结对数量呈现出膨胀的态势。

此外，如果说这种短期化、绩效化的师徒关系普遍存在于K厂的每一个生产单元之中，那么在此基础上大师工作室的师徒关系则具有"高师带高徒"的特点。也就是说，工作室成员基本上是技师及以上水平的工人，因此大师工作室内师带徒是具有较高水平的，这种师徒结对的技能传递方式具有拔高式、"精雕细刻"式的特点。加之工作室成员需要共同经营与管理工作室的日常运行，因此在师徒制的基础上又叠加了一层领导者与被领导者之间

① 王星. 技能形成的社会建构——中国工厂师徒制变迁历程的社会学分析[M]. 北京：社会科学文献出版社, 2014: 181.

的关系。与以往师徒关系相比，此种关系是一种更为复杂化的师徒关系，影响着师徒间的关系互动与技能传递行为的展开。

（二）工作室成员与工作室外普通工人的关系

由于工作室及其准入标准的设立，自然将在一线从事生产操作的工人分为工作室成员与非工作室成员两大类。就工作室成员与非工作室成员之间的关系而言，根据工人的个人主观意愿可以主要分为"不参与"与"积极联系"两大类。所谓"不参与"型工人，主要是对自己现阶段的职业状况较为满意者。在笔者的调查中，这一部分占的比例较小；所谓"积极联系"型工人，主要是指工厂内的年轻工人们，他们常常将大师或其他技能水平等级相对较高的工匠作为自己的职业目标并积极参与大师工作室举办的活动。对于新工人而言，成为"大师"或"专家"是一条漫长之路，因此非常需要大师工作室进行帮助。

（三）企业管理层与工作室之间的双向互惠与博弈

如前所述，在技能短缺的大背景下，对于工人技能的投资与供应迅速成为了国有企业经营与发展所需考虑的重要问题之一。无论是工业组织中的个体性技能传递，还是以团体化方式进行的规模性技能传递都空前成为企业发展的重要助推因素。因此，在技能大师工作室的运行过程中，企业在提供能够激活其发展的相应制度空间的同时，一定程度上也赋予了领办人及工作室与管理层进行对话的话语权，提高了工人在培训与技术攻关中的身份地位，加强了其主体性，无论是工作室领办人向管理层就承接工厂技术大赛上的主动请缨，还是工厂给工作室分配的必须完成的任务，都使得管理层与工人之间的互动关系有了新的内容，成为理解国企技能形成关系的重要方面。

在这里，笔者之所以将企业管理层与技能大师工作室之间的互动关系置于企业内部技能形成关系形态中进行考察，主要是因为：第一，就企业经营活动中的攻关研发与技艺传承等事宜而言，大师工作室都起到了至关重要的作用，甚至可以部分代替相关部门完成一些任务，使得工作室成员与企业管理层之间产生了更为频繁的互动与沟通，这在以往的国有企业中是很少存在的关系现象；第二，技能大师工作室作为工人团队，不仅改变了以往的关系与组织结构，使得工人群体在工厂中主体性与话语权不断提升，形成复数话语权的扩张这一现象值得我们深入思考。

第二节　技能大师工作室场域下技能传递关系形态分析

从人才培养的角度来看，技能大师工作室主要包括师傅和徒弟两类人员。[①]作为国企内部技能传递最为典型的关系形态，师徒制一直是社会学界，尤其是工业社会学、劳工社会学研究的核心话题之一。在学界以往的研究中，师徒制往往被视为技能形成的制度安排而被置于制度研究与变迁的话语之下。正是在这一意义上，学术界以往关于师徒制问题的研究，一般都遵循着制度及其与宏观社会条件之间的互动关系而展开，这固然可以为我们从宏观上把握师徒制的发展历程提供有益的视角，但若想对技能传递现象展开深层次的剖析与解答，则必须深入挖掘师徒制度背后所蕴藏的深层次的关系形态。与传统意义上师徒关系具有终身化性质不同，由于企业技能考评制下的师带徒与在技能大师工作室场域下的师带徒具有高度的重叠性，使得师徒关系朝着绩效化、短期化的方向发展，而师徒结对数量的激增使得这种关系具有明显的复杂性与多变性，成为国企研究不可忽视的重要变化。在笔者的田野调查过程中我们发现，师徒二者之间并不是简单的技能"传"与"承"的关系，而是在此基础上其具有更为复杂的多面向的关系互动过程，其间有

---

① 中国职工教育和职业培训协会. 技能大师工作室建设指南[M]. 北京：中国劳动社会保障出版社，2013：10—11.

建立在利益互酬关系上的"吸引与亲和"，有由于师徒合同短期化带来的"浅关系"；有由于徒弟数量膨胀导致传递关系上的"差序格局"化，也有从工作室工作的角度而产生的师徒间领导与被领导关系。此外，企业管理层与工作室之间双向互惠与博弈并存，亦表现出复杂的关系内涵，而围绕技能形成，工作室成员与工作室外一般生产工人之间的互动也成为企业内部互动关系的重要方面。

一、师傅与徒弟的关系

（一）吸引与亲和："互酬性"师徒关系的建立

改革开放以来，国企逐渐成为自主经营、自负盈亏的经济主体，在这样背景下发展起来的国企，其内部的激励机制与竞争机制明显强于以往。如前所述，对于处于K厂技能晋升与等级评价制度下的工人们来说，虽然有权不参与在这样的阶梯上进行"技能攀爬"，而仅仅是维持现有的技能状态和与之相应的工资和福利状态，但是作为一种普遍性制度和文化的存在，技能等级评价制度还是在工人中产生了不小的影响力：一方面，受到这样文化氛围的熏陶，使得工人之间存在着一种无形的压力和竞争感，很容易自然卷入技能攀比与竞争的"游戏"之中，这种同辈群体压力一定程度上影响着工人的行为选择；另一方面，"技能阶梯"中不同等级所带来的经济待遇对普通劳动者来说仍然具有很大的诱惑力。K厂规定，技能等级最高的工人（通常为集团公司"首席技能专家"）可以享受年收入为工厂年平均工资5倍的较高待遇[①]，通常这笔年薪可以达到50万至60万元，这成为了工人在"技能跑道"上不断奔跑的催化剂与助推剂。在与K厂工人的访谈中，一位工人师傅对此发表了自己的看法：

[①] 通常来讲，这一工资倍数一般在4.8～5.2倍之间浮动。

你可以不签（师徒合同）啊，你也可以不学啊，你作为师傅来讲，你也可以不收徒弟啊，没关系啊，但是你在评操作师的时候那你没有徒弟，或者你跟徒弟没有完成任务，那你就评不上职称了，它是靠这种机制。所以没人强迫你必须要带徒弟，可带可不带，但是你要想继续在这条跑道上往前跑，那带徒就是你的硬性条件了，就像运动员跑步似的，你参加比赛，那你最起码得有个背心是吧，咱不能光膀子跑，那你可能连参加比赛的资格都没有，所以作为师傅来讲，徒弟就是你能参加跑步比赛的资格之一，那你就必须得去寻找徒弟了，还得找好样的徒弟才行，得是可用之人，可造之材。[1]

对于已经爬到"技能阶梯"接近顶端的工人师傅来说，带徒弟除了是完成其职称考核以及保证现有地位的硬性要求以外，带徒的数量与质量还是师傅之间暗中比较、进行非正式较量的一种砝码。一位技能大师工作室负责人告诉笔者：

我带仨徒弟就比你带俩徒弟厉害，我仨徒弟都变成高级技师了，你徒弟才变成技师，那我不就比你带徒厉害吗？所以很多情况下师傅不愿意带徒弟应该是不太存在了，尤其是从我们这个层次上讲，应该是不存在了，因为我们是乐见其成，就是乐于看见徒弟去比赛拿名次，就像是两个高手过招，但我们已经不能直接出招了，现在企业和企业之间的大师都在拼啥？都在拼徒弟，就是说怎么把自己的这个队伍带起来。[2]

我们现在一是说硬指标，让徒弟在各种比赛中去竞争、去拿名次，因为我们该拿的也差不多了，所以师傅肯定不能去了，那么在这个过程中徒弟就有所成长；二是能不能在岗位上发挥作用，能不能得到领导的重视，得到厂子的培养，这对我来说是更重要的，徒弟要是在自己的岗位上非常受到重

① 2019年12月对GS工作室成员的访谈，编号GS20191220-02。
② 2019年12月对GS工作室领办人的访谈，编号GS20191220-01。

用，有独到的技能，师傅就是非常乐见的，说白了，很有面子吧。①

可以看出，师傅尤其是技能拔尖的师傅通过带徒弟，在有利于维持与保证自身现有技能等级地位、获得相应经济待遇的同时，通过徒弟之间技能的比拼，还可以间接展示自己带徒的水平与能力，从而在声誉上产生一种满足感与荣誉感，同时也便于其在公众中树立职业形象，获得自我实现。此外，在现实中，特别是对那些同时作为技能大师工作室成员的工人师傅们来说，徒弟的价值不仅仅在于是其完成考核的指标或任务，因为技能大师工作室还承担了车间甚至是整个工厂的技术攻关任务，寻找与发掘好徒弟，建立起组织化的技能攻关团队则成为师傅选徒弟的另一重要动机。

以前不存在说是给你工人还建个团队这种情况，那么现在既然有了这个团队，你是我的徒弟，那么有些任务你得去完成，比方说，我们工作室承接了公司的一个项目，那么这个项目怎么去做，需要用到哪些人，需要配哪些器材，这个是你需要思考的，你不是光来学技术就完了，有些项目你也得分担，所以师傅手里也得有一些人才才行，那么这也是选徒弟的一方面，就是看他能不能很有责任感地完成工作室的任务，因为工作室是没钱发给你的，还得利用工余时间来完成，所以挑徒弟的时候也得考虑对工作室的建设能不能有帮助。②

如果说从师傅的角度选徒弟是看技能和对工作室建设有没有帮助两方面，那么对于徒弟而言，选择师傅主要就是从技能学习及能够带来的相关利益的角度出发。尤其对于刚刚进厂的青年工人来说，能够获得企业里技能等级较高的工人的技能传授自然是求之不得的事情，因为这不仅可以提升自己的操作技能，提高工作效率，还可以借助师傅的帮助与力量进行立项攻关与

---

① 2019年12月对GS工作室领办人的访谈，编号GS20191220-01。
② 2019年12月对GS工作室领办人的访谈，编号GS20191220-01。

发明创造，优秀的发明便可以申报厂级、市级甚至更高层次的发明专利与成果的评选，而发明专利、创新成果荣誉的取得也是年轻工人在技能等级晋升之路上必不可少的硬性条件。因此，寻找师傅对于年轻工人来说似乎成了一件一举多得的事情。正是在上述诸多背景与条件的作用下，使得作为师傅的工人与作为徒弟的工人之间萌生"吸引与亲和"的关系成为必然。一位入厂不久的高级工向笔者阐释了他的想法：

　　我找个好师傅跟着他学，我工作效率提高了，我还能多歇一会呢，同样是8个点的工作，那我6个点就干完了，那我多好啊，所以就得去找能力强的能当我的师傅。然后通过跟师傅的学啊，我们一起的创新啊，在工作中有的一些小的想法啊，师傅给辅导好了，它可能就变成一个小成果了，要是靠自己那是很困难的，因为毕竟你年龄有限，有些东西不是很明白。到年底我还能因为这个发明得一个奖，比如"创新成果奖"啊，"五小成果奖"啊，得奖了还有证书，还有奖金，然后评技师、高级技师我还能用上，那你看我就愿意去找师傅了，就有兴趣了。①

　　从一般意义上来讲，由于存在信息不对称等劣势，与相对而言处于优势地位的师傅相比，处在接受隐性知识传递位置上的徒弟一方来说，其选择性与自主性相对小了一些，导致多数情况下往往是根据师傅的主动性，师傅是否愿意伸出"橄榄枝"来决定，从这一层面上讲，师傅在师徒关系结对中是更具有优势的。但是，这种情况在K厂则有着另一番不一样的图景：师傅有时找不到徒弟，导致师傅之间存在颇为激烈的竞争关系，一种比较常见的现象是，当作为师傅的工人需要选徒弟时，往往面临着徒弟不够用的情况。这是因为，由于考级、评级每年都在发生，许多工人已经从刚入厂时的初级工、中级工等身份向上升级了，加之K厂近些年来几乎不再招收新工人，直

---

① 2020年4月对非工作室成员的访谈，编号SY20200418-06。

接导致徒弟资源较为紧张，使师傅之间在选徒、带徒等方面存在激烈的竞争关系，一位工人向笔者透露：

这几年也有因为带不着徒弟而评不上的，因为符合条件的徒弟越来越少，那你没徒弟带你就晋不上级啊，制度就摆在那儿，你就得再等一年，或者一直等，啥时候等到有符合条件的（徒弟），那你才能再带他。所以一到签合同之前这些师傅就得可哪去问，今年谁带你啊，人家说我还没找着师傅呢，那妥了，今年就我教你吧，晚下手了你就没机会呗。[①]

由此可见，由于徒弟资源的紧俏进一步加剧了师傅的主动亲和意愿，以吸引徒弟从而建立起师徒关系。从上述研究中我们可以发现，作为师傅的工人与作为徒弟的工人之间确实存在着较为密切的"吸引与亲和"关系，这种相互吸引的关系之所以能够建立，主要是因为他们彼此之间存在一定的"互酬性"利益关系。具体而言：对于作为师傅的工人来说，带徒是提高自己职称与技能等级的硬性条件。K厂规定，一位高级工想要评为技师，需要完成的带徒条件是"在取得高级工资格后，培养2名及以上具有中、高级工职业资格的徒弟"，而一位技师想要评为高级技师，其需要完成的带徒条件是"在取得技师资格后，培养2名及以上具有高级工、技师职业资格的徒弟"[②]。在这一意义上，只有将徒弟的技能等级提高了，自己才有进一步提高职称和经济待遇的可能性。同样地，技能水平等级较低的工人也只有通过与师傅合作参加培训，才有可能快速提升自己的技能水平。此外，在师傅与徒弟之间吸引与亲和关系建立的过程中，徒弟是否勤学肯干以及是否有悟性和上进心，成为师傅挑选徒弟时所要重点考虑的元素，而这种对于徒弟的评价主要来自日常生产、生活中的观察与互动。同样，这种主观层面上的评断与筛选也往往是作为徒弟的工人在挑选师傅时所考虑的因素，师傅的技能水

---

① 2019年12月对GS工作室成员的访谈，编号GS20191220-04。
② 参见文件《K厂高技能人才晋级方案》。

平、攻关能力甚至是为人处世上的人品与性格都会影响工人徒弟的选择，因为好的师傅往往能给工人带来更多的利益和便利条件。

> 谁都愿意跟一个好师傅、有名的师傅学，我这个接线不知道该怎么接，那你要是找一个一般一点的师傅，可能他也不会，那你还得去问别人，是问督导也好还是班组长、段长也好，你还得请教别人，但我要是跟个名师，我问他这个线怎么接或者参数应该怎么设，他就会很好地引导你，那你慢慢就会成长了。有的师傅会做，但是教得不明白，总说就那么焊，看着点电流大小，这种师傅时间长了没人愿意跟他学。[①]

可见，能够将师徒之间关系建立起来的因素并不同于以往那种由车间主任或其他相关领导对其结对关系所进行的口头安排，而是在技能晋升制度框架下师徒之间的双向选择，而这种双向选择是在遵循师徒间技能等级是否匹配的客观原则的前提下展开的，同时带有一定的主观选择性，从而形塑着师徒间吸引与亲和的关系。

（二）师徒合同"短期化"与"浅关系"的确立

师徒制曾经作为工厂内部最为普遍和最为普通的社会关系，有着悠久的历史，而师徒内部之间也一直存在着"公"与"私"两方面的内涵。所谓"公"的关系，主要是指师徒二人之间依据技能传递与习得而产生的互动关系。在这种关系中，隐性知识的传递与转移成为这种关系确立与发生的主要指标；而所谓"私"的关系，则主要是指师徒二人除去技能传递之外，还有基于生活、情感等互动过程而产生的关系。一般而言，由于师徒制是一种主要依靠口传手授、面对面的方式进行技能传递，因此"公"关系之外的互动也是影响师徒关系强度与情感浓度的重要指标。与计划经济时期国营工厂当

---

① 2020年4月对SY工作室成员的访谈，编号SY20200418-03。

中传统的师徒关系不同，技能大师工作室场域下师傅与徒弟之间的交往虽然存在着相互"吸引与亲和"的关系特点，但与旧有工厂中"一师带一徒"式的终身制师徒关系相比，无论是时间跨度上，还是情感浓度上，都存在着较大的差异，主要表现在师徒之间就"公"与"私"关系的"界限感"的拿捏和把握上。既有研究表明，在新中国成立之前，师傅和徒弟在生活上主要表现为一种"依存"关系，在知识和技能传授上表现为一种"秘传"关系。此外，在身份角色与地位上则呈现出一种"等级"关系。[①]这种师徒之间十分紧密的互动关系使得两者之间"公"与"私"的界限感较为模糊，两者的生活与工作轨迹具有高度的重叠性，甚至是将两人的生命历程都紧紧地捆绑在了一起。然而，这种传统师徒关系在新中国成立之后发生了一定改变，徒弟的生活有了相对独立的空间，在身份上也具有了与师傅同为工人阶级一员的平等地位。但尽管如此，师徒之间私人化的伦理关系依然存在。正是私人化伦理关系在某种程度上还起到了促进技能传递与习得的作用，而当师徒关系淡薄了甚至割断了反而对技术传授是不利的。[②]面对面的学习及手把手的"传、帮、带"意味着师徒之间不管在生产中，还是在生活中都具有一种连带责任。有学者指出，师徒制的本质并不是科层制下的领导与员工的关系，师徒之间贯彻的也不是正式组织的规范化逻辑，而是一种遵循着人情与具体情理的"特殊主义逻辑"[③]。也就是说，计划经济时期传统师徒制背景下师傅和徒弟之间的公私界限很模糊，师傅带徒弟有着一种"家长式"管理的色彩，师傅和徒弟们之间类似于一家之长和诸多子女的关系，具有一种"拟家"的特点，而且师徒之间的关系一旦确立，则往往不可更改，这种关系将两个人的生命历程密切地联系在一起，师徒之间的互动与交往远远超出正常

---

① 楼世洲.我国近代工业化进程和职业教育制度嬗变的历史考察[J].教育学报,2007(1):82-88.

② 薄一波.若干重大决策与事件的回顾[M].北京:中共中央党校出版社,1991:450.

③ 傅春晖,渠敬东.单位制与师徒制——总体体制下企业组织的微观治理机制[J].社会发展研究,2015(2):1-21,242.

生产过程的范围。^①一位访谈者就师徒间公与私的关系问题谈道：

> 以前师傅让你帮忙洗洗衣服、打打饭、打杂、干活，你都得干，公与私是搅和在一起的，搅和在一起了，彼此也就有了很深的感情，感情深到一定程度了师傅就把东西全都传给你了，但是可能也得留一手，但是不管咋说，"一日为师，终身为父"那是真的，跟师傅之间就像父子一样了，感情很深。^②

学界曾认为，在单位制背景下，师傅和徒弟之间组成了十分亲密的互动关系，这是在科层制所规定的业务群体之外又发展出来的更深一层的关系，并产生了持久的代际关联。^③然而，改革开放以来在师徒制受市场化冲击的基础上，K厂师徒之间的"公"与"私"关系也发生了微妙的变化。一方面，就"公"关系的层面而言，师徒之间存在着因"互酬性"利益关联而导致的"吸引与亲和"关系。但事实上，由于这种相互吸引关系受到技能评价制度体系每年进行一次评聘的影响，师徒合同也通常以一年为期限，因此并不具有如计划经济时期传统师徒制那样的可持续性。另一方面，就"私"关系层面而言，由于师徒合同期限的缩短使得师徒之间缺乏长期的互动交流，在有限期限内的关系也多是以"公"层面的技能传递与承接为主。此外，师徒之间在个人生活上彼此独立，保持着各自的生活轨迹，徒弟不仅不再依附于师傅，也不再需要为师傅的生活进行打点，导致情感浓度不如以往，甚至在市场主义之下师徒之间的竞争关系还会一定程度上恶化师徒之间的私下交往，可能阻隔了"私"关系的进一步深入。

在对K厂工人的访谈过程中，当笔者问及师徒间关系的问题时，工人们

---

① 傅春晖，渠敬东. 单位制与师徒制——总体体制下企业组织的微观治理机制［J］. 社会发展研究，2015（2）：1-21，242.

② 2019年12月对GS工作室领办人的访谈，编号GS20191220-01。

③ 傅春晖，渠敬东. 单位制与师徒制——总体体制下企业组织的微观治理机制［J］. 社会发展研究，2015（2）：1-21，242.

普遍的回答是师徒关系不如以前亲密，其交往与互动往往表现为一种典型的"浅关系"。所谓"浅关系"意味着除了在工作场所以外很少有更深层次的关系和交往，具体存在两个方面的含义：一是就师徒合同期限方面，一年一签师徒合同的制度导致师徒契约面临短期化的倾向；二是就师徒间非正式的情感交往而言，和计划经济时期相比关系互动与强度均比以往小了不少。一位计划经济时期入厂，并在市场经济时期担任过师傅角色的老工人对此深有体会：

　　以前是师傅让你干啥那你就得干啥，现在是啥，我指使徒弟那不好使了，人家徒弟还有自己的父母得照顾呢，我下班了我还想自己玩一会呢，要不陪媳妇溜达溜达，陪陪孩子，再不就出去跟朋友聚一聚，是吧。你工作上的事可以找我，工作以外你师傅自己生活上的事，跟徒弟没有关系的。可能说来到这里了，日常一些小打小闹的事情上，徒弟能帮你弄一弄，但平时下班了都是各回各家，一般都很少能见到，偶尔可能喝个小酒，但基本上相处时间很少。①

　　而对于师徒之间关系变化及这种关系的利与弊，一位工人师傅发表了自己的看法：

　　问：您如何看待师徒关系的这种变化，它的利与弊有哪些？

　　答：以前传统那种师徒制师傅是不需要找徒弟的，他评职称也不需要看带徒的情况，他也不评职称，二级工、三级工，那个就是看年头整的，可能也是考一考。我们当时进厂的时候，师徒之间就领导一句话，他是你师傅了，那我就认定他是我师傅了，不管他好与坏，不管他退休了或者到哪一天了他还是，别人要问我师傅是谁，那我就说是老杨师傅，那不管师傅好坏一

① 2020年1月对JH工作室成员的访谈，编号JH20200122-02。

直都是，那关系是很深的。但是这存在的弊端是啥呢？师傅啥样教出来的徒弟跟着师傅也那样，你学习不到新的东西，比方说这个参数那个师傅掌握得比较好，那我问他，他不一定告诉我，对不对？所以要是能一年一签师傅，虽然关系没那么深，但是他会的，还是我需要的话，那我明年拜他为师，那我不就学着东西了吗？①

　　师徒关系在合同期限上的缩短使得工人有机会接触更多掌握不同类型技能的师傅，有了更为丰富的选择范围，技能习得的选择性与多样性扩大了。可以说，这种"公"关系的普遍化和扩大化对于工人的技能形成带来一定的好处，但这种"公"关系事实上也是较为短期的，面对师徒二人在情感与生活上趋于淡化的事实，工人们对此也发表了自己的看法：

　　传统的师徒关系里，感情该不好还是不好，该不融洽还是不融洽，但是这种工作室就是给人更多的交流机会，但是对于两个人的相处，工作是工作，学技术是学技术，那是另外一码事了，这不像说是以前社会那样，真就把这种关系当成父子，走出工厂就是朋友关系。现在师徒年龄差别都不大，不像我们师傅他们以前那样，现在就是交际是交际，别的是别的。②

　　而当笔者问及作为徒弟角色的工人与自己师傅之间是否存在着密切的交往与互动，或与师傅是否有较多的情感沟通时，笔者得到的普遍答案同样是"私下联系少""师徒关系淡薄"等类似的回答：

　　现在可以说师傅和徒弟对彼此的依赖越来越少了，以前的师傅和徒弟可能两个人一生都是荣辱与共的，包括你生活上怎么样，师傅会参与到你的生活当中，师傅教你知识或技能也得教你做人的道理。不是说现在师傅不教

---

① 2016年9月对YL工作室领办人的访谈，编号YL20160923-01。

② 2020年4月对非工作室成员的访谈，编号YL20200404-01。

了，而是我拜你为师，我主要是学技术，搞发明，除此之外我没啥别的义务帮你。班上学技术都忙不过来，更别说私下沟通了。①

在K厂，当笔者进一步询问工人们私下交流少的原因时，一些工人回答道：

私下交流的确不多，联系基本上是靠工作中干活建立的，因为我有时候还得经常换师傅呢，那么短的时间，可能来不及好好交流就又换师傅了。但是虽然合同到期了，基本上感情还在，在厂子里见面了我还是叫他一声师傅。②

师徒之间合同的短期化一方面确实可以使工人在学习技术方面有更大、更为丰富的选择空间，但这种短期内存在的正式师徒关系导致师徒间互动交往受到一定限制，相对于以往而言，无论是公的层面还是私的层面，都加速了师徒间浅关系的确立，尽管工人们普遍在生产、生活的互动中依然口头上保持着师傅与徒弟的称谓，但其背后所蕴含的关系浓度与厚度却淡薄了许多。概言之，在K厂，师徒间靠合同维持的正式关系期限缩短及其所引发的师徒关系以"公"层面的技能传递为主，"私"层面生活上的互动较少，感情浓度降低的现象成为影响技能传递的重要原因之一。

由于近年来师徒合同的短暂性，导致其师徒关系不具备稳定性与长时性，出现了师徒关系"短期化"的现象。从笔者的田野调查情况来看，技能大师工作室背景下师傅与徒弟之间的关系，存在着一种"公是公，私是私"的明确的"界限感"，是一种典型的缺乏深度交往与强关系连结的"浅关系"。究其原因，笔者认为主要表现在以下几个方面：第一，师徒之间的技能传授合同通常是一年一签，期满以后可以自行更换配对，自由寻找符合条件的师傅或徒弟，直接导致师徒之间的配对关系可以频繁更换，使得师徒组

① 2020年3月对JH工作室成员的访谈，编号JH20200323-01。
② 2019年12月对SY工作室成员的访谈，编号SY20191218-04。

合转变为一种带有较强短期性与变动性的技能传递关系，虽然在情感上或非正式场合下依旧承认这种师徒关系，存在"吸引与亲和"，但是情感的联结在市场化背景下日益趋于弱化；第二，师傅作为技能的传递者，虽然需要主动寻找徒弟，但在向徒弟传授隐性知识的过程中或多或少存在着一种类似于"教会徒弟，饿死师傅"的心理倾向，尤其在新自由主义的影响下，师徒之间的竞争关系比以往任何时期都要强烈，导致部分师傅存在不愿意教给徒弟自己的"绝活"以保护自身劳动安全的行为选择，师徒间劳动政治的存在使得师傅在情感上存在一定的芥蒂，而师傅的技能和绝活由于时间的积累具有极强的不透明性，作为优势一方往往可以选择隐藏部分技能，而徒弟对此通常缺乏讨价还价的可能，师徒之间日益强烈的竞争性与技能的不透明性使得师徒之间的关系难以进一步走向深化；第三，师徒之间在生活中的沟通不像以往那样密切，导致师徒之间的情感互动较为薄弱，因此私人关系的弱化在某种程度上也对技能传递的质量和效果产生一定影响。

将上述因素结合在一起考虑，我们会发现，由于师徒结对被归至于更大的技能评价考核制度之中，工人往往为了考取更高级别的技术等级，不得不遵循这样硬性标准的要求，从而进行师徒结对，通过"一年一签"合同的方式使得师徒之间"公"的关系因师徒结对更具普遍性，但同时其周期明显缩短，导致互动与交流被限定在一段相对较短的时间范围内，虽然在实践的过程中也存在根据徒弟的学习水平"续签"合同的情况，但仍是较为短期的；而"私"的关系在国企面临市场化的冲击下也进一步趋于弱化，导致公与私的边界相对清晰，师徒关系并非像以前一般长久而稳固，而是充满着易变性与流动性的。

（三）一种新的师徒关系模式："高师带高徒"及"差序格局"式技能传递

如前所述，虽然师徒之间存在着劳动政治的倾向，但是其关系依然具有"吸引与亲和"的特点，如果说师徒合同"一年一签"制在K厂是一种普遍性的现象，而技能大师工作室成员在这一过程中扮演了重要的师傅的角色的话，那么，在K厂还存在着另外一种重要的师徒关系模式，即"高师带高徒"，这一现象集中发生在技能大师工作室内部的成员之间，从人才培养的角度讲，工作室成员主要可以分为师傅和徒弟两类，且所有成员的技能水平均普遍在高级工以上，这为"高师带高徒"现象的出现提供了条件。所谓"高师带高徒"主要是指作为徒弟的工人其技能等级基本上是高级工及以上水平，从这一意义上来说，这种"高师带高徒"的模式也被称为"高级工的后培训"或高级技能人才的"在职继续培训"。[①]而在K厂，对工人进入"高师带高徒"模式的要求相较而言还要高一些，一般是技师及以上等级的工人才有资格作为徒弟进入这一模式拜师学艺。也就是说，这一模式下无论是师傅还是徒弟，其技能水平都高于一般工人，毫无疑问，技能尤其是顶尖的技能需要进行"精雕细刻"式的培养，使得这一模式本身带有一定的"筛选性"与"排他性"。

与K厂一般性的师徒关系一样，该模式下的师徒之间也需要签订培训合同，期限通常也为一年左右，且本着以"双方自愿，自由搭配"为原则。对于进入工作室的工人师傅来说，必须遵循的规定是"每人每年至少带一名徒弟，且必须将徒弟的技术水平提高一级，并每年对徒弟进行考评"。而对于这样做的目的，一位技能大师工作室负责人谈道："我们要求啥呢，你进来的时候已经是技师了，那么说明你的水平是不错的，那我们为啥要带他呢，我们就得把你在高的基础上再拔高一层。"[②]

而由于考评、考级每年都按部就班地进行，因此达到技师及以上资格的工人便会被吸纳进工作室当中，继续接受更高层次上的师徒结对，也同时保证了工作室能够不断有符合条件的工人加入，并不断扩大规模。但是值得注意的是，随着徒弟的增多，从整体上来看，一个技能大师的徒弟不可能都具

---

① 中国职工教育和职业培训协会. 技能大师工作室建设指南[M]. 北京: 中国劳动社会保障出版社, 2013: 97.

② 2020年1月对JH工作室领办人的访谈，编号JH20200122-01。

有相同级别的技能，且在与其互动的过程中也自然会分出谁与师傅走得更近一些的差别，从而影响着技能传递的过程，这就涉及了技能传递的"差序格局"问题。十年来，由于K厂的技能考评制度每年都在持续地实施，所以已经为工作室内作为师傅的工人积累了众多"弟子"，而在众多接受过某一师傅技能输出的徒弟群体中，由于技能等级的不同以及和师傅关系互动的时间长短、亲疏远近等影响因素，构成了技能传递的"差序格局"现象。差序格局是由费孝通提出来的一个十分具有中国本土化特色的理论概念，主要指在中国人人际交往的过程中，人际互动是以一个个体为中心成水波状层层向外递进的过程，由近及远的不同范围代表着亲密与互动程度的不同。[①]费孝通认为，"蜘蛛的网"就是"差序格局"的一个形象化的体现。

这样的现象在K厂技能传递的过程中也同样存在：那些与师傅互动频繁、关系距离比较近的徒弟自然更容易获得对师傅技能或绝活的继承，更容易提升自己的技能水平，处于一个较为核心的地位，而那些与师傅互动次数较少、关系距离远的徒弟则相对处于非核心的位置。应该承认，核心徒弟更容易获得师傅的知识传递及相关的便利条件，而由于徒弟众多，师傅无法一一传递技能给所有徒弟，而只能通过身边几个少数的核心徒弟再将技能层层传递下去。一位技能大师工作室负责人对笔者说：

> 我现在已经不可能再一个一个去教了，因为那徒弟太多了，那么怎么办，就是通过我手下的这些核心的徒弟，帮我一起去提高其他人的技能水平。这个工作室里有很多都是我的徒弟，现在已经变成核心成员了，能帮我分担一些工作，所以说我徒弟的徒弟那都有老多了，我自己的徒弟也都记不清有多少了。[②]

事实上，一个大师工作室当中有很大一部分的成员都是由技能大师亲自

---

① 费孝通. 乡土中国 [M]. 北京：生活·读书·新知三联书店，1985：23-24.
② 2020年1月对JH工作室领办人的访谈，编号JH20200122-01。

带徒而成长起来的，那些跟着师傅工作时间较长、互动较多的徒弟，在技能得到提升的同时，相对于其他非核心徒弟而言与师傅之间构成了相对较近的关系距离，甚至是作为技能传递的中间人，将师傅的技能沿着差序格局的脉络再一层层传给外围的成员，由此构成了一个以技能大师为中心，以少数核心徒弟为中间层，以多数非核心徒弟为外围的差序格局结构。一位工人阐述了这样的看法：

以前绝对没有现在这种，说我带了一帮徒弟，其中谁谁谁通过考评，变成技师了，他再努努力，又变成高级技师了，在技能等级上越来越接近我了，那么在工作室的范围下，我自然会重用他，跟其他徒弟相比还是有区别的，但那在以前不存在，没有这么多徒弟聚在一起，没有团队这个东西，自然也不会分核心、非核心了。[①]

应该看到，由于K厂对师徒资格细致的等级化处理，扩大了师徒结对的覆盖面与集体结合的范围，导致部分处于技能等级中间段位的工人可能存在着"既是徒弟，也是师傅"的双重身份。同时，这样的师徒结对与技能传递形式的多层次、立体化的格局，较以往师徒之间单线式的传递具有更强的灵活性与扩散性。

（四）技能大师工作室场域下师徒之间的领导与被领导关系

从车间层面上来看，技能大师工作室不仅是一个由技能传递关系所组成的师徒关系的集合体，同时也是一个正式化、组织化程度非常高的工人研究团队，组织社会学普遍认为，群体是构成组织的基本元素，任何组织成员都是在群体内进行活动并实现各自的目标。[②]如上所述，在这个技能共同体中，有着明确的规章制度及组织架构等，每个成员无论是核心成员还是非核

[①] 2020年1月对JH工作室成员的访谈，编号JH20200122–03。

[②] 于显洋.组织社会学［M］.北京：中国人民大学出版社，2009：171–172.

心成员，都有着自己相应的管理责任及工作任务，并接受技能大师的领导。由此我们可以看到，成员在既有师承关系的基础上，由于工作室的存在，还存在着一种职能式的领导与被领导的工作关系和权力关系。

我们还有着另一层次上的关系，就是这种在工作室管理过程中的工作伙伴的关系。我经常出差，那就是靠这些人在管理。你比如说小张，他是我的徒弟，但同时他也是我工作站的副站长，我也给他派一套活协助我管理这个工作室，他主要负责的是铝合金专业组的活。我们工作室要求啥呢，就是每个作为工作室的成员，你必须参与到工作室的日常活动中来，这种活动不仅仅包括技能传承，同时也包括对工作室的管理，也就是说师徒关系之上。[①]

由此可见，工作室场域下的领导与被领导关系和既有师徒关系之间互相叠加，构成了一番特殊的图景。应该承认，在计划经济时期，师徒之间除了技能输出与承接以外，几乎不存在诸如此类工人创新团体内的管理与被管理的关系，二者之间的关系较为简单。但是，技能大师工作室的出现打破了既有的简单化的师徒关系，在此基础上赋予了师徒关系以新的内涵——工作室管理上的领导与被领导关系。可以看出，这种关系是以对技能及其传递进行管理为前提展开的，在将既有师徒关系复杂化的同时，也为技能的传递带来了更多一层的保障，并且这种管理职能上的伙伴关系一定程度上加强了师徒之间的关系互动，使得本就面临"浅关系"与"弱关系"的师徒之间建立起了另一种形式的关联。当然，这种关联仅在工作室的场域下才得以产生，并不涉及更大范围的除工作室以外的其他工人。

二、工作室成员与工作室外工人的关系

由于技能大师工作室的成立，将企业内既有的工人群体按照是否是技

---

① 2019年10月对ZQ工作室领办人的访谈，编号ZQ20191014-01。

能大师工作室的成员自然分为两类，也就是说，在普遍一致的工人身份之上，还存在大师工作室成员与非大师工作室成员之分。一般而言，大师工作室的成员在技能等级上是高于非大师工作室成员的，他们往往是技师及以上水平，而非大师工作室成员通常处于高级工及以下。在笔者考察这两个群体之间的互动关系问题时，发现非大师工作室的普通工人对大师工作室的态度与行动选择主要可以分为两种：一是"不参与"的行为取向，二是"积极联系"的行为取向。

（一）工作室外工人的"不参与"

对于大师工作室的吸引力及与其成员之间的互动表现出"不参与"的一派工人，主要出于对于自身现状和利益较为满意，因此并没有足够的愿望在"技能阶梯"上继续攀爬。这一类工人对积极加入工作室或与工作室成员建立师徒联系一般持"局外人"的态度。

我是2011年进厂，现在是高级工，除了最开始实习期间那3个月吧，是有电工师傅带，后来我就不怎么接触师带徒这个东西了，如果想往上考技师、高级技师、操作师的话，进工作室有好处吧，练习接线操作，精益求精，学习一点专业知识，考上技师都是和经济挂钩的，但我没那精力继续整了，也就这样了，我现在不当别人师傅就不错了，我要是想再往上考就得带徒弟。[①]

在社会学的概念中，所谓"局外人"主要是指某个个体或群体处于特定的利益圈、关系圈或组织圈之外，并没有进入其体系中的一种状态。然而，局外人并不意味着与某些组织或圈子全无关联，完全隔绝或独立于圈子之外，而是与既有体系存在着某种"弱关联"，但由于客观或主观原因暂时

---

① 2019年10月对非工作室成员的访谈，编号ZQ20191015-01。

与核心体系缺乏互动的状态。在K厂，由于大师工作室是一个主要依据技能水平建立起来的、具有开放性的工人团体，有着极强的吸纳性与包容性，处于工作室以外的工人主要是因为其主观因素上对大师工作室的"不参与"态度，维持现状对于一部分工人来说已经足够满足其需要，因此主观上便对工作室采取不参与的价值取向。

（二）工作室外工人的"积极联系"

从工人个人的角度来看，存在两个主要因素促成他们加入工作室共同体：一是物质利益的刺激，进入工作室可以在某种程度上获得个人利益，也就是为了实现自己的功利性目标。一是应当承认，现代化生产以及进行技术攻关，如果没有组织内部其他人员的合作、配合与协助，则个人的目标很难实现。换句话说，只有共同实现群体的目标才有可能获得自己单独无法获得的更大的物质利益。二是进入工作室代表着一种荣誉，社会学普遍认为，每个人都有许多社会性心理需求，而这些需求只有在群体或在与他人的交往中才能实现和满足，如荣誉感、情感的交流与自我实现等。[1]一位工人表示了加入工作室的初衷：很多人进入大师工作室是一种荣耀，绝不是进去是摆设，有荣誉感。你是工作室的，手艺信得过。[2]

由于计划经济时期，几乎所有国企工人不仅有权享受国家给予的全额劳动保险和退休金，而且食堂、医疗、住房等日常生活涉及的方方面面也均在国家和企业的保障范围之内。然而，20世纪90年代以市场化为主要取向的国企改制冲击着单位工厂展现"全能"形象的制度基础，而制度的不连续性也导致了许多国有企业丧失了维持"父爱主义"的劳动及福利分配能力。[3]国企工人不得不走向市场，逐步成为劳动力市场中的普通劳动者及被雇佣

---

① 于显洋.组织社会学[M].北京：中国人民大学出版社，2009：173.

② 2020年1月对JH工作室领成员的访谈，编号JH20200122-03.

③ 吴清军.国企改制中工人的内部分化及其行动策略[J].社会，2010（6）：65-89.

者。①这打破了原来国家对工人终身就业的隐性契约关系和高福利的待遇，其中包括"铁饭碗"的工作以及传统由企业所负担的医疗、住房等其他种种保障与福利，使得传统国企工人失去了各种在计划经济体制时期所享有的权利和待遇，在逐渐走向劳动力市场的同时，也使得原来在单位所享有的生活福利逐渐走向了市场化消费。赚钱糊口、子女教育、看病就医等基本日常生活支出使工人深感生存压力。吴清军认为，在身份制与单位制解体的过程中，逐渐失去体制身份及其连带的权利与福利的事实使得工人面临巨大压力。②在笔者的调研中，也同样发现了这样一种现象，K厂一位老工人向笔者分道享：

　　我刚入厂那个时候没感受到有啥压力，不说计划经济吧，就是到了90年代，那工厂也是让人美慕的单位，工人生活在市里都是好的，但是现在搞竞争，工人也得写论文、搞发明创新，你不搞你就只能挣那点钱，搞得有时候压力很大。③

　　而另一位年轻工人这样评价他们目前的状况：

　　现在我们一线青年工人的压力都很大，平时工作量就大，工作时间长，工作强度也不小，而且你房贷、车贷每个月得还钱吧，以前传统的工人你可能只讲究能吃饱喝足就行，但现在的工人几乎都有巨大的家庭负担。像我是上有老、下有小，尤其现在小孩上学了，各种课外班这个班、那个班你得让他学，不能眼睁睁看着别人家的孩子学吧，所以现在挣的钱还远远不够。有的时候说生病了那就自己吃点药，坚持坚持吧。④

---

①　吴清军.市场转型时期国企工人的群体认同与阶级意识[J].社会学研究, 2008 (6) : 58-79, 244.
②　吴清军.市场转型时期国企工人的群体认同与阶级意识[J].社会学研究, 2008 (6) : 58-79, 244.
③　2016年9月对WJ工作室领办人的访谈，编号WJ20160901-01。
④　2019年9月对WJ工作室成员的访谈，编号WJ20190910-01。

　　劳动竞争性相较于计划经济时期明显增强，导致工人个体的利益意识越来越强烈。而企业的技能等级制度与激励机制使工人看到，技术能力越强，能享受到的包括经济待遇等方面的福利待遇就越高，因此对于普通一线工人来说，学习技术技能，增强自身竞争力是提高工资待遇与生活水平的重要方式，也是工人普遍想走"技术路线"的重要原因之一。

　　哪个工人每天的工作任务都能完成，但这里头就有区别，人家完成工作任务一个月能拿1900（元），那你就拿1000（元），为啥？因为人家水平比你高啊，人家是三级操作师，而你不是，所以人家额外就比你多900（元），这就是经济杠杆，调动。以前计划经济是你会不会干都差不多，那时候他就不学了，因为你掌握得越多你越挨累啊，不会的工人都过来找你。那时候会技术的不像现在这么吃香，现在是你会的越多你就能挣越多钱。[①]

　　像他们有的还没成家，感受没那么深，我28岁结婚，现在已经有两个孩子了，学技术、把技能这块搞好，是唯一的选择。[②]

　　有学者提出，在单位体制下，个人首创精神、社会组织自治权和市场机制销声匿迹，国家行政权力自上而下地控制着每一个单位，又通过单位控制着每一个人。[③]笔者认为，市场条件下能够把工人的首创精神给激发出来，加之国家意识形态的宣传作用也促进了工人对于工作室与学习技术的强烈渴望。"工匠精神"在国家领导人的讲话和意识形态宣传中一再被强调，这些口号与目标构成了国企职工建构群体工匠身上的重要思想来源，而企业的制度和劳模的示范作用也给工人带来了学习技术的动力。

---

① 2019年9月对WJ工作室成员的访谈，编号WJ20190910-01。
② 2019年12月对SY工作室成员的访谈，编号SY202191218-03。
③ 路风.单位：一种特殊的社会组织形式[J].中国社会科学，1989（1）：71-88.

那你看我师傅，他也是普通技校毕业来的，现在干到了顶级。生活上也是不愁吃不愁穿，过得越来越好。所以我们走技术这条路，也是可以像他一样达到一定高度的，这是我们干活的动力。层级越高，待遇越高嘛。[①]

三、技能大师工作室与企业管理层的关系和互动

近十年来，在技能大师工作室从无到有的建立过程中，企业及其管理层的意向起到了重要的作用。伴随着大师工作室的不断发展壮大，在涉及项目攻关、工作室管理等方面都不可避免地与企业管理层发生种种关联与互动，产生或是工作室为企业生产而进行攻关、培训以加强生产效率的服务关系，或是技能大师为了给自己的工作室争取权益而与管理层之间的博弈关系等一系列关系互动，而这些现象在以往的国企中几乎是不存在的，值得我们认真加以研究和审视。

（一）技能大师工作室与企业的双向互惠关系

技能大师工作室在成立之初便被赋予了服务于企业、服务于生产的内涵与要求，企业管理层试图通过建立工作室来充分发挥高技能工人的技能资本作用，弥补因企业内部技能培训缺失而导致的生产能力不足等问题。因此，从企业管理层的角度来看，尤其是作为国企来讲，为工作室的良性运转提供了必要的制度性支撑，进行技能投资是其行动的基本逻辑，其中包括资金与场地的提供、攻关项目的分配等。可以说，企业是工作室发展的基础。而从工作室的视角来看，作为一个具有多种功能的研究团队，为企业培养技能型人才是其不可逃避的重要职责，同时也具有一定的自主权，其中包括根据工厂的管理制度建立自己工作室的相关规定，如资源使用、签署师徒协议及工作室会议制度等。一位工作室负责人介绍道：

---

①　2019年12月对SY工作室成员的访谈，编号SY202191218-04。

以前没有（大师工作室）这种形式，也没有资源，你说你想给工人找找老师，讲讲课，那别的班组还想呢，领导没法分配。现在就不一样了，以大师工作室的名义，我们领办人给领导打个报告，那次我说我们需要哪些知识，能不能请外面的人来讲课，把S公司的请过来讲，这块他们做得比较好，因为我们这台设备涉及接触传感、电容跟踪，包括两电一体，那么能不能教教我们这些东西，那领导就批准了，以大师工作室的名义举办了一个焊接的研究班，各个公司的包括南方的、北方的公司都来了，一共讲了10天的课，以前你班组想搞这么大的课，那不可能。①

企业对大师工作室的投资与支持除了表现在对以工作室的名义进行培训的支持以外，还包括批准一些由大师工作室申请的攻关项目。一位大师工作室负责人向笔者介绍道：

虽然国家和企业会给我们拨款，但工作室是没有研发经费的，小的项目，自下而上的项目，没有研发经费，一般是我们工人用自己的工资去买一些零部件去创造。如果项目得到了公司的审核，认可，就有经费来购买了。我自己的一个模块发明，公司购买了580个，那么就有经费了。但是自上而下的项目是带钱的，我们现在做的复兴号的调试设备，从我写报告到项目成立，15天的时间就批下来了，资金一共150万元，项目就开起来了。感慨于公司对工作室的信任。②

应当承认，这种双向互惠一方面表现在企业对于工作室工作的支持，改革开放以来，对于时刻面临市场竞争风险的企业来说，作为技能投资的关键行动者，始终面临着内部技能短缺及投资的问题，对于工作室的支持有利于缓解企业内部技能人才不足的问题。另一方面，技能大师工作室作为服务于

① 2019年9月对ZQ工作室领办人的访谈，编号ZQ2191014-01。
② 2019年9月对ZQ工作室领办人的访谈，编号ZQ2191014-01。

生产与企业的工人组织，为企业培养高技术人才、解决生产中的难题是其责无旁贷的义务，同时也促进着自身的发展。

（二）工作室与管理层之间的博弈关系

改革开放以来，对于时刻面临市场竞争风险的企业来说，作为技能投资的关键行动者，也始终面临着内部技能投资的成本与收益的问题。企业的自主权、自负盈亏的能力有所上升，但同时企业技能大师工作室作为一个由工人组成的团体，一定程度上是工人个人与企业管理层发生互动的重要纽带。技能大师工作室作为企业发展与提高劳动生产率的一支非常重要的力量，其存在不仅仅是作为政策或制度的"回应者"，同时也是作为一种积极主动的力量与企业发生着互动，主要表现在技能大师能够以工作室负责人的身份与企业展开对话，具有一定与企业对话的分量与话语权，如主动要求承担一些厂级的重要任务，这种现象对工人的技能形成产生了重要的影响。在对K厂进行田野调查的过程中，笔者发现了技能大师作为工作室负责人与企业展开博弈的过程，进而为自己的工作室争取到利益的典型案例。

1. 技能大师对工厂举办技能大赛的介入与话语权

在本书前面的相关研究中，笔者围绕着技能大师工作室在企业中的功能的讨论时，曾提出技能大师工作室有义务承接由企业管理层所指派的自上而下的项目，同时工作室在主动承担一些攻关项目的任务上也具有一定的能动性。通常来讲，这种主动性主要取决于技能大师工作室的领办人及其个人的领导能力，工作室是在遵循着一定制度框架下开展活动的组织，作为具有卡里斯马权威的能动者，领办人个人的管理能力与思路也会直接影响工作室发展的质量，甚至也会影响工人的技能形成。在访谈中，技能大师工作室负责人向笔者介绍了一个十分典型的事件：

2011年，我们厂举办技能大赛，当时我就听说这个信儿了，因为我们工作室当时缺设备、缺材料，虽然国家和企业给拨钱了，但是也都花在建设上了，我朝公司要钱买料，人家领导说那还有其他工作室也需要建设啊，不能单独给你啊。我第一次去要没要来，这时候就得靠你的情商了，这个不是靠智商了，我就想招儿了，那让我们工作室来承办这次技能大赛吧，这样比赛完以后那些设备就都归我们了，因为我背后有团队啊。①

　　事实上，单靠技能大师个人的力量无法与企业之间进行有效的博弈，其博弈之所以能够展开的前提主要有两个方面：一方面是在符合企业规范的制度框架内展开行动策略；另一方面是以技能大师工作室领办人背后的团队力量作为支撑，为这次博弈赢得了筹码。

　　当时人力资源部也不知道该咋办，我就去找公司说我们大师工作室能办，因为我们都是专业人员啊，我们不仅参加过技能大赛，明白这里面应该可以设置什么题目，需要哪些设备，请什么样的专家，我们有经验啊，我说而且我们还有团队，大家伙一忙乎，你们就不用操心了。他们一听不错，但是之前几乎办大赛都是公司来组织，你一个工作室能行吗？我说我们这里面首席技能专家有几个、操作师几个、高级技师几个，我们是最强也是最懂大赛的，这个活儿就交给我们吧……领导也是将信将疑，最后还是给我们机会了。好嘛，我回工作室就找我们几个核心成员，我们工作室将来能用上啥，大赛我们一共筹划了三个月，当时也是加班加点，讨论题目，后来非常成功。②

　　这一现象较相较以往存在一定的创新性，表明了工人在与企业管理层对话的话语权与互动方面的能力有所提高。在问及以前是否存在此类工人与企业展开对话的现象时，多数工人的答案是否定的：

　　以前不可能有这种形式，以前就是班组，那班组你就上好你的班，完成

---

① 2019年9月对ZQ工作室领办人的访谈，编号ZQ2191014-01。
② 2019年9月对ZQ工作室领办人的访谈，编号ZQ2191014-01。

好自己的生产任务就行了，几乎不可能让班组去办什么大赛，办大赛那都是厂领导的事，更别说让你们几个工人去办了，更别说你一个工人还主动去请缨办啥大赛。①

2. 技能大师工作室在与企业博弈过程中的利益获得

想让公司再直接投钱不太可能，但是设备得给，我们考虑工作室未来需要啥，再设计内容，提上去，一举两得，否则这钱投完不浪费了吗？领导高兴，说这大赛办的是国家级水平，我说我们把材料弄走，拿走，我们这个成员里也有自己工作站的，比完赛把这些东西也发给他们一些，那站建得也一个比一个好，大家都受益了。所以我们就自己去争取，抓住机会，毛遂自荐，你有啥想法你就跟领导去谈，因为你不是一个人的力量了，我们还有团队。这次举办结束以后下次又来找你了，就你干吧，你带着团队弄。最后我们核心成员每人奖励5 000元，外围成员奖励3 500元，我还建个账，往下面小（工作）站分一分，大家都受益了。②

对于工作室来说，通过与管理层的积极互动，并以办公司技能大赛的形式使其获得了培训与攻关所需要的额外资源，表现出工人的主体性与话语权在企业建设中的分量不断上升。

当时公司给大赛投了100万元，比赛结束之后，器材全都拉到我们工作室这里了，就像奥运会完事，场馆不都是我们用嘛，就这个道理，结果我们这些东西一直用到2016年，我们就是一直用当时办大赛留下来的这些器材搞培训啊、创新啊……2017年，我们工作室又举办了一次大赛，那也是公司级别的，我带领团队从场地的布置、课题的设置开始来操办这个事，那时候公

---

① 2019年9月对ZQ工作室领办人的访谈，编号ZQ2191014-01。
② 2019年9月对ZQ工作室领办人的访谈，编号ZQ2191014-01。

司又给我们投了200万元，那人力资源部老省心了，比完材料又都归我们了，又可以用这些器材了，有人说我们工作室最"土豪"。[①]

所以也算开创先河了吧，以前不会说把一个公司级的比赛交给你工人团队来完成，现在有了大师工作室，那么我们就可以这么做，因为就是服务于公司嘛，同时也是我们自己争取，以工作室的名义去跟领导谈判，但是以前哪个班组想说我们来搞个大赛，哪不存在，你哪来这么些人才啊，再说了你班组就是负责生产任务那点事儿，其他的都不归你管。[②]

对于领导层来说，工作室的存在一定程度上服务与承接了行政建制下相关部门的任务，同时作为一个主要是由工人组成的团队，通过与工厂领导层进行这样的博弈与互动，进一步加深和强化了与企业之间的关系。管理与劳动的关系一直是社会学，尤其是工业社会学、劳工社会学所关注的重要问题，现在与以往工人和企业之间的互动关系相比，技能大师工作室具有更强的灵活性与话语权，其互动不仅仅是被动地接受企业传达下来的任务，而是有能力作为积极互动者的角色与企业展开对话，这是以往班组制或其他工人团体所不具备的。

第三节　国企内部技能传递关系的特征及评价

通过上述研究和分析，我们对技能大师工作室场域下的关系形态有了进一步的了解与认知，并且深刻地意识到K厂越来越依赖这一技术工人群体和他们与相关行动者所构成的复杂的传递网络，并通过这样的关系互动进行攻

---

① 2019年9月对ZQ工作室领办人的访谈，编号ZQ2191014-01。

② 2019年9月对ZQ工作室领办人的访谈，编号ZQ2191014-01。

关创新与培训传艺，最终完成知识共享与创新，而对于这种关系形态的特征总结，则有助于我们进一步深刻认识当下国企的技能传递机制。

一、工作室场域下的师徒关系：从"二元关系"到"发展性网络"

在此前的论述中，笔者对技能大师工作室场域下不同的关系类型及其特征展开了较为系统的实证研究，也着重对师徒制的变迁历程展开了分析与探讨。但值得注意的是，对师徒关系内部特征及其变化尚未展开正面总结与评价。事实上，师徒关系拓展性变化并不是师傅元素的简单相加或多次累积，而是在每年有机会与不同徒弟结对的过程中形成的网络关系，并复杂地嵌合进技能形成关系的过程当中。如前所述，以大师工作室制度的出台及与之相匹配的厂内技能等级制度，使得K厂自2010年以来，师徒关系朝着绩效化、短期化的方向改变，以此为背景，师徒结对的数量开始激增，师徒关系也开始走上了不断向外扩展关系的道路，使得长期以来师徒之间在一对一式的"二元结构"框架锁定下的技能传递关系由此发生了巨大变动，不断走向具有扩展性的"发展性网络"的关系模式。从一般意义上讲，传统层面上的师徒关系是较为扁平的、单线式的，在K厂，我们看到的却是一种具有极强扩展性的社会关系，在国企工厂的日常生产与生活互动中，徒弟通过一年一签师徒合同的机制，拥有能够扩大自己选择师傅范畴的机会，从而能够不断扩展自己的发展性网络，与不同"师傅"产生互动并嵌合成一个有机的互动关系网络。

从近些年来学界围绕师徒关系变迁所进行的研究来看，学界业已注意到师徒制从传统走向现代的社会过程及特征变化，并形成了丰富的研究成果。在注意到师徒制所经历的剧烈社会性变迁的同时，也注意到了存在于师徒关系内部的、以"关系网络"多样性及"关系强度"差异性为主要特征的师徒关系的内在变化。但已有研究多从一般性的视角切入，一定程度上遮蔽了存在于不同社会情境和场域下师徒制内在变化的具体条件，存在着较为笼统和概括化的倾向。因此，如何从师徒关系内部的视角，通过实证研究揭示其在特定场景中真实、自然的存在状态，并审视和探讨这种形态对技能形成与传递带来的影响，则成为研究的关键之所在。

（一）师徒间的"二元关系"

师徒制作为一种技能形成与传递方式，在中西方探索工业化的历程中都曾广泛地出现过。在以往工业社会学的研究著述中，提起师徒制或师徒关系，学界往往倾向于从计划经济时期甚至新中国成立以前传统行会师徒制时期来对这一概念加以描绘和理解。早期国有工厂中普遍存在传统的师徒制现象，这种早期的师徒制多以师傅与徒弟之间"一对一"的二元关系作为其基本特征。

在新中国成立以前，师徒制关系中的师傅与徒弟二人，在生活层面上来看是一种依存关系；从知识与技能层面来看，是一种"秘传"关系，而从身份属性上来看则体现为一种等级关系。[①]在社会主义计划经济体制下，不同于以往家庭式手工作坊中以子承父业为主要表现形式的师徒制，受单位制及相关背景下的影响，师徒之间的关系趋于平等。王星认为，师徒关系被改造成"社会主义主人翁的同事关系，师徒间的等级结构客观上被技能速成、快速转正及升级等方式抹平了"，[②]且同时具有"拟家化"特点，成为典型的关系特征。传统工厂师徒制具有明显的"二元化"特点，主要表现在以下几个方面。

第一，从宏观层面来看，在中国工业化初期，受限于生产规模小、技术层次低等社会现实条件，因此没有形成对大批具备大量知识和技术的劳动力的客观需求。[③]在此背景下，对劳动生产者的技术技能要求并不高，因此

---

① 楼世洲.我国近代工业化进程和职业教育制度嬗变的历史考察[J].教育学报，2007(1)：82-88.

② 王星.技能形成的社会建构——中国工厂师徒制变迁历程的社会学分析[M].北京：社会科学文献出版社，2014：296.

③ 楼世洲.我国近代工业化进程和职业教育制度嬗变的历史考察[J].教育学报，2007(1)：82-88.

在生产过程中以"一师一徒"的方式即可完成对劳动者生产工艺上的技术培训，而并不需要更多的教育过程来完成。[①]加之劳动力作为一种重要的生产性要素，必然会成为生产资本投入的对象，而将教育成本计入生产成本后为企业运转带来严重的负担，因此，在既有师傅水平与培训规模的基础上保持平衡，则成为工厂的最佳选择。

第二，师徒间除了是一种技术传授关系外，师傅对徒弟的言传身教还明显表现出一种伦理关系的倾向。具体而言，师傅对徒弟的"传、帮、带"不仅限于在车间从事生产的过程中，而且在生活上师傅对徒弟也具有一种连带责任。师徒之间贯彻的不是正式组织的规范化逻辑，而是一种遵循着人情与义理的"特殊主义"逻辑，由此形成了一种"家长式"的管理特点，即师傅和徒弟之间类似于"一家之长"与"子女"的拟家化的互动关系。[②]这种师徒间浓烈的情感元素，在技能传授的同时，也生成了"拟家化"和"一日为师，终身为父"式的相处模式，而这种关系具有一种自然的闭合性，使行动者习惯于在师徒所组成的亲密群体内进行活动，因此这种闭锁性一定程度上导致难以在此之外形成具有延展性和扩展性的关系。

第三，在企业制度管理的传统上，师徒关系一旦确立几乎不可更改。除由于生产需要面临转岗、离岗等特殊原因以外，师徒关系与边界基本上不存在向外流动或延伸的可能。也就是说，除了一位师傅以外，徒弟几乎不存在与其他工人产生师徒"二元化"关系的可能，也加深了其内缩性与封闭性。K厂一位老工人向笔者介绍："以前的企业都是那种传统的师带徒，一个师傅带一个徒弟，或者带两三个，普遍来讲都是一个左右。"[③]

改革开放以来，出现了"名师带徒"等将师徒关系进行不断扩展的手段，在这种模式下，师徒结对虽然以双方自愿为原则，但这种单一的二元关

---

① 楼世洲.我国近代工业化进程和职业教育制度嬗变的历史考察[J].教育学报,2007(1):82-88.

② 傅春晖,渠敬东.单位制与师徒制:总体体制下企业组织的微观治理机制[J].社会发展研究,2015(2):1-21,242.

③ 2016年10月对K厂退休工人的访谈,编号TX20161012-01.

系依然存在，很难获得除自己师傅以外的来自其他工人师傅的持续性的技能支持。可见，自师徒制形成以来，师徒关系处在一种基于"一师一徒"①框架锁定下的相对闭锁的关系形态中，在缺乏灵活转变师徒关系并化解师徒间劳动政治的规范和制约下，师徒关系被固定在相对狭窄的范围内，而由于技能资源分配的有限性，工人普遍渴望获得更多的技能支持，直接影响着企业生产效率的进一步提升，这必然导致单一"二元化"的师徒间技能传递关系面临变革。

（二）师徒间的"发展性网络"

从K厂的情况来看，师徒关系边界发生巨大的变化主要是2010年以后发生的事情。K厂通过将师徒制与工人职称评定制度绑定在一起，使师带徒成为工人考级、评级的硬性条件，一些工人为了能够获得晋职称的机会和与之相关的福利待遇，必须完成带徒弟的硬性要求，这一制度每年进行一次，由此成为延展与丰富师徒既有关系的制度性基础。本书使用"发展性网络"作为解剖师徒制内在关系变迁的核心概念，在这里"发展性网络"主要是指与工人徒弟结对的、能为其技能提升与职业发展提供帮助的师徒间所组成的关系网络集合，这种关系网是具有互惠性质的网络，这意味着在徒弟得到利益的同时，师傅也会因为带徒而获得一定收益。

如前所述，在这样的制度条件约束下，工人师傅需要在车间中寻找"适合"自己的徒弟，这里的"适合"有两方面的含义：一是指在技能势差上符合工厂制度要求的徒弟，规定由技能等级较高者带技能等级较低者，如操作师带技师为徒弟、技师带高级工为徒弟等；二是在符合技术等级匹配原则的基础上，工人师傅首先挑选认为是可造之材、有培养潜质与较好学习能力的工人徒弟。这些带徒的工人师傅之所以愿意传授技能，积极寻找徒弟，除了自身有分享技能、传递知识的愿望和主动性以外，更多的是希望通过带徒作

---

① 所谓"一师一徒"并不是数字意义上的一个师傅一生只能传授唯一一个徒弟，而是K厂工人和领导的一种普遍说法，代指一个师傅在其职业生涯中带的徒弟数量极少的现象。

为跳板，在晋职称与福利分配的环节中获得更多的利益与机会。同样，徒弟也需要找到适配自己的师傅来提升技能，以便在工厂人才激励的通道中前进一步。因此，师傅都愿意首先挑选那些工作认真、勤学肯干的徒弟。同样地，作为徒弟的工人也首先需要选择那些技能本领强、绝活多，并且有着丰富带徒经验的工人做自己的师傅，与以往主要由车间主任口头安排师徒结对不同，这种结对方式具有双向选择性。同时也使得那些技术水平处在相对中间位置的工人，可能具有"既是徒弟，也是师傅"的双重身份。

然而，这一制度下师徒关系的意义远不止于此，由于师徒结对每年都在发生，且期限较短，导致一个更为重要的结果就是作为工人能够在这样的制度框架下发展出一套有利于自身技能形成的"发展性网络"。希金斯（Higgins）和凯西（Kram）等人曾在描述师徒关系时认为，发展性网络强调的是徒弟认为的能够对其提供职业发展性帮助的师傅们所组成的社会关系网络。他们从社会网络（social networks）的视角切入，作为理解当前职业背景下师徒制变化的一种方式，并认为师徒制是一种具有多重关系的现象，进而提出"网络多样性"（network diversity）和"联系强度"（tie strength）两个维度作为形塑发展性网络的关键因素，由此以类型学的研究方法提出将发展性网络结构划分为四种不同的类型，分别为：①由低网络多样性和低关系强度所组成的"接受型"师徒关系；②由低网络多样性和高关系强度所组成的"传统型"师徒关系；③由高网络多样性和低关系强度所组成的"机会型"师徒关系；④由高网络多样性和高关系强度所组成的"创业型"师徒关系。[①]这样的理论观点为我们理解当前国企中面临的师徒关系短期化、扩展化趋势提供了一个新的重要的理论透镜来考察工作场所中的师徒制。在以往的研究中，师徒制的概念一直是我们所谓的"传统型"关系，也就是说由低网络多样性和高关系强度所组成的"传统型"师徒关系，一般专注于单一或基础性师徒关系，通常关注的是基于第一个师傅，而很少考虑到第一个师傅

---

① Higgins, Monica C, Kram K.E. Reconceptualizing Mentoring at Work: A Developmental Network Perspective [J]. The Academy of Management Review, 2001, 26（2）: 264-288.

以外的个人，也就是所谓的低网络多样性，但由于师徒之间存在着密切的基于生产与生活上的互动，因而在二者之间形成了较高的关系强度，但这种模式下同时也忽视了对作为师傅的发展性利益的关注。但是，近年来在K厂我们可以看到，一个徒弟在他的职业生涯中所经历的技能传递是一系列与每一次师徒关系相关联的经历的总和，其中包括徒弟所经历的师徒关系的顺序及所发生的关系的配置。事实上，拉姆的研究就曾打破了传统的以单一化的二元关系来理解和判定师徒制的传统，认为个体为了寻求对职业发展的支持，不仅在职业上依赖一个人，而且还依赖多个个体，这种现象被称之为"关系群"（relationship constellations）。循着这样的研究思路，当我们将来自社会网络理论的核心概念"发展性网络"和"关系群"的分析框架纳入对师徒关系具体形态的研究中时，我们会发现，K厂师徒制的背后并不是单一的二元化逻辑，师徒之间也并非不可选择或不可替代的关系。与此相反，师徒之间存在着极强的"可选择性"和"可替代性"，遵循着一种多元化的关系发展逻辑，从而削弱了师徒关系间最初的架构。因为由于考级、评级制度及大师工作室制度下师徒合同一年一签的要求，任何一个工人在特定的时间点上都会得到某个师傅的指导和帮助。随着时间的积累，自然地会形成一个师傅带多个徒弟及一个徒弟有多个师傅的网络化现象。

在"发展性网络"的模式下，师徒关系的有效性在于师傅所提供的指导与协助的数量和等级。在"更多的指导会更好"的假设下，考虑的是可能提供相同或不同类型技能的替代，由此扩展了师徒关系的既有边界。有学者指出，缄默知识扩散的有效性随距离增加而衰减，创新越复杂，对互动的要求以及互动对时间与空间相近的要求也就越高。这就使得创新，尤其是复杂创新，离不开本地制度框架的规制。[①]组织学者认为，随着职业变得更无边界，个人的工作跨越组织边界，大多数和少数群体个人在职业生涯中获得支持的来源也会如此。一般来说，传统的发展网络是一个人与一个主要的师傅

---

① 封凯栋. 国家创新系统：制度与演化的视角 [J]. 国家行政学院学报，2011（3）：120-124.

有着牢固的关系，但是发展网络的理想类型强调由个人与一个社会系统的紧密联系和个人与同一个社会系统相关的额外联系组成，应当承认，工作室背景下的师徒关系改革使得师徒关系朝着"机会型"的发展网络方向发展，其结构及技能传递的范围要大得多，具有多个相关来源，且更具有动态性。

博特等社会学家在研究组织内部工资与晋升问题时曾提出"结构洞"理论，认为结构洞具有竞争优势，因为它提供了不重复的信息，当你在与其他人打交道时，如果对方有很强的关系网络，则很难与之讨价还价，所以对方的网络连接越少越好。也就是说，当你在一个网络结构中越自主，就越具有和别人讨价还价的优势，并能得到更多的信息。这一观点与发展性师徒关系具有相同类型的分析思路，在发展性网络模式下，由于工业组织对工人"一专多能"的强调，意味着工人不仅需要掌握本工种的基本技能，同时还被鼓励涉及其他工种的操作技能。因此，作为徒弟来讲，他的师傅网络超出工种、班组、车间的范围，代表着他越有可能获得本专业以外的不重复的技能信息源，因而越有机会得到新的资源。[①]郑健壮等人在研究这种"发展性网络"时也提出，这种师徒关系并不仅仅局限于师傅单方面进行帮助，而是师徒双方都获益的社会互动与交换过程。在徒弟了解各种知识和技能，提高工作绩效的同时，师傅也通过传授的过程获得新的问题与观点，进行再次创新。[②]笔者在认同这一观点的基础上，认为师徒间的互利不仅仅表现在技能内容上的习得与创新，这种网络也使得双方在职业晋升、劳动报酬、技术声誉等方面也都有所受益。师徒关系拓展性的变化不仅使徒弟收益，也使得作为技能传递者的师傅得到了在技能等级中晋升的必要支撑。这种师徒间多重关系网络的现象成为我们当今分析国企师徒制所不可忽视的重要转变之源。

---

① 周雪光.组织社会学十讲［M］.北京：社会科学文献出版社，2003：209.
② 郑健壮，靳雨涵.师徒制综述：回顾与展望［J］.高等工程教育研究，2016（3）：69-74.

二、技能传递的"公""私"分离

学界普遍认为，华尔德的《共产党社会的新传统主义》一书开创了从社会关系的视角出发，分析单位制背景下国有工厂内存在的权力关系结构及行动模式的先例。然而，一种观点认为，华尔德的研究过多聚焦于单位内领导群体与积极分子之间形成的上下级庇护关系，只关注工人如何通过与上级领导者互动而发展出一套有利于自己的实用性私人关系，却忽视了存在于普遍工人与工人之间最普通的职工关系——师徒关系。自21世纪以来，师徒制研究已经从"二元制"视角逐渐向社会网络视角转变，这代表着除了研究师徒间"一对一"的关系以外，学者们也将研究目光投射于对整个网络体系中师傅和徒弟，乃至师傅和师傅之间的关系及其运作机制的研究。[①]在新时期中国产业不断升级，经济发展面临质量变革、效率变革和动力变革的时代，师徒关系的变动之所以受到学术界的普遍关注，主要原因在于：作为技术工人技能形成的重要制度性安排，厂内师徒制不仅对工人"特殊技能"的培训起到重要作用，其变动还关涉企业对工人间劳动政治及技能传递效率的治理，直接影响着企业劳动生产效率的提高和未来的发展。单位制下，企业治理的重要特点是科层制与师徒制相互作用、相互影响的双重机制。

可以看到，师徒制作为单位组织内部最普遍、最普通的社会关系，有着悠久的历史。新中国成立以前，师徒制中的师傅和徒弟在生活上通常是一种依存关系，而在知识和技能传授中表现为一种秘传关系。此外，在身份上则呈现出一种等级关系。[②]这种师徒之间十分紧密的关系传统在新中国成立之后有所改变，徒弟的生活开始相对独立，在身份上与师傅也同为工人阶级中平等的一员。但是，师徒之间的私人化的伦理关系仍然存在。从某种程度上说，正是这种伦理关系促进了技能的传递，而当师徒关系淡薄了甚至割断了

① 郑健壮，靳雨涵. 师徒制综述：回顾与展望[J]. 高等工程教育研究，2016（3）：69-74.
② 楼世洲. 我国近代工业化进程和职业教育制度嬗变的历史考察[J]. 教育学报，2007（1）：82-88.

反而对技术传授是不利的。①这种面对面的学习及一对一、手把手的"传、帮、带"意味着师徒之间不管在生产中，还是在生活中都具有一种连带责任。有学者指出，师徒制的本质并不是科层制下的领导与员工的关系，师徒之间贯彻的也不是正式组织的规范化逻辑，而是一种遵循着人情与具体情理的"特殊主义逻辑"②。也就是说，传统师徒制下师傅和徒弟之间的公私界限很模糊，一般情况下，师傅带徒弟有着一种"家长式"管理的色彩，师傅和徒弟们之间类似于一家之长和诸多子女的关系，具有一种"拟家"的特点。而且师徒之间的关系一旦确立则往往不可更改，这种关系将两个人的生命历程密切地联系在一起，师徒之间的互动与交往远远超出于车间之外。③

可以看到，在单位制背景下，师傅和其徒弟之间组成了十分亲密的群体关系，这是在科层制所规定的业务群体之外又发展出来的更深一层的关系，产生了持久的代际关联。④然而，改革开放以来，师徒之间的关系经历了巨大变革，以K厂为例，不仅师徒制的存在基础——单位体制——面临消解，而且师徒制作为技能传递的重要方式也随着用工制度改革等因素逐渐式微。以K厂为例，到了20世纪90年代末期，面临着合同化改革的困境。在笔者看来，师徒关系合同化改革带来了两方面结果。第一，直接导致了师徒制原有的"私"的关系逐渐弱化。通过"一年一签"合同的方式使得师徒之间的互动与交流被限定在一段相对较短的时间范围内，虽然在实践的过程中根据徒弟的技能情况等因素也存在"续签"合同的情况，但整体而言，师徒之间的私人化、非正式性的关系较之以往被大大削弱了。第二，师徒之间"公"的关系被不断强化。由于师徒结对被归至于更大的技能评价考核制度之中，工

① 薄一波. 若干重大决策与事件的回顾[M]. 北京: 中共中央党校出版社, 1991: 450.

② 傅春晖, 渠敬东. 单位制与师徒制: 总体体制下企业组织的微观治理机制[J]. 社会发展研究, 2015
　（2）: 1–21, 242.

③ 傅春晖, 渠敬东. 单位制与师徒制: 总体体制下企业组织的微观治理机制[J]. 社会发展研究, 2015
　（2）: 1–21, 242.

④ 傅春晖, 渠敬东. 单位制与师徒制: 总体体制下企业组织的微观治理机制[J]. 社会发展研究, 2015
　（2）: 1–21, 242.

人往往为了考取更高级别的技术等级，不得不遵循这样的硬性标准，从而进行师徒结对，这也导致师徒结对往往是因为彼此之间能够产生互惠的利益关系，经济因素的考量在这其中起到了重要作用。期限的缩短导致更换的频繁，使得师傅与徒弟之间的互动与交流往往仅局限于正式的传授技能上，而对于彼此生活的影响较之以往则被大大弱化了。公与私的边界相对清晰。师徒关系并非像以前一般长久而稳固，而是充满着易变性与流动性。

事实上，在师徒制技能形成的关系中始终存在一种"双重机制"：一方面是正式科层制度所规定的对于徒弟技能水平提升及相关的制度性规范；另一方面是在技能传授与学习过程中基于师徒二人互动所形成的特殊的社会连带关系。而技能大师工作室则改变了工人技能形成的这一双重机制。作为师徒制的新的载体，工作室相对来说，正式化程度和组织化程度高于原来的师徒关系；传统师徒制度下，公和私边界很模糊。从公私关系上来看，"一师多徒"制与传统师徒制相比，师傅与徒弟之间的私人关系相对弱化，共同生活经历很少甚至根本没有共同生活经历，除了食堂、宿舍有时也包括工厂以外的社区交往，基本上不再涉及其他互动与交往，呈现出更为原始化的交往倾向。而在师徒间公与私的转化关系上，公关系的强化使得徒弟能够有更多获得不同师傅绝活的机会，而师傅通过带徒也有利于提高自身在技能阶梯上的攀爬，而且徒弟在提高技能的同时也会进一步向师傅的角色转变，有利于提高生产工人的整体素质。此外，私关系的弱化不可避免地影响着师徒间非正式互动的强度。

第七章

讨论与结论

通过上述六章的研究，我们已经对国企技能大师工作室的生成背景、制度关联、组织功能与结构以及工人间关系变化等问题获得了一些基本认识。笔者认为，在进行充分实证研究的基础上，应该从总体上把握以技能大师工作室的出现为典型特征的国企内部组织形态变迁及其所依托的要素，其中包括制度环境、组织样态以及不同主体间的互动关系等。在此基础之上，本章旨在重点探讨的问题是，对作为国企内一种特殊组织类型的技能大师工作室做进一步的结论性探讨，从宏观和微观两个方面概括其运行的有效机制，国企组织结构改变及其所带来的影响，并放眼未来探讨其发展演化走向，同时就整个研究的过程及方法进行反思，并对本书未尽的研究事宜略作交代。

第一节　企业组织形态变动与技能传递模式的变迁

本书最为重要的理论研究新意在于，通过实证研究，对技能大师工作室这种国企内新出现的组织类型展开了初步的研究，在一定程度上丰富了对工厂组织模式及其变迁的研究。

对于工厂组织模式的研究早在社会学在欧洲诞生之时，古典社会学理论家们便尝试通过对以英国为代表的西方工厂组织模式展开了实证调查，建立起对于工厂制起源及其变迁规律的理论框架。从马克思、恩格斯到布雷弗曼、布若威，无不表现出对于工厂组织模式及技能形成之间关系进行探讨的强烈诉求。在马克思提出的"劳动过程理论"中，便已详细探讨了随着生产技术的革命所引发的由传统作坊制向工人协作分工的工厂制的转变过程，并论述了原来掌握全部生产知识的精巧的工匠逐步走进工厂，成为只需负责特定的生产工序上的工人。[①]工厂组织形式的变化对于工人的技能传递及形成具有重要影响。可以说，自马克思对于西方资本主义工厂组织研究开始，便奠定了工厂组织模式与工人技能间关系作为社会学的重要研究话题及其基本思考的框架。随着时间的推移，社会学家围绕着此议题建构的理论诉求，逐渐积淀成为一种学术传统。布雷弗曼在马克思《资本论》第一卷相关研究的基础上，进一步探讨了西方资本主义工厂组织与工人技能问题之间的关系，认为以"泰勒制"为代表的科学管理运动使得工人"概念"与"执行"相分离，这种组织形式一定程度上造成了工人的"去技能化"。[②]尽管这一研究

---

① ［德］马克思. 资本论：政治经济学批判（第一卷）[M]. 郭大力，王亚南，译. 北京：人民出版社，1964：54-67.

② ［美］哈里·布雷弗曼. 劳动与垄断资本：二十世纪中劳动的退化[M]. 方生，等译. 北京：商务印书馆，1979：113-128.

引起了学术界的多种声音，但不可否认的是，社会学对于工厂组织变迁及其给工人技能形成与传递问题带来的影响的研究具有悠久的学术传统和丰富的理论资源。

在中国，自新民主主义革命时期党在解放区革命根据地建立起的一批国有企业开始，便奠定了中国社会主义工厂组织的基础。在借鉴苏联模式的基础上，伴随着社会化大生产的逐步推进，工厂内部普遍实行以"车间—工段—班组"的纵向垂直体系组织，动员工人进行生产，普遍建立起师徒制，并发动其参与劳动竞赛、参加各种类型的集体培训等方式进行技能传递，并建立了工厂技校等多种形式培训工人的技能。改革开放以来，随着国企逐步成为"自主经营，自负盈亏"的生产组织，计划经济时期传统的师徒制度以及厂办技校等形式逐渐边缘化，因而仍面临技工短缺及生产技术亟须不断提高等现实问题。

近十年来，工厂内出现的新的组织形式——技能大师工作室，成为国企开始普遍流行的技能传递的新模式，也开启了学术界认识工厂组织模式与工人技能形成问题的新的研究进程。技能大师工作室的创立，实则是企业内部组织模式与制度化结构的创新，而其运行的背后则需要一套制度体系进行支撑。这包括企业既有的技能等级制度、工资制度以及职位晋升流动制度等。但在既有的学术研究理论体系中，虽然各学科对于大师工作室已经进行了一定研究，但并未出现对于技能大师工作室系统性的社会学论述。

而在本书中，当我们把技能大师工作室纳入工厂组织变迁及其对工人技能问题的影响的框架中时，会发现一些值得注意的、具有特殊重要意义的内涵及影响。①技能大师工作室作为国企内部一种非行政性建制组织，是一个在既有体系以外，将优秀的工人进行再选拔与再组织而形成的工作团队，与既有科层化的组织相比，本身在结构层面更具有一定的柔性与灵活性，可以根据生产需要随时调整与变化组织形态，工作室成员也全部是以"跨界兼职"的身份进入工作室的，需要在完成自身生产工作的同时，遵循工作室的相关规范。②工作室功能的整合性与多元化。大师工作室作为一个主要由高技术水平工人组成的团体，在企业生产与培训等过程中扮演着多重角色，实现着多种功能，它不仅仅是一个传艺带徒的群体，同时也是一个集合优秀工人进行技能难题攻关的活动单位，车间内出现的生产难题通常需要由工作室牵头首先进行判断与解决，并召集工作室内与此难题最相关的成员进行集中商讨，也就是说它可以根据具体活动的需要随时变化组织形态。③技能大师工作室的柔性制度属性还体现在它也是作为工厂中的一种文化与规范因素而存在。由于工作室内部成员通常是由经过工厂技能选拔的技能突出者而组成的，因此可以将其看成一个优秀典型的集合体和共同体。将这些工人聚集起来使得工作室制度具有在精神层面的示范作用与符号象征，包括技能大师在内的这些优秀的工人不仅在技能传递上发挥了重要作用，同时在思想层面上也影响着普通生产工人的行为选择，起到了引领示范与符号象征的作用，而这种具有文化与规范因素的制度属性对于组织生产有重要影响。④技能大师工作室的设立使工厂内原有的关系更为复杂化，其中师徒制改革下师傅与徒弟之间的互动关系最具代表性。从表面上看，师徒二人的关系似乎是通过技能的"传"与"承"建立起来的，但事实上二者之间的关系并不仅仅局限于这样简单的范畴，而是具有较为复杂的互动内涵，其间有建立在利益互酬关系上的"吸引与亲和"，有由于师徒合同短期化带来的"浅关系"，有由于徒弟数量膨胀导致传递关系上的"差序格局"化，也有从工作室工作角度（内部成员之间）而产生的师徒间领导与被领导关系。此外，企业管理层与工作室之间双向互惠与博弈并存，围绕技能形成工作室成员与工作室外一般生产工人之间的互动也成为企业内部互动关系的重要方面。上述多面向的关系互动和态度取向构成了工厂内真实的关系形态，不仅使得技能形成与传递被编织在一张复杂的社会关系网络之中，同时也对企业就技能传递关系的治理产生了复杂的影响。

如前所述，既然我们将技能大师工作室的出现看作企业内部组织形态的一种创新与变迁，那么，就应该明确地阐释其独特的存在形态。李培林等人认为，企业组织转型的主体是企业的制度化结构，而企业的制度化结构是企业结构—功能系统的体制化表现，所以，所谓企业组织创新就是企业制度化结构的创新，就是要实现企业"结构—功能"的转换。组织本身就是一种规范系统和一套行动规则，它是社会互动、文化传统与社会体制的产物，也就是说是一种"制度安排"，正是从这种意义上，我们说组织创新实际上是一种制度化结构的创新。①本书以技能大师工作室为研究核心，以技能传递为主要概念，通过对K厂六个大师工作室的实证研究，对工厂组织变迁及对技能传递的影响展开了系统性的研究和分析，并注意从理论上高度重视技能大师工作室这一特殊组织样态的存在。

第二节 "环境—组织—关系"框架下的技能大师工作室

本书另一学术新意在于，从"环境—组织—关系"的框架对技能大师的存在形态展开了较为全面的研究与界定。21世纪初期，伴随着新技术革命的演进，企业的组织模式及技术传递模式发生了重要的变动，这种变动的主要标志是工厂制度、组织、关系等均发生了一系列复杂的变化。本书旨在通过对上述面向的讨论来认识这种组织形态的变动。应该承认，技能大师工作室是在内外部环境力量的共同形塑下才得以有效运行和发展的，因此本书采用"环境—组织—关系"的研究框架对此展开分析。

第一，技能的形成离不开大的制度环境支撑，这里的环境主要分为两个层面。一方面是国家与社会为技能大师工作室的诞生提供了必要的社会环境，其中包括地方性的实践经验、国家层面上的制度性推广等。从地方性层面而言，不同地区、不同企业的与工作室相关的经验为国家技能大师工作室为国家技能大师工作室制度的出台提供了前期的经验探索与积累。从国家层

---

① 李培林，姜晓星，张其仔.转型中的中国企业——国有企业组织创新论[M].济南：山东大学出版社，1992：22.

面来说，把多个地方性经验整合研究成一种新的组织原型，并在国家层次上描述了其合法性和作用，为技能大师工作室的形成提供了基本的框架，国家的规制性权力在促使新的制度形式产生以后，其影响力并非只是零星地干涉，而是在新制度的建立和扩散的过程中，从申请、复审、评审等全过程均进行了介入，长久地影响和形塑着工作室的制度和框架，同时也影响着企业的治理机制。国家为知识与技能提高提供了宏观制度，并在技能大师工作室的规模性和质量方面都发挥了重要作用。而另一方面，环境的第二层意义在于企业也是作为技能大师工作室存在的一种环境，同时它的内部劳动力市场机制为技能大师工作室本身非行政化、盈利化的特点提供相匹配的制度基础，使得培训活动能够得以顺利地开展。我们发现，技能大师工作室制度是作为一种柔性制度嵌入于企业内部既有制度体系中的，其有效运行与企业内部劳动力市场密切相关。自格兰诺维特提出"嵌入性"概念以来，制度研究者尤其是历史制度主义学派对"嵌入性"的研究集中强调"制度的关联性特征"。可以说，技能大师工作室制度与企业既有制度体系互为补充、互相促进并与其融合共生：①技能大师工作室作为集技能培训、技术攻关等多种功能于一体的技能提升平台，其嵌入有助于厂内既有劳动力市场功能的发挥，因为内部市场是基于技能等级分层与提升而进行差异化与激励作用的；②内部劳动力市场也在一定程度上弥补了技能大师工作室内部缺乏有效劳动激励的不足，有效激励了工人群体的积极性和参与热情，激发了大师工作室的制度活力。技能大师工作室作为一种非行政建制性制度，本身缺乏足够的激励与奖励机制，需要嵌入既有制度并与组织内部分配问题、升迁问题及职业流动等问题关联后才得以发挥最大效用，在适应总体制度的基础上使得双方均得到了整合与升级。

第二，而当我们将技能大师工作室看成一个组织的时候，它是一个有着自身独特目标的内部结构整体。组织是技能传递的重要载体，技能大师工作室作为技能传递的一种崭新模式，在理解其存在形态的过程中，我们不仅需要追问和回答外部制度环境对形塑其生成产生了怎样的影响，同时还应该注意到，技能大师工作室并非工厂内部传统意义上的工人工作团队，而是一种具有极强整合能力与平台性质的组织结构，并且与既有班组制的结构形式发生着复杂的关联。自新中国成立以后，国有企业工厂内部普遍实行以"车间—工段—班组"的纵向垂直结构体系对工人进行组织与管理，这种组织方式同时也成为工人技能培训的基本组织结构，尤其是以班组为基本落脚点，形成了包括班组会议制度、班组内互助小组、集体训练班等技能传递方式，这种技能传递主要是在一定的行政生产单元内进行的，因此导致优势技能资源相对较为单一，传递的边界较为封闭。改革开放以后，国企工厂也基本沿用了这一组织模式，使得技能传递主要存在于以纵向垂直结构为核心的工业组织运行机制当中。2010年前后，以技能大师工作室制度的建立为背景，企业内既有的技能传递组织模式发生了重要转变，形成了以"班组+工作室"的重层结构模式。值得注意的是，这种技能传递的复合组织结构，并不是班组元素与工作室元素的简单相加，而是充满了复杂性，主要表现在：①从人员组织上看，这种模式具有成员上的部分重叠性。工作室是将原有班组内一线高技能工人按照技师以上级别进行重新组合，其选择范围跨越了班组、工段甚至是车间，打破了既有的纵向垂直范围，一间工作室通常可以联合不同班组甚至车间的高技术工人进行联合攻关创新，且由于班组可以向工作室输送符合条件的工人参与活动，在工作室的帮助下提升技能，因此使二者之间构成了动态的具有互嵌性的复合型关系。在此基础上，工作室也联合了专业技术人员等群体，其着眼点在于在不同主体之间建立起密切的生产联结关系，从总体上看，这种模式更具多元主体性的特征；②从技能传递方式上看，工作室是对既有班组内培训方式的突破与创新，其中包括在班组培训内容的基础上，通过发挥高水平工人团体的作用，进行"拔高式"培养，承接工厂重要攻关项目及推广等。在对传统方式进行尝试性转型的基础上，形成了与既有模式兼容、共生的开放式关系；③从组织属性上看，该模式将带有行政性质的班组与带有非行政性质的工作室有机结合，在行政起主导力量的基础上，非行政建制团队的力量在新的条件下得到强化，使得工人的自主性与主体性明显凸显。

技能大师工作室作为国企内部一种独特的组织形态，其出现对于技能传递所依托的传统组织路径产生了重要的影响，它既打破了既有技能传递的边界，同时也突破了既有技能传递的方式，使传统的纵向体系逐步转化为纵横联合的、具有交叉性的复杂格局。

第三，组织的力量及其内部的互动关系也形塑着大师工作室的发展与走向。作为企业中一种特殊的组织类型，技能大师工作室的出现使得企业中工人内部之间、企业与工人之间在既有关系的基础上呈现出了多种新的互动形态。从关系的视角对此加以研究和审视，我们会发现，技能大师工作室的设立使工厂内原有的关系更为复杂化，其中师徒制改革下师傅与徒弟之间的互动关系最具代表性。从表面上看，师徒二人的关系似乎是通过技能的"传"与"承"建立起来的，但事实上二者之间的关系并不仅仅局限于这样简单的范畴，而是具有较为复杂的互动内涵，其间有建立在利益互酬关系上的"吸引与亲和"，有由于师徒合同短期化带来的"浅关系"，有由于徒弟数量膨胀导致传递关系上的"差序格局"化，也有从工作室工作角度（内部成员之间）而产生的师徒间领导与被领导关系。此外，企业管理层与工作室之间双向互惠与博弈并存，围绕技能大师工作室成员与工作室外一般生产工人之间的互动也成为企业内部互动关系的重要方面。上述多面向的关系互动和态度取向构成了工厂内真实的关系形态，不仅使得技能形成与传递被编织在一张复杂的社会关系网络之中，同时也对企业就技能传递关系的治理产生了复杂的影响。因此，"环境—组织—关系"的分析框架为我们很好地诠释了技能大师工作室有效运行的机制。

第三节　进一步的研究

由于受到时间、研究过程中所遇到的多种障碍以及笔者的研究能力所限，在研究方法与理论建构上仍存在一些不足之处，且一些关于技能大师工作室未来发展的相关问题并没有展开足够充分的研究和讨论，笔者在此对本研究进行反思，并提出未来需要进一步研究的问题。

一、对本研究局限性的反思

质性研究注重解释性理解，其研究结果受研究者与被研究者之间互动和关系的影响较大。因此，作为研究者有必要对个人身份角色、思想倾向、自己与被研究者之间的关系以及所有这些因素对研究过程和结果所产生的影响进行反思，这不仅可以促使我们对自己"日用而不知"的思维方式和行为习惯进行系统性的思考，同时也有助于改进日后的研究实践，使研究更加具有解释力度，进一步增进作为研究者对自己和他人的了解，使研究活动成为一种更加具有自觉意识的行为。

在本书研究的过程中，笔者力图寻找那些对K厂及其工作室建设有着比较敏锐的洞察力和反省能力的被访者，通常他们的个人经历与本研究所涉及的重大事件密切相关，并有能力将自己的经历和想法用语言清晰地表述出来，在K厂这些人主要包括技能大师工作室领办人、工作室成员、人力资源及工会相关领导等。虽然他们能够帮助笔者寻找相关信息，并能从"局内人"的角度对这些事件作出一些"文化主位"①层面上的解释，使笔者能够

---

① Geeertz, C. From the Native's Point of View: On the Nature of Anthropological Understanding [A] //Rabinow and Sullivan (Eds.) Interpretive Social Science: A Reader, 1976: 22-31.

听到和看到有关工厂及工作室内的典型事件，但是，依赖这些主要信息提供者也给本项研究带来了一些弊端与局限。

第一，由于田野资料收集主要是利用"滚雪球"的方式进行的，笔者在K厂所访问与观察到的与技能大师工作室相关的知情人士主要是通过被访者所认识的工友或关系较好的朋友介绍的，因此所访到的信息提供者很可能趋于同一类人，可能具有同一类型的观点或特点。此外，由于被访者中的大部分是K厂各方面都表现较好的工人，不仅技术能力强，也通常积极上进，能够负责一部分管理事务，因此，他们的想法并不一定代表其他工人的意见。出于这样的考虑，即使笔者有意寻找与采访到了一些普通工人，并询问他们的想法，但这一群体在本项研究中所占比例相对较小，可能导致研究结果的效度受到影响。同时，被访者群体中的某些人可能会碍于情面或出于对保密的担心而向笔者隐瞒一些真实情况，被访者也有可能按照自己对问题的理解而将作为"本地人"的日常经验进行过滤，可能导致"研究效应"或"社会赞许"①现象的存在。

第二，质性研究强调将研究者本人作为研究工具，因此研究者的个人因素也会涉及对社会现象的概念化过滤，从而对研究质量产生一定影响。景天魁认为，质的研究是对社会现象的认识，而对社会现象的认识主要是对人的认识，而对人的认识本质上是一种自我认识。②因此，这使得作为研究者必须对自身进行反思，正如韦伯所言，如何建构社会现实很大程度上取决于我们"打量世界的精神眼镜"。③应当承认，由于受笔者个人阅历等因素所限，在研究初期对于工厂中生产生活、人际关系以及一些专业术语感到较为陌生，从而给理解带来一些障碍，导致对研究结果的阐释留下明显的痕迹。与此同时，笔者作为研究者的身份是公开的，以这样一种"观察型局外人"

---

① 杨宜音. "自己人及其边界"——关于"差序格局"的社会心理学研究[D]. 中国社会科学院，1998：19.

② 景天魁. 社会认识的结构和悖论[M]. 北京：中国社会科学出版社，1993：230.

③ [英]弗兰克·帕金. 马克斯·韦伯[M]. 刘东，谢维和，译. 成都：四川人民出版社，1987：26-27.

的身份进行研究客观上导致笔者与被访者之间存在一定的距离，偶尔很难体察对方深层次的细微感受，而社会科学研究往往是双方知识和意义的共振与融合，所谓的"客观现实"也是研究者与被研究者之间通过平等对话而共同构建的产物。①为了打破这种研究局限，笔者试图在研究过程中始终保持"双重身份"，汉莫斯里等人将这种角色称为"可以被接受的边缘人"②，即在参与程度上处于"参与"与"观察"之间，这样的策略为笔者的研究创造了一定有利的空间。

出于以上原因，笔者目前在本项研究中的参与仍不够全面，笔者努力在日后改进自己的研究实践，使研究更具解释力度。

二、未来研究展望

在总结既有经验的基础上，面对不断发生变化的客观社会事实，我们应该以怎样的制度框架和治理方式来促进其进一步发展，而不是止步于满足于当下的状态，对于当下技能大师工作室的研究和未来的发展具有重要指导意义。

第一，出于对本研究的研究目的考虑，主要关注的核心问题是技能大师工作室运行的有效机制问题，因此，在研究过程中受访工作室通常为国企中走在全国前列的技能大师工作室，尚未深入触及那些存在形式化倾向，或运行较为困难甚至部分濒临退场的技能大师工作室，且对于不同工厂或领域的工作室对比和更详细的研究未足够涉及。我们必须意识到，目前发挥良好效应的技能大师工作室基本上都来自规模较大、历史较为悠久的企业及对技能有着特殊需求或质量要求较高的岗位。而对于广大的普通劳动者而言，如果

---

① Schwandt, T.A. Constructivist, Interpretivist Approaches to Human Inquiry [A] //N.K. Denzin & Y.S. Lincoln (Eds.) Handbook of Qualitative Research [M]. Thousand Oaks: Sage. 1994, 348−357.

② Hammersley, M. & Atkinson, P. Ethnography: Prnciple in Practice [M]. London & New York: Routledge.1983: 79.

这一制度与举措并不触及一般的企业，那么将会在一定程度上影响工作室功能的全面推广。

第二，由于技能大师工作室的建设时间相对较短，在运作方式、组织结构等方面尚存巨大的发展空间。由于组织内外因素的不断变化，对于工作室的分析不应该停留于一种静态式的分析，组织运转可能因内外环境的变化而在不同阶段遇到不同的矛盾。随着技能大师由于年龄等问题，大师离职、退休等因素导致技能大师工作室的继续建设与领办人接班问题也是对此研究不可忽视的重要面向。此外，工作室与工作室的联合尚为缺乏，有的领办人提出，工作室也应该与用户之间进行联合。包括对于工作室"集群"的研究，因为随着不同层级、不同规模工作室的普遍成立，必然会导致以国家技能大师工作室为核心的工作室体系的出现，事实上，现在在个别企业和地区已经出现这样的雏形，例如近期出现的工作联盟。客观地讲，由于大师工作室还处在发展阶段，这种组织形态的存在并非十分普遍的现象，但作为一种类型的存在，不仅证明了工作室的高度灵活性，也同时证明了它的多元性。应当承认，大师工作室的出现使得工厂形态发生了变动，企业这种组织形态可能会引发工厂自新中国成立以来的、国企工厂制度的一个非常重要的变迁。

作为研究对象的技能大师工作室具有充分的多样性和复杂性，而它本身也正处于不断发展与变化之中，可以为做持续性研究、经验实证提供丰富的源泉。伴随"60后""70后"工人集体步入中老年阶段，当前我国制造业技术工人已经是年龄为"80后""90后"的"新生代"群体，如何把成千上万的新生代制造业工人培育为"新生代技术工人"，是实现"中国制造2025"战略目标，成为制造业强国的关键之处。①技能人才尤其是高技能人才是实现这一宏伟目标不可或缺的建设力量，如何进一步提升其技术技能水平，是一项重要、紧迫且艰巨的任务。总之，在我国产业结构进入优化升级的新时期，实体经济的发展与装备制造业的振兴都离不开一大批技能人才做

---

① 贺正楚，彭花.新生代技术工人工匠精神现状及影响因素［J］.湖南社会科学，2018（2）：85-92.

支撑，他们构成了提升企业竞争力和提升产品和服务质量的关键要素。经济转型与发展对技能人才，尤其是创新型高技能人才有着迫切的需求，探索本土技能形成体制依然是紧迫且艰巨的任务。世界上最为庞大的劳工群体正伴随着中国成为"世界工厂"的形成之中，前文所述技能问题的严峻性，特别是工人的技能形成，是重大而紧迫的社会问题。

上述几点，都是本研究未来需要进一步研究和探讨的问题，学术路漫漫，笔者将在追求真理的道路上，继续钻研与求索。

参考文献

一、图书专著

［1］ASHTON D N，SUNG J. The State，Economic Development and Skill Formation：A New East Asian Model? ［M］. Leicester：Univeisity of Leicester，1994.

［2］ASHTON D N. Education and Training for Development in East Asia：the Political Economy of Skill Formation in East Asian Newly Industrialised Economies ［M］. New York：Psychology Press，1999.

［3］CHING K L. Gender and the South China Miracle：Two Worlds of Factory Women ［M］. Berkeley：University of California Press，1998.

［4］BENJAMIN C，DOSI G. Learning How to Govern and Learning How to Solve Problems：On the Co-Evolution of Competencies，Conflicts and Organizational Routines ［M］. New York：Oxford University Press，1998.

［5］GEEERTZ C. From the Native's Point of View：On the Nature of Anthropological Understanding ［M］. Interpretive Social Science：A Reader，1976.

［6］GROPIUS W. Scope of Total Architecture ［M］. London：Allen & Unwin，1956.

［7］HAMMERSLEY M，ATKINSON P. Ethnography：Principle in Practice ［M］. London & New York：Routledge，1983.

［8］Herbert Heaton. The Yorkshire Woolen and Worsted Industry ［M］. Oxford：Oxford University，1920.

[9] Jacob Mincer. Schooling，Experience and Earnings［M］. New York：Columbia University Press，1974.

[10] Knights，David and Willmott，Hugh（eds.）. Labor Process Theory［M］. London：Macmillan，1990.

[11] KRAM K E. Mentoring at Work：Dvelopmental Relationships in Organazational Life［M］. Glenview，IL：Scott Foresman，1985.

[12] KUHN T. Structure of Scientific Revolution［M］. New York：New York University Press，1968.

[13] MAYER K U.，Solga，H. Skill Formation：Interdisciplinary and　Cross-national Perspectives［M］. Cambridge：Cambridge University Press 2008.

[14] PATTON M Q. Qualitative Evaluation and Research Methods［M］. Newbury Park：Sage，1990.

[15] PETER B，D. MICHAEL J. Piore. Internal Labor Markets and Manpower Analysis［M］. Washington：Manpower Administration，1970.

[16] POWELL M. Skill Formation and Globalization［M］. England：Ashgate Publishing，2005.

[17] SCHWANDT T A. Constructivist，Interpretivist Approaches to Human Inquiry. In N. K. Denzin & Y. S. Lincoln（Eds.）Handbook of Qualitative Research［M］. Thousand Oaks：Sage，1994.

[18] SOSLICE D W. Varieties of Capitalism：The Institutional Foundations of Camparative Advantage［M］. Oxford：Oxford University Press，2001.

[19] GLASERSFELD E V. Questions and Answers about Radical Constructiveism. In K. Tobin（ed.）The Practice of Constructiveism in Science　Education［M］. Hillsdale，NJ：Lawrence Erlbaum Associates，1993.

[20]［法］阿兰·图海纳. 行动社会学：论工业社会［M］. 卞晓平，狄玉明，译. 北京：社会科学文献出版社，2012.

[21] 鞍山钢铁公司教育处. 鞍山钢铁公司培训职工的几点经验［M］. 沈阳：辽宁人民出版社，1955.

[22]［苏联］B. C. 列利丘克. 苏联的工业化：历史、经验、问题［M］. 闻一，译. 北京：商务印书馆，2004.

［23］［英］巴特摩尔.平等还是精英［M］.尤卫军，译.沈阳：辽宁教育出版社，1998.

［24］［法］保尔·芒图.十八世纪产业革命——英国近代大工业初期的概况［M］.杨人鞭，等译.北京：商务印书馆，1983.

［25］［美］彼得·伯格，托马斯·卢克曼.现实的社会建构［M］.汪勇，译.北京：北京大学出版社，2009.

［26］［美］彼得·布劳，W.理查德·斯科特.正规组织——一种比较方法［M］.北京：东方出版社，2006.

［27］薄一波.若干重大决策与事件的回顾［M］.北京：中共中央党校出版社，1991.

［28］［美］C.赖特·米尔斯.社会学的想象力［M］.陈强，张永强，译.北京：生活·读书·新知三联书店，2001.

［29］陈平，何杏清，叶志良.工业企业劳动组织［M］.太原：山西人民出版社，1982.

［30］陈向明.质的研究方法与社会科学研究［M］.北京：教育科学出版社，2000.

［31］［英］D.S.皮尤.组织管理学名家思想荟萃［M］.唐亮，等译.北京：中国社会科学出版社，1986.

［32］［苏联］达维久克.应用社会学词典［M］.于显洋，等译.哈尔滨：黑龙江人民出版社，1988.

［33］［美］丹尼尔·A.雷恩.管理思想的演变［M］.北京：中国社会科学出版社，1997.

［34］当代中国丛书编辑部.当代中国的劳动力管理［M］.北京：中国社会科学出版社，1990.

［35］［美］道格拉斯·C.诺思.制度、制度变迁与经济绩效［M］.杭行，译.上海：格致出版社，2008.

［36］邓中夏.邓中夏文集［M］.北京：人民出版社，1983.

［37］东北工业建设通讯选编委会.东北工业建设通讯选［M］.沈阳：辽宁人民出版社，1954.

［38］董守才，沈霖，李平. 工业组织学［M］. 北京：中国人民大学出版社，1992.

［39］［英］E. E. 里奇，C. H. 威尔逊. 剑桥欧洲经济史（第5卷）——近代早期的欧洲经济组织［M］. 高德步，等译. 北京：经济科学出版社，2002.

［40］［德］斐迪南·滕尼斯. 共同体与社会：纯粹社会学的基本概念［M］. 林远荣，译. 北京：商务印书馆，1999.

［41］费孝通. 乡土中国［M］. 北京：生活·读书·新知三联书店，1985.

［42］冯忠良. 结构——定向教学的理论与实践［M］. 北京：北京师范大学出版社，1992.

［43］［英］弗兰克·帕金. 马克斯·韦伯［M］. 刘东，谢维和，译. 成都：四川人民出版社，1987.

［44］［美］弗里蒙特·E. 卡斯特，詹姆斯·E. 罗森茨韦克. 组织与管理——系统方法与权变方法［M］. 北京：中国社会科学出版社，2006.

［45］［英］格·西·艾伦. 英国工业及其组织［M］. 韦星，译. 北京：世界知识出版社，1958.

［46］工业和信息化部工业文化发展中心. 工匠精神——中国制造品质革命之魂［M］. 北京：人民出版社，2016.

［47］郭冠清. 文化、技术和企业制度变迁［M］. 北京：中国经济出版社，2006.

［48］国务院法制办公室. 中华人民共和国法规汇编1953—1955（第2卷）［M］. 北京：中国法制出版社，2014.

［49］［英］H. J. 哈巴库克，M. M. 波斯坦. 剑桥欧洲经济史（第6卷）——工业革命及其以后的经济发展：收入、人口及技术变迁［M］. 王春法，等译. 北京：经济科学出版社，2002.

［50］［美］哈里·布雷弗曼. 劳动与垄断资本：二十世纪中劳动的退化［M］. 方生，等译. 北京：商务印书馆，1979.

［51］［美］哈罗德·D. 拉斯韦尔. 政治学：谁得到什么？何时和如何得到？［M］. 杨昌裕，译. 北京：商务印书馆，1992.

［52］［美］克劳迪娅·戈尔丁，劳伦斯·凯兹. 教育和技术的竞赛［M］. 陈津竹，徐黎蕾，译. 北京：商务印书馆，2015.

［53］［美］华尔德.共产党社会的新传统主义：中国工厂中的工作环境和权力结构［M］.龚小夏，译.香港：牛津大学出版社，1996.

［54］［德］马丁·海德格尔.存在与时间［M］.陈嘉映，王庆节，译.上海：生活·读书·新知三联书店，1999.

［55］贾根良.劳动分工、制度变迁与经济发展［M］.天津：南开大学出版社，1999.

［56］景天魁.社会认识的结构和悖论［M］.北京：中国社会科学出版社，1993.

［57］［美］加里·贝克尔.人力资本［M］.陈耿宣，等译.北京：机械工业出版社，2016.

［58］金挥，陆南泉，张康琴.论苏联经济［M］.沈阳：辽宁人民出版社，1982.

［59］金志霖.英国行会史［M］.上海：上海社会科学院出版社，1996.

［60］K厂年鉴编纂委员会.K厂年鉴（1999）［M］.1999.

［61］［美］凯瑟琳·西伦.制度是如何演化的［M］.王星，译.上海：上海人民出版社，2010.

［62］利光功.包豪斯现代工业设计运动的摇篮［M］.刘树信，译.北京：中国轻工业出版社，1988.

［63］李华伟，董小英，左美云.知识管理的理论与实践［M］.北京：华艺出版社，2002.

［64］李培林，姜晓星，张其仔.转型中的中国企业——国有企业组织创新论［M］.济南：山东大学出版社，1992.

［65］李唯一.中国工资制度［M］.北京：中国劳动出版社，1991.

［66］李学昌.中华人民共和国事典（1949—1999）［M］.上海：上海人民出版社，1999.

［67］李玉珠.技能形成制度的国际比较研究［M］.北京：社会科学文献出版社，2018.

［68］林超超.动员与效率——计划体制下的上海工业［M］.上海：上海人民出版社，2016.

［69］林举岱.英国工业革命史［M］.上海：上海人民出版社，1979.

［70］刘克明，金挥.苏联政治经济体制七十年［M］.北京：中国社会科学出版社，1990.

[71] 卢现祥. 西方新制度经济学 [M]. 北京：中国发展出版社，2003.

[72] [德] 马克思. 哲学的贫困 [M]. 徐坚，译. 北京：人民出版社，1961.

[73] [德] 马克思. 资本论：政治经济学批判（第一卷）[M]. 郭大力，王亚南，译. 北京：人民出版社，1964.

[74] [英] 迈克尔·波兰尼. 个人知识——迈向后批判哲学 [M]. 许泽民，译. 贵阳：贵州人民出版社，2000.

[75] [美] 迈克尔·布若威. 制造同意——垄断资本主义劳动过程的变迁 [M]. 李荣荣，译. 北京：商务印书馆，2015.

[76] 毛泽东. 建国以来毛泽东文稿（第1册）[M]. 北京：中央文献出版社，1987.

[77] 毛泽东. 毛泽东选集（第一卷）[M]. 北京：人民出版社，1991.

[78] 毛泽东. 毛泽东选集（第四卷）[M]. 北京：人民出版社，1991.

[79] 苗培时. 马恒昌小组 [M]. 北京：工人出版社，1952.

[80] 潘菽. 教育心理学 [M]. 北京：人民出版社，1980.

[81] [法] 皮埃尔·布迪厄，[美] 华康德. 实践与反思：反思社会学导引 [M]. 李猛，李康，译. 北京：中央编译出版社，2004.

[82] 皮尤. 组织管理学名家思想荟萃 [M]. 北京：中国社会科学出版社，1986.

[83] 钱乘旦，许洁明. 英国通史 [M]. 上海：上海社会科学院出版社，2002.

[84] [日] 青木昌彦，奥野正宽. 经济体制的比较制度分析 [M]. 魏加宁，等译. 北京：中国发展出版社，1999.

[85] 荣兆梓. 企业制度——平等与效率 [M]. 北京：社会科学文献出版社，2014.

[86] 上海总工会调查研究室. 开展马恒昌小组竞赛运动 [M]. 北京：劳动出版社，1951.

[87] 沈原. 市场、阶级与社会——转型社会学的关键议题 [M]. 北京：社会科学文献出版社，2007.

[88] 水延凯. 社会调查教程 [M]. 北京：中国人民大学出版社，1996.

[89] 孙大君，殷建连. 手脑结合的理论与实践 [M]. 长春：吉林大学出版社，2012.

［90］孙守仁. 企业班组建设［M］. 沈阳：辽宁大学出版社，1991.

［91］孙耀君. 西方管理学著名提要［M］. 南昌：江西人民出版社，1992.

［92］田毅鹏，漆思. "单位社会"的终结［M］. 北京：社会科学文献出版社，
2005.

［93］V. W. 拉坦. 诱致性制度变迁［A］//［美］罗纳德·H. 科斯，阿曼·A. 阿
尔钦，道格拉斯·C. 诺思. 财产权利与制度变迁——产权学派与新制度学
派译文集［M］. 上海：格致出版社，1991.

［94］［美］W. 理查德·斯科特. 制度与组织——思想观念与物质利益［M］.
姚伟，王黎芳，译. 北京：中国人民大学出版社，2010.

［95］［美］W. 理查德·斯科特，杰拉尔德·F. 戴维斯. 组织理论：理性、自
然与开放系统的视角［M］. 高俊山，译. 北京：中国人民大学出版社，
2011.

［96］王洪恩. 班组管理［M］. 北京：经济管理出版社，1992.

［97］王晋新，姜福德. 现代早期英国社会变迁［M］. 北京：三联书店，2008.

［98］王凤彬. 现代企业的组织与再组织［M］. 杭州：浙江人民出版社，1997.

［99］王星. 技能形成的社会建构——中国工厂师徒制变迁历程的社会学分析
［M］. 北京：社会科学文献出版社，2014.

［100］［意］维尔弗雷多·帕累托. 精英的兴衰［M］. 刘北成，译. 上海：上海
人民出版社，2003.

［101］［美］威廉·拉佐尼克. 车间的竞争优势［M］. 徐华，黄虹，译. 北京：
中国人民大学出版社，2007.

［102］［美］威廉姆·邦维利安，彼得·辛格. 先进制造——美国的新创新政策
［M］. 沈开艳，等译. 上海：上海社会科学院出版社，2019.

［103］吴清友. 苏联的工业管理［M］. 北京：中华书局，1949.

［104］吴申元. 现代企业制度概论［M］. 北京：首都经济贸易大学出版社，
2016.

［105］许守祜. 中国铁路教育志稿（1868—2010）［M］. 成都：西南交通大学
出版社，2013.

［106］［匈］雅诺什·科尔奈. 社会主义体制——共产主义政治经济学［M］.
张安，译. 北京：中央编译出版社，2006.

［107］杨光.中华人民共和国劳动和社会保障法律法规实用指南［M］.北京：经济管理出版社，2002.

［108］杨豫.欧洲原工业化的起源与转型［M］.南京：江苏人民出版社，2004.

［109］杨玉生.苏联企业科学劳动组织学［M］.北京：劳动人事出版社，1987.

［110］殷醒民.中国工业增长模式的实证研究［M］.上海：立信会计出版社，1996.

［111］于显洋.组织社会学［M］.北京：中国人民大学出版社，2009.

［112］［美］约翰·康芒斯.制度经济学［M］.赵睿，译.北京：华夏出版社，2013.

［113］曾璧钧，林木西.新中国经济史（1949—1989）［M］.北京：经济日报出版社，1990.

［114］张巨才，等.K厂年鉴（1996）［M］.长春：吉林人民出版社，1996.

［115］郑世明.工业文明与中国——企业制度比较分析［M］.西安：陕西人民出版社，1988.

［116］中共中央马克思恩格斯列宁斯大林著作编译局.马克思恩格斯全集（第23卷）［M］.北京：人民出版社，1995.

［117］中共中央文献研究室.改革开放三十年重要文献选编（上册）［M］.北京：中央文献出版社，2008.

［118］中国教育年鉴编辑部.中国教育年鉴（1949—1981）［M］.北京：中国大百科全书出版社，1984.

［119］中国铁路机车车辆工业总公司年鉴编辑委会.中国铁路机车车辆工业总公司年鉴（1996）［M］.北京：中国铁道出版社，1996.

［120］中国职工教育和职业培训协会.技能大师工作室建设指南［M］.北京：中国劳动社会保障出版社，2013.

［121］周新城，许新.苏联经济改革概况［M］.北京：中国人民大学出版社，1981.

［122］周雪光.组织社会学十讲［M］.北京：社会科学文献出版社，2003.

［123］祝慈寿.中国工业劳动史［M］.上海：上海财经大学出版社，1999.

［124］朱国云.组织理论：历史与流派［M］.南京：南京大学出版社，2014.

二、期刊

［1］BOZEMAN B，FEENEY M K. Toward a Useful Theory If Metoring：A Conceptual Analysis and Critique［J］. Administration and Society，2007，39（6）.

［2］CURTAIN R. Skill Formation in Manufacturing：Obstacles and Opportunities ［J］. Asia Pacific Journal of Human Resources，1988，26（4）.

［3］MENDELS F. Proto-Industrialization：The First Phase of the Industrialization Process［J］. Journal of Economic History，1972，32（4）.

［4］BECKER G S. Investment in Human Capital：A Theoretical Analysis［J］. Journal of Political Economy，1962，70（5）.

［5］GRANOVETTER M S. The Strength of Weak Ties［J］. American Journal of Sociology，1973，78（6）.

［6］GRAY W A. Developing a Planned Mentoring Program to Facilitate Career Development［J］. Career Planning and Adult Development Journal，1988，4（2）.

［7］HIGGINS M C，KRAM K E. Reconceptualizing Mentoring at Work：A Developmental Network Perspective［J］. Academy of Management Review，2001，26（2）.

［8］JOHN W. Meyer. World Society，Institutional Theories，and the Actor［J］. Annual Review of Sociology，2010，36（1）.

［9］KRAM K E. Phases of the Mentor Relationshion［J］. Academy of Management Journal，1983，26（4）.

［10］GLEN G. Cain. The Challenge of Segmented Labor Market Theories to Orthodox Theory：A Survey［J］. Journal of Economic Literature，1976，14（4）.

［11］PETER M. Labor and Monopoly Capital for the 1990s：A Review and Critique of the Labor Process Debate［J］. Monthly Review，1994，46（6）.

［12］Scandura T. A. Mentorship and Career Mobility：An Empirical Investigation ［J］. Journal of Organizational Behavior，1992，13（2）.

［13］CHRIST S. Continuity and Change in Labor Process Analysis Forty Years After Labor and Monopoly Capital［J］. Labor Studies Journal，2015，40（3）.

［14］毕结礼.技能大师工作室是技能人才培养的一种新模式［J］.中国培训，2000（9）.

［15］蔡禾.论国有企业的权威问题——兼对安基·G.沃达的讨论［J］.社会学研究，1996（6）.

［16］蔡泽寰.借鉴英国的现代学徒制度培养高技能人才［J］.高等理科教育，2004（5）.

［17］柴剑峰，陈井安.技能大师工作室运行模式研究［J］.科技管理研究，2011（19）.

［18］柴彦威，陈零极，张纯.单位制度变迁：透视中国城市转型的重要视角［J］.世界地理研究，2007（4）.

［19］封凯栋.国家创新系统：制度与演化的视角［J］.国家行政学院学报，2011（3）.

［20］封凯栋，李君然.技能的政治经济学：三组关键命题［J］.北大政治学评论，2018（2）.

［21］冯仕政.典型：一个政治社会学的研究［J］.学海，2003（3）.

［22］傅春晖，渠敬东.单位制与师徒制——总体体制下企业组织的微观治理机制［J］.社会发展研究，2015（2）.

［23］葛霖生.论原苏联东欧国有企业管理制度的演变［J］.世界经济与政治，1994（10）.

［24］耿秀秀.实践共同体：技能大师工作室的另一种解读［J］.职教通讯，2013（22）.

［25］古胜红.技能大师工作室考核机制建设探析［J］.中国培训，2017（5）.

［26］韩翼，周洁，孙习习.师徒关系结构、作用机制及其效应［J］.管理评论，2013（7）.

［27］韩永强，彭舒婷.技能大师养成的关键因素及其启示——基于35位国家级技能大师的样本数据［J］.中国职业技术教育，2020（9）.

［28］和震.国际劳工组织的职业培训政策：框架、特征与问题［J］.现代远程教育，2010（4）.

［29］和震，张格然.数据视角下我国改革开放40年来中等职业学校教育的发展［J］.中国职业技术教育，2018（22）.

［30］黄懿，张涛．"技能大师工作室"绩效考核现状调查与分析［J］．现代职业教育，2015（20）．

［31］技能大师工作室制度建设课题组．政府主导扶持下的技能大师工作室制度建设［J］．中国培训，2012（2）．

［32］姜大源．德国"双元制"职业教育再解读［J］．中国职业技术教育，2013（33）．

［33］金福．企业高级技工师徒制培训模式新探［J］．中国人力资源开发，2005（3）．

［34］李洁．重返生产的核心——基于劳动过程理论的发展脉络阅读《生产政治》［J］．社会学研究，2005（5）．

［35］李路路，苗大雷，王修晓．市场转型与"单位"变迁——再论"单位"研究［J］．社会，2009（3）．

［36］李明华．厂办技校与企业"剥离"的思考［J］．中国培训，1999（10）．

［37］李南，王晓蓉．企业师徒制隐性知识转移的影响因素研究［J］．软科学，2013（2）．

［38］李强．为什么农民工"有技术无地位"——技术工人转向中间阶层社会结构的战略探索［J］．江苏社会科学，2010（6）．

［39］李雪，钱晓烨，迟巍．职业资格认证能提高就业者的工资收入吗？——对职业资格认证收入效应的实证分析［J］．管理世界，2012（9）．

［40］刘光辉．基于技能大师的职业教育专业文化建设［J］．教育教学论坛，2019（27）．

［41］刘佳．社会主义国家建设视野下劳模精神再阐释［J］．内蒙古社会科学，2019（5）．

［42］刘金源．论近代英国工厂制的兴起［J］．探索与争鸣，2014（1）．

［43］楼世洲．我国近代工业化进程和职业教育制度嬗变的历史考察［J］．教育学报，2007（1）．

［44］路风．单位：一种特殊的社会组织形式［J］．中国社会科学，1989（1）．

［45］路风．国有企业转变的三个命题［J］．中国社会科学，2000（5）．

［46］吕妍，古继宝，梁樑．我国现代企业师徒制重构探讨［J］．华东经济管理，2007（4）．

［47］吕妍，梁樑.师徒制技能提升模型对隐性知识共享的探讨［J］.科研管理，2008（5）.

［48］卢双盈.职业教育要关注技术与技能的互通、互动与融合［J］.职业技术教育，2013（36）.

［49］贺正楚，彭花.新生代技术工人工匠精神现状及影响因素［J］.湖南社会科学，2018（2）.

［50］邱泽奇.技术与组织：多学科研究格局与社会学关注［J］.社会学研究，2017（4）.

［51］渠敬东.迈向社会全体的个案研究［J］.社会，2019（5）.

［52］任焰，潘毅.跨国劳动过程的空间政治：全球化时代的宿舍劳动体制［J］.社会学研究，2006（4）.

［53］石中英.波兰尼的知识理论及其教育意义［J］.华东师范大学学报，2001（2）.

［54］水成琼.依托技能大师工作室铸就高技能人才平台［J］.中国职工教育，2014（11）.

［55］苏中兴，曾湘泉.国家职业资格证书、工人技能水平和收入效应——来自5家制造型企业21个生产车间的经验证据［J］.经济理论与经济管理，2011（6）.

［56］孙晓男."工作室制"工学结合人才培养模式研究［J］.中国成人教育，2010（6）.

［57］孙阳，唐永鑫，孟黎.浅析技能大师工作室在现代学徒制人才培养中的作用［J］.高教学刊，2015（8）.

［58］谭大鹏.知识转移及其相关概念辨析［J］.图书情报工作，2005（2）.

［59］唐化新，杜青波，胡万鹏，刘自新，李兵.技能大师工作室人才管理模式优化探析［J］.管理观察，2016（11）.

［60］唐涛.企业内部隐性知识共享的博弈分析［J］.情报理论与实践，2008（2）.

［61］唐中英.技能大师工作室的管理与运行——以S研究所为例［J］.改革与开放，2019（8）.

［62］田毅鹏."典型单位制"的起源和形成［J］.吉林大学社会科学学报，2007（7）.

［63］田毅鹏，刘凤文竹.单位制形成早期国企"典型动员"的类型及评价［J］.福建论坛（人文社会科学版），2015（8）.

［64］田毅鹏，刘凤文竹.单位制形成早期国企的"技术动员"及评价［J］.江苏行政学院学报，2019（4）.

［65］田毅鹏，刘凤文竹.单位制形成早期国营企业的"参与性动员"［J］.《山东社会科学》，2020（8）.

［66］田毅鹏，苗延义.单位制形成过程中的"苏联元素"——以建国初期国企"一长制"为中心［J］.吉林大学社会科学学报，2016（3）.

［67］童根兴.共识型工人的生产——从新制度主义框架看布洛维的《制造共识》［J］.社会学研究，2005（1）.

［68］王荻.基于学习共同体的新高职工作室制人才培养模式探索［J］.中国职业技术教育，2015（20）.

［69］王宁.代表性还是典型性？——个案的属性与个案研究方法的逻辑基础［J］.社会学研究，2002（5）.

［70］王星.师徒关系合同化与劳动政治——东北某国有制造企业的个案研究［J］.社会，2009（4）.

［71］王星.劳动安全与技能养成——一种政治经济学的分析［J］.江苏社会科学，2009（5）.

［72］王星.技术的政治经济学——基于马克思主义劳动过程理论的思考［J］.社会，2011（1）.

［73］王星.技能形成中的国家、行会与劳工——基于英国行会学徒制演化的社会学分析［J］.华东师范大学学报（教育科学版），2020（4）.

［74］王星.中国产业工人技能形成的现实境遇与路径选择［J］.未刊稿

［75］王毅杰，董鹏.制度文化认知与职业发展——对劳动者获取专业技能的社会学分析［J］.华东理工大学学报（社会科学版），2019（1）.

［76］王晓蓉，李南.企业师徒制中隐性知识转移路径及其微观过程研究［J］.情报理论与实践，2012（6）.

［77］闻翔，周潇.西方劳动过程理论与中国经验：一个批判性的述评［J］.中国社会科学，2007（3）.

［78］吴清军.市场转型时期国企工人的群体认同与阶级意识［J］.社会学研究，2008（6）.

［79］吴清军.国企改制中工人的内部分化及其行动策略［J］.社会，2010（6）.

［80］吴学香.技能大师工作室功能与建设标准的探索［J］.就业与保障，2000（8）.

［81］吴愈晓.劳动力市场分割、职业流动与城市劳动者经济地位获得的二元路径模式［J］.中国社会科学，2011（1）.

［82］肖凤翔，邓小华.国家资格框架要素论［J］.教育研究，2017（7）.

［83］许爱军，蒋新革."工作室制"教学模式的内涵分析与概念辨析［J］.中国职业技术教育，2016（11）.

［84］许竞.试论国家的技能形成体系——政治经济学视角［J］.清华大学教育研究，2010（4）.

［85］徐敏娟.职业教育培养目标之"技能"与"技术"辨析［J］.职业技术教育，2011（19）.

［86］严俊杰，秦祖泽，刘迎春.工作室共同体：现代学徒制的理论重构与路径创新［J］.中国职业技术教育，2018（35）.

［87］严维石.内部劳动力市场中的互惠行为与技能外溢效应［J］.浙江大学学报（人文社会科学版），2012（3）.

［88］严璇，唐林伟."工作室制"高技能人才培养模式初探［J］.教育与职业，2009（18）.

［89］杨八妹，翟恩民.工作室教学研究［J］.职教论坛，2016（18）.

［90］游正林.管理控制与工人反抗——资本主义劳动过程研究中的有关文献述评［J］.社会学研究，2006（4）.

［91］游正林.主人翁话语的兴起（1930—1949）［J］.学海，2020（1）.

［92］余祖光.职业教育校企合作的机制研究［J］.中国职业技术教育，2009（4）.

［93］曾颢，赵曙明.企业师徒制中介机制理论视角的述评与未来展望［J］.经济与管理研究，2007（12）.

［94］张聪明.试论苏联的企业制度变迁［J］.东欧中亚研究，2002（10）.

［95］张敏，李瑞春，崔志刚，孙曦.以"创新项目"为载体的"大师工作室"功能建设与开发［J］.工业技术与职业教育，2020（1）.

［96］张秀华.工程共同体的结构及维系机制［J］.自然辩证法研究，2009（1）.

［97］张旭昆.制度系统的关联性特征［J］.浙江社会科学，2004（3）.

［98］赵慧群.基于大师工作室的产教融合人才培养模式探索.［J］.当代职业教育，2019（3）.

［99］赵坚.政府须加强技能大师工作室的管理与规范［J］.中国培训，2014（12）.

［100］赵炜.劳动过程理论的拓展和转型——21世纪以后的演变［J］.江苏社会科学，2020（2）.

［101］赵晔琴.农民工：日常生活中的身份建构与空间型构［J］.社会，2007（6）.

［102］郑健壮，靳雨涵.师徒制综述：回顾与展望［J］.高等工程教育研究，2016（3）.

［103］中国职协课题组.传承工匠精神，适应时代要求，培养技能人才——技能大师工作室发展现状研究（一）［J］.中国培训，2017（13）.

［104］周晓东、项保华.企业知识内部转移：模式、影响因素与机制分析［J］.南开管理评论，2003（5）.

［105］周雪光.运动型治理机制：中国国家治理的制度逻辑再思考［J］.开放时代，2012（9）.

［106］庄西真.技术进步与技能退化［J］.职教论坛，2013（10）.

三、报纸

［1］姜大源.教产跨界合作的大手笔［N］.中国人民政协报，2012-08-08（C02）.

［2］彭冰，柳姗姗.一汽集团构建金字塔型工作室集群［N］.工人日报，2017-01-10（2）.

［3］邱晨辉，王月.高技能劳动力缺口警钟再次敲响［N］.中国青年报，2016-11-28（11）.

［4］王星.重回马克思：劳动政治与技能形成的体制分析（上）［N］.中国社会科学报，2010-01-26（11）.

［5］王星.重回马克思：劳动政治与技能形成的体制分析（下）［N］.中国社会科学报，2010-02-02（11）.

［6］邢晖，李玉珠.职教体制改革行至水深处［N］.中国教育报，2014-03-17（6）.

四、会议文集及报告

［1］和震.技能形成与国家发展的两种路径［C］//2014年第一届北京教育论坛论文集.北京：［出版者不详］，2014.

五、学位论文

［1］李静.瓦解与重建：当代中国工人阶级形象的书写（1999—2011）［D］.上海：华东师范大学，2015.

［2］徐赟.包豪斯设计基础教育的启示——包豪斯与中国现代设计基础教育的比较分析［D］.上海：同济大学，2006.

［3］杨宜音."自己人及其边界"——关于"差序格局"的社会心理学研究［D］.北京：中国社会科学院，1998.

［4］朱桂焱.企业内部员工隐性知识共享机制研究［D］.武汉：华中科技大学，2018.

六、电子文献

［1］关于实施2012年国家级技能大师工作室建设项目的通知（人力资源和社会保障部2012年3月）.http://www. mohrss. gov. cn/SYrlzyhshbzb/ldbk/rencaiduiwujianshe/jinengrencai/201203/t20120315_86976. htm.

［2］国家级技能大师工作室建设项目实施管理办法（试行）（人力资源和社会保障部2013年5月）.http://www. mohrss. gov. cn/gkml/zcfg/gfxwj/201305/t20130517_103217. html.

［3］人力资源社会保障部对十三届全国人大二次会议第3322号建议的答复（2019年9月6日）.http://www. mohrss. gov. cn/gkml/zhgl/jytabl/jydf/201912/t20191203_344926. html.

［4］苏州市技能大师、名师带徒传艺奖励（试行）办法（2010年3月17日）.http://jsrlzyshbz. jiangsu. gov. cn/art/2010/3/17/art_44610_5607694. html.

附　录

附录一　K厂国家级技能大师工作室统计名单及情况汇总

序号	领衔大师	工作室 成立时间	工作室 所属工种（主要工种）	工作室 现有成员人数
1	WJ	2012年	焊接手动操作工	31人
2	YL	2012年	焊接机械手操作工	28人
3	ZQ	2012年	维修电工	76人
4	JH	2013年	铆工	25人
5	GS	2017年	铆工	30人
6	SY	2019年	铁路车辆制修工	35人

附录二 访谈者编码

序号	被访者编号（含访谈日期）	性别	身份	工种
1	WJ20160901-01	男	WJ工作室领办人	手动焊接工
2	WJ20160901-02	男	WJ工作室成员	手动焊接工
3	WJ20160901-03	男	WJ工作室成员	铆工
4	WJ20161011-01	男	WJ工作室成员	铆工
5	WJ20161011-02	男	WJ工作室成员	铆工
6	WJ20190910-01	男	WJ工作室成员	手动焊接工
7	WJ20190910-02	男	非工作室成员	手动焊接工
8	WJ20190910-03	男	非工作室成员	电工
9	YL20160923-01	男	YL工作室领办人	机械手焊接工
10	YL20160923-02	男	YL工作室成员	机械手焊接工
11	YL20160923-03	男	YL工作室成员	机械手焊接工
12	YL20160923-04	男	YL工作室成员	机械手焊接工
13	YL20180629-01	男	YL工作室成员	机械手焊接工
14	YL20200404-01	男	非工作室成员	机械手焊接工
15	ZQ20191014-01	男	ZQ工作室领办人	维修电工
16	ZQ20191014-02	男	ZQ工作室成员	维修电工
17	ZQ20191014-03	女	ZQ工作室成员	接线工
18	ZQ20191014-04	男	ZQ工作室成员	维修电工
19	ZQ20191015-01	男	非工作室成员	接线电工
20	JH20200122-01	男	JH工作室领办人	铆工
21	JH20200122-02	男	JH工作室成员	刨工
22	JH20200122-03	男	JH工作室成员	焊工
23	JH20200323-01	男	JH工作室成员	铆工

序号	被访者编号（含访谈日期）	性别	身份	工种
24	JH20200323-02	男	JH工作室成员	铆工
25	JH20200323-03	男	非工作室成员	焊工
26	GS20191220-01	男	GS工作室领办人	铆工
27	GS20191220-02	男	GS工作室成员	焊工
28	GS20191220-03	男	GS工作室成员	铆工
29	GS20191220-04	男	GS工作室成员	焊工
30	GS20191220-05	男	非工作室成员	铆工
31	SY20191218-01	男	SY工作室领办人	车辆制修工
32	SY20191218-02	男	SY工作室成员	装调工
33	SY20191218-03	男	SY工作室成员	装调工
34	SY20191218-04	男	SY工作室成员	装调工
35	SY20200418-01	男	SY工作室成员	手动焊接工
36	SY20200418-02	男	SY工作室成员	手动焊接工
37	SY20200418-03	女	SY工作室成员	接线工
38	SY20200418-04	男	SY工作室成员	装调工
39	SY20200418-05	男	SY工作室成员	装调工
40	SY20200418-06	男	非工作室成员	制修工
41	SY20200418-07	男	非工作室成员	装调工
42	RL20200418-01	女	K厂人力资源部领导	—
43	GH20161012-01	男	K厂工会领导	—
44	GH20180828-01	男	K厂工会领导	—
45	GH20180828-02	男	K厂工会领导	—
46	TX20161021-01	男	K厂退休工人	刨工
47	RS20190924-01	男	J省人社局干部	—
48	RS20200302-01	男	J省人社局干部	—
49	GY20190924-02	男	C市某工业技术学校技能大师工作室领办人	—

附录三　访谈提纲

一、被访者基本信息

您的姓名？

您的年龄？

您目前所从事的工作（包括所在车间及工种等）？

您的职务？

二、企业内外部技能传递情况

（一）师徒关系

1. 传统师徒制是什么样的？

2. 1999年师徒制合同化改革的原因是什么？改革前后有哪些异同？

3. 现代师徒制是从什么时候开始的？为什么改革了？

4. 对于现在师徒合同一年一签，您有什么看法？

（二）组织化培训

1. 集体培训有哪些形式？什么情况下进行集体培训，它与师徒制在功能、方式、重要性上有哪些区别？

2. 是否存在厂办技校？是什么时候从厂子剥离出来的？

3. 岗位培训具体有哪些形式？与其他培训方式有何异同？

4. 岗位培训的功能和效果如何？

（三）企业外部技能传递情况

1. 计划经济时期K厂的厂外培训主要有几种形式？它们的异同是什么？

2. 目前来讲，工人如何获得厂外培训？

三、企业用工政策、工资政策、技能考核制度等情况

（一）劳动用工政策改革

1. K厂是从哪年开始进行劳动用工制度改革的？新入厂的工人主要是通过什么渠道进入的？其中技校毕业生的比例能达到多少？

2. 学徒工的减少对师徒制带来了哪些影响？对生产与企业管理带来了哪些影响？

（二）工资政策的演变

1. K厂工资政策的变革经历了哪几个阶段？与哪些因素有关？

2. 工资变革对于师徒间劳动政治带来了哪些影响？是否会对师傅传授技能带来私心？

（三）技能等级考核制度

1. 八级工制度是什么时候取消的？当时的情况是怎样的？

2. "首席操作师"评聘制度是何时建立的？为什么建立了这样一种制度？它的出台给工人带来了哪些影响？对师徒间结对具有哪些作用？

3. "首席专家"评聘制度是何时建立的？对于厂内技能等级通道的延伸，您是怎么看的？有何利弊？

4. 您如何看待师徒结对作为工人技能考核的硬性要求，它给师徒之间关系带来了哪些影响？

四、工作室的建立与运行

（一）建立过程

1. 您这个工作室是什么时候成立的？是否有基础，它的前身是什么？当初成立的目的是什么？

2. 从国家、厂子和您个人来讲，各个层面如何推动工作室的成立？其中国家、各级政府给了哪些资源？企业给了哪些资源？

3. 工作室当初成立时有多少人？进入工作室需要什么标准？成员一般是什么样的人，需要有哪些特质？成员结构是怎样的？担任工作室领衔"大师"的角色，需要有哪些特质？这些年工作室在规模上经历了怎样的转变，包括与之前成立的首席操作师工作站和金蓝领工作室相比，有什么区别和联系？现在工作室的规模如何，一共吸纳了多少人？覆盖了哪些工种？

（二）具体运行过程

1. 工作室的主要功能和任务有哪些？

2. 工作室的规章管理制度主要有哪些（包括培训制度、签订师徒合同及工作室聘书的发放等）？

3. 由谁来管理工作室的日常运行？

4. 什么情况下需要工作室启动培训，组织过的培训有哪些？大师工作室的培训课程是只针对特定车间和工种，还是面向全厂？是如何展开的？除举办培训班进行技术传授之外，还有什么形式？以前没有大师工作室的时候，班组是如何进行培训的？

5. 什么情况下需要工作室启动集体攻关，开展技术攻关的过程是怎样的？以前没有大师工作室的时候，班组是如何进行技术攻关的？

6. 工作室与其他机构（包括班组、车间、培训中心、工艺部门等机构）的联系是什么？

7. 工作室的场地使用情况如何？是否分区？有办公房和操作间吗？

8. 工人参与工作室活动的热情如何，动力来自哪里？参加工作室活动会有福利或其他待遇吗？是否举办过以工作室为单位的业余集体活动？

五、工作室场域下各主体间的关系与互动

1. 工作室所签订的师徒合同与以前的师徒关系有哪些不一样？在传艺带徒方面，您有什么心得体会？师徒之间是否存在竞争？

2. 工作室跟班组的关系是什么？这种技术传递是否打破了以往班组的界限？

3. 成员之间是否团结？是否存在利益竞争关系？

4. 工作室与企业管理层之间的互动与交往有哪些？是否是对企业管理或既有特定部门相关职能的一种补充？

六、工作室成立的意义与局限

1. 工作室的文化特色是什么？

2. 与工匠精神、劳模精神之间存在怎样的联系？

3. 它让公司发生了哪些重大变化？是否存在局限？请预测一下以后的发展趋势。

附录四　K厂技能大师工作室导师带徒合同样本

师徒教学合同

为使学员尽快适应岗位要求，用"师带徒"的方式培养生产人才，开展现场技术理论实作教学，师徒双方在自愿原则下，签订本合同。

一、基本要求

1. 培训内容：以师傅所在岗位（工序）要求为主要内容，如基本理论、基本操作技能等；

2. 培训目标：以熟练掌握本岗位基本理论、基本操作技能为标准；

3. 考核：培训后统一进行理论、实作考试；

4. 培训期限：自_____年_____月_____日至_____年_____月_____日。

二、师徒职责

1. 师傅职责：认真负责，热心教学，精心传授现岗位操作技能，按培训计划如期完成教学任务；

2. 徒弟职责：尊敬师傅，听从指导，勤学苦练，自觉遵守各项规章制度，如期完成培训任务。

三、岗位培训内容

1. 基本掌握本岗位工作所需的理论知识；

2. 基本掌握本岗位工作所需的操作知识；

3. 基本掌握本岗位的图纸及工艺文件要求；

4. 基本掌握本岗位的质量标准。

（本合同一式三份：现场培训单位、师与徒各执一份）

师傅（签字）：_____   工种：_____

徒弟（签字）：_____   工种：_____

_____年_____月_____日

后　记

　　时光荏苒，岁月如梭。对于本书的选题仿佛是一次不断地寻找各片"拼图"的过程，并需要不断"猜测"它的可能方位与走向，不断发掘、验证和推翻自己的假设，直至把所有的"拼片"都拼凑起来，才能将它的面貌完整地呈现在面前。在这一探索的过程中，无论是对技能大师工作室生成的宏观把握，还是就其内部组织与关系的微观探索，都呈现出高度的复杂性与多样性，一度让我在写作时感到难以驾驭，而这本书能够最终得以完成，除了坚持不懈的探索以外，还得到了很多机构和个人的帮助，我希望借此机会向他们一一表示感谢。

　　首先，感谢我的恩师田毅鹏教授，能够投师于田老师门下，我深感机会来之不易，每一次微小成绩的取得，全赖老师对我的悉心栽培与鼓励。在选题论证、资料收集及章节撰写的各个过程中，老师都给予了高度的支持与指导。我仍然记得，在一次调研期间，正值东北一年中最寒冷的时段，老师在百忙之中抽出时间，冒着寒风，带着我和师弟到工厂进行访谈，老师认真严谨的治学态度，对中国企业组织的深刻见解，让我受益良多。在求学之路上能遇到这样一位良师相助，为我能够继续从事学术研究增添了十足的信心与动力。同时，美国约翰·霍普金斯大学社会学系安舟（Joel Andreas）教授，作为我在美留学期间的合作导师，也对本研究的选题与写作给予了充分的支持，并提出了宝贵的修改意见。此外，在本书的写作过程中，吉林大学哲学社会学院社会学系其他教授也都给予了宝贵的指导意见，在此深表感谢。

　　此外，我还得到了被访工厂中相关领导和工人们的热心帮助，他们为我描述技能大师工作室的发展历程提供了丰富的信息与细节。事实上，我的采访对于他们来说或多或少算是一种打扰，但无论是面对面的交流，还是每一次接听电话，他们都耐心地回答问题，认真地解答我的困惑，在此一并感谢。

　　最后，我身边的朋友和家人在本书的写作过程中也给予了热心的帮助与无私的支持和关怀，特别是王星、王浩翼、李珮瑶、苗延义等同学多次帮助我收集田野资料，他们作为我写作成果的读者，提出了许多宝贵的修改意见，在此感谢他们的襄助之义。对于我的家人，正是他们对我无微不至的关怀与照顾，使我有时间能够专心从事这项研究，能够不受羁绊地追求我的学术梦想，在此对他们的理解与支持致以深深的感谢。万语千言，感谢那些在过往求学岁月中慷慨给予我温情与爱意的人们。

刘凤文竹

2023年12月